国际学术论丛 第**10**辑

差异
Difference

主编　金惠敏

四川大学出版社
SICHUAN UNIVERSITY PRESS

项目策划：陈　蓉
责任编辑：陈　蓉
责任校对：王小碧
封面设计：墨创文化
责任印制：王　炜

图书在版编目（CIP）数据

差异．第 10 辑 / 金惠敏主编． — 成都：四川大学出版社，2021.9
ISBN 978-7-5690-5116-2

Ⅰ．①差… Ⅱ．①金… Ⅲ．①社会科学－丛刊 Ⅳ．
①C55

中国版本图书馆 CIP 数据核字（2021）第 214488 号

书名　差异 第 10 辑
CHAYI DI-SHIJI

主　　编	金惠敏
出　　版	四川大学出版社
地　　址	成都市一环路南一段 24 号（610065）
发　　行	四川大学出版社
书　　号	ISBN 978-7-5690-5116-2
印前制作	四川胜翔数码印务设计有限公司
印　　刷	成都金龙印务有限责任公司
成品尺寸	170mm×240mm
印　　张	20.75
字　　数	365 千字
版　　次	2021 年 10 月第 1 版
印　　次	2021 年 10 月第 1 次印刷
定　　价	81.00 元

◆版权所有 ◆侵权必究

◆读者邮购本书，请与本社发行科联系。
　电话：(028)85408408/(028)85401670/
　(028)86408023　邮政编码：610065
◆本社图书如有印装质量问题，请寄回出版社调换。
◆网址：http://press.scu.edu.cn

四川大学出版社
微信公众号

编委会

学术顾问：汝　信（中国社会科学院）

　　　　　　曹顺庆（四川大学）

主　　编：金惠敏（四川大学）

副 主 编：傅其林（四川大学）

　　　　　　张云鹏（河南大学）

编　　辑：（按姓氏音序排列）

　　　　　　丁子江（美国加州州立理工大学）

　　　　　　黄裕生（清华大学）

　　　　　　乔国强（上海外国语大学）

　　　　　　尚　杰（中国社会科学院）

　　　　　　王向远（北京师范大学）

　　　　　　吴　喜（西南政法大学）

　　　　　　先　刚（北京大学）

　　　　　　赵毅衡（四川大学）

　　　　　　島村輝（日本フェリス女学院大学）

Mike Featherstone, University of London, Goldsmith, UK

Peter Fenves, Northwestern University, USA

Alfred Hornung, University of Mainz, Germany

Joshua Meyrowitz, University of New Hampshire, USA

David Pan, University of California-Irvine, USA

Andrew Pendakis, Brock University, Canada

John Phillips, National University of Singapore, Singapore

Haun Saussy, University of Chicago, USA

Lance Strate, Fordham University, USA

Rob Shields, University of Alberta, Canada

John Thompson, University of Cambridge, UK

Rainer Winter, Klagenfurt University, Austria

本辑值班编辑：孔令洁（四川大学）

编辑部投稿信箱：

scdx-cy@163.com

目 录

● **特　稿**

德国现象学是如何被超越的：当代欧洲哲学的法国性……… 尚　杰（3）

● **文化研究新论**

虚拟文化中个人身份特征的阐释
　　——兼论马菲索利的部落理论……………………… 林　青（27）

转向"物"与回到"物"："物转向"的文化研究与胡塞尔"回到
　　事物本身"的间在对话………………………………… 李建为（42）

流散中的"不系舟"：斯图亚特·霍尔文化理论背后的"主体"思想
　　………………………………………………………… 赵华飞（66）

最小诸我（Minimal Selves）……… 斯图亚特·霍尔 撰　赵华飞 译（83）

"游牧"视野下的身份观念：从认同到生成…………… 郝徐姜（90）

从被再现到自我建构：短视频平台中乡村群体形象的转向、呈现
　　与文化透视
　　——以快手为例………………………………………… 陈　杨（105）

● **跨学科比较研究**

莎士比亚与弗洛伊德精神分析的隐秘关系
　　——布鲁姆《西方正典》的一个解读………………… 李伟昉（129）

李健吾与比较文学
　　——以其对萧军、曹禺、废名的批评为中心
　　　　　　　　　　　　　　　　　　　赵渭绒　孙　一（143）
《论语》"人能弘道，非道弘人"章解
　　——一个现象学分析的尝试………………………亓校盛（154）
博物馆研究的经济学转向
　　——基于国内文献的分析………………………谢　梅　党　琼（178）
偶像崇拜与文化输出：英雄机器人形象的符号建构与意义解读
　　——作为一种科技传播的话语资源………………陈振鹏（192）

● 理论与批评

电力的延伸性与20世纪平面化社会的形成……………易晓明（215）
临界状态下形式与真实的交换
　　——从小说《受活》看阎连科的主体性缺位的艺术世界
　　　　　　　　　　　　　　　　　　　　　　　　李先游（234）
论《小小小小的火》对美国华裔文学的革新与超越…………张晓昀（245）

● 域外新论

多重现代性理论的未来：从新型现代化理论来看
　　……………………………埃尔斯杰·福里 撰　张云鹏 译（271）
关于政治审美化有答案吗？………彼得·芬维斯 撰　李建为 译（295）

● 学术动态

未可轻言放弃"他山之石"
　　——人民出版社"国际文论前沿谱系"丛书总序…………金惠敏（313）
书籍、媒介与世界
　　——"第三届长安国际文学与文化理论讲坛"会议综述
　　　　　　　　　　　　　　　　　　　　　　　　翟　江（316）
编后记………………………………………………………………（323）

特　稿

德国现象学是如何被超越的：当代欧洲哲学的法国性

尚 杰①

  一堂哲学课可以这样开头吗？比如，今天在场的有多少人？多少男生？多少女生？你日常走路时，是否曾在地上看见一张亮眼的纸片，你出于好奇心原本想捡起来，却鬼使神差地没有这样做，之后你就懊悔地总想着这件事，觉得自己不再是自由的了？你和一个亲密的朋友在咖啡店约会，他迟到了，你是否觉得此刻虽然他不在场，但是现场仿佛充满着他如果在场就会有的情调？你感到焦虑，而焦虑是在场的。

  又比如，你是否和写了《忏悔录》的奥古斯丁与卢梭一样，小时候偷过别人的东西，比如偷梨——这两个伟大思想家小时候都偷过梨，那么除了谴责自己做了不该做的不道德的事情，是不是曾经像奥古斯丁一样瞬间闪过一个念头："偷梨"主要不是为了吃梨，而是享受"偷"这个行为本身所带给自己的愉快？

  再比如，2001 年德里达在上海做讲座时，一个女大学生问德里达什么是爱情，在场的人立刻哄堂大笑了。为什么笑呢？显然大家觉得这个问题太世俗、太肤浅，但德里达可不这样看，德里达即兴做了一个非常具有思想张力的回答。其实，同样的问题德里达之前也回答过。德里达说，不可以给爱下定义；他说，我不能一般地回答什么是爱情，爱要还原为爱谁，爱这个人或者那个人身上的什么，我爱你因为你是你。

  那么好了，记者开始挑战德里达，问道：如果此刻只允许你向黑格尔

---

① 作者简介：尚杰，中国社会科学院现代外国哲学研究室主任、研究员。

或者海德格尔提一个问题，那么你最想问什么呢？德里达的回答非常大胆，同样具有挑战性，他说他想问这两个哲学家的性生活，因为这两个思想深刻的哲学家在自己的著作中从来都不说这个问题，他非常好奇。

记者继续挑战，抓住机会问德里达同样的问题。德里达回答说，我不能告诉你！但我可以在自己的著作中拐弯抹角地告诉你。德里达这样说也许是对的，我们看海德格尔的《存在与时间》写得多么富有激情，通常不太容易看出来，但思想的原创性本身离不开思想的激情。你们去看电影《汉娜·阿伦特》中有海德格尔恋爱的镜头，可是海德格尔的《存在与时间》中不可能透露他在恋爱。

据我所知，不是所有哲学家都不谈这个问题，比如卢梭在《忏悔录》中就谈过。如果你觉得以上德里达在开玩笑或者不深刻，那你就错了，德里达其实是想说这样一个问题：哲学家的自传或者说他的日常生活，与他的思想之间有密切关系，或者说一个人的经历，构成他的思想的一部分。德里达提这个问题，其实是把人还原为个人，把个人还原为私人，把私人还原为亲自性，把亲自性还原为切己性和不可置换性，进而就导致某种神秘性。

关于神秘性，不是不能说，而是即使说了，别人也听不明白。那么这就导致出现了几个新颖的问题。第一，身体或者肉体，这个是不透明的，你能看见，你能有所行为，但是你没有能力说出你的感官行为及其感受。第二，说和做，或者语言表达与看见，是性质不同的两码事，语言只能说出抽象的一般情况，这是由语言的特点决定的，比如你对我说，玫瑰花是红的，但是你这句话不是红的，对吧？无论你口才多好都不成，颜色属于眼睛。第三，质疑承诺，人们往往把言行一致称为美德，但在效果上，如上所述，这种一致性是不可能的。因为语言传达的是一般性，而行为永远是此时此刻的特殊性，是多出语言的东西，而带给我们幸福的，正是这些多出来的东西，比如眼神，这是视觉；触摸，这是触觉；浑厚的嗓音，这是听觉。语言或者说智力，无法享受这些多出来的、具有美感和趣味的东西。第四，语言与视觉都是媒介，是两个不同的承载信息的平台，语言是抽象的，视觉是生动的，有活生生的感性，无法用语言强行统一视觉，这就是语言的界限。那么就有第五，质疑同一性，发现根本差异。同一性是传统哲学的命根子。亚里士多德曾经这样说：说话是心灵的符号，而文字是说话的符号。德里达批评说，那么就等于说，文字一点儿地位都没有，文字只是符号的符号，文字是受奴役的。亚里士多德的说法看似符合常识，通常我们也这样说：你怎么想就怎么说，怎么说就怎么写。但德里达批评说，这只是一种虚假的一致性，文字是不服管的，作者的初心无法控制文字的效果，而人与人说话也无法代替阅读。

以上，算是我的开场白，我试图说明当代法国哲学如何区别于德国哲学传统，我主要指胡塞尔和海德格尔现象学，也涉及德国古典哲学。区别就在于，德国哲学是在宏观层面上讨论问题的，就此而言，德国哲学保留着更多的形而上学传统元素，例如广义上的观念论与同一性，而当代法国哲学是在微观层面上的，它返回生活世界的细节。当然，我这样说只是一种概括，以下我还要展开说。

我还要说一句概括性的结论——这是一个事实，而不是出于偏见：总体上看，20世纪欧洲哲学，前50年是德国哲学的天下，而后50年至今，属于法国哲学。前50年，到海德格尔为止，在他之后，再没有出现20世纪法国哲学"群星闪耀"的景象。我说群星，乃比如柏格森、萨特、列维纳斯、巴塔耶、拉康、梅洛-庞蒂、列维-斯特劳斯、巴什拉、阿尔杜塞、利奥塔尔、罗兰·巴特、福柯、德勒兹、德里达……这个名单还可以继续列下去，我们很难说其中哪位哲学家是最出色的，这与20世纪最重要的德国哲学家只有胡塞尔与海德格尔的情形，形成了鲜明的对照。

为什么会出现以上情况？就是因为德国哲学没有完全脱离观念论的传统轨道。海德格尔的思想极具原创性，但是他仍然认为思想的纯粹性可以脱离现实生活。海德格尔说，哲学家是没有自传的，亚里士多德的一生可以归结为三句话：他出生，他思考，他死了。海德格尔与胡塞尔仍旧只是大学里哲学专业的教授，而我以上列举的法国哲学家——说他们是哲学家，只是一个不太恰当的概括——他们同时是语言学家、人类学家、社会学家、心理分析师、历史学家、文学艺术评论家甚至社会活动家。当代哲学已经不可能不是跨学科的，原有的哲学专业界限已经不复存在。当代哲学最活跃、最有原创性的思想，来自哲学专业之外的语言学、心理学、人类学、社会学、文学艺术——这些跨学科领域的启发，同时又把哲学智慧给予这些人文社会科学领域。

那么，我就可以试着回答为什么当代法国哲学在发展势头上超越了德国哲学：就是由于它在相当程度上，抓住了我们的时代精神，抓住了时代精神的脉搏，可以称作一场新的思想启蒙运动。法国哲学与德国哲学的这种区别，是有历史传统的。当代法国哲学，有点像18世纪法国的思想启蒙运动。当年卢梭的影响力，截然不同于比他小12岁的康德。卢梭是社会革命的，康德在书斋里搞哥白尼式的哲学革命；卢梭写自传，康德不屑于写自传；卢梭能写各种文体，他不愿意称自己是哲学家，而康德是最典型的哲学家，他甚至准时按钟点散步。我们从萨特和福柯的思想中，能看到卢梭的身影，而从海德格尔身上，也能看到康德的身影。这个区别不仅是外在的，更是对于哲学的态度上的。

以下，我进入这次讲座的主题：谈谈当代法国哲学如何超越了德国现象学，使得当今的欧洲哲学具有鲜明的法国味道。

我们首先看德国哲学的传统，从康德到黑格尔，到马克思，从胡塞尔到海德格尔，德国哲学的鲜明特点是什么呢？是广义上的观念论、目的论、理想主义，想一揽子解决哲学或者人类文明的根本问题。它往往以哲学体系的面貌出现，注重思辨，包括辩证法，无论它是以解释世界还是改变世界的方式出现，都具有这些特点，它往往局限于概念本身的思维。它的基础是逻辑，无论是辩证逻辑还是形式逻辑，都是思维的形式，用形式控制内容，引导内容。当德国哲学谈到"感性"和"美学"或者"趣味"的时候，这些词语只是被当成哲学概念加以理解。也就是说，知识或者说智力，也就是可理解性，在德国哲学中具有至高无上的地位。或者我们可以概括得更加通俗易懂一些，德国哲学往往把哲学等同于说理。也许有人会问，难道哲学是不说理的吗？这个问题问得好！问题并不在于哲学是说理的还是不说理的，而在于我们对于什么是说理，给了一个事先的说法，有了事先的理解。在德国哲学传统中关于"什么是说理"，就是我以上对德国哲学特点的描述。

以上，只是我对德国哲学一般特点的概括。它的内部，并不是刀枪不入、铁板一块的。19世纪以来，德国的某些天才哲学家，已经看出了德国哲学自身的缺憾，并且试图从中创立新的哲学，其中最重要的，是叔本华、尼采、马克思、胡塞尔、海德格尔。这几位哲学家的思想，已经不完全照搬德国观念论传统了，他们试图突破观念论，也正因为如此，他们的思想具有原创性。但是，试图突破观念论，并不代表已经脱离了观念论，这里我不说马克思，原因我想大家都知道，我只想说，即使叔本华与尼采，即使胡塞尔与海德格尔，他们的思想也没有完全消除观念论的痕迹，也就是传统形而上学最后的痕迹。这痕迹表现为一定要追溯到起源、一个思想的出发点，然后给出某种总体性的或者整体性的定位。例如，尼采提出了"末人"与"超人"，而海德格尔说尼采是"最后一位形而上学哲学家"，胡塞尔提出不但可以追溯几何学的起源，而且可以返回事物本身。这些看似不同的说法，都属于广义上的解释学，似乎只有将某一种新鲜的观点放置在思想之路上的某一个固定位置，就像竖立起一块思想的界碑，心里才会感到踏实。

那么，在效果上，就是一方面批评传统形而上学，另一方面却又保留着形而上学的思维方式。以下我简单谈谈，德国现象学对于观念论传统的批评与摆脱是如何在中途摇摆不定的，而当代法国哲学，如何在摆脱西方传统形而上学的道路上走得更远。

我谈最重要的三个方面，它们也是西方哲学的根本问题。第一个问题：存在或者在场；第二个问题：重复与差异；第三个问题：时间。

先谈第一个问题，存在或者在场。"存在"，用英语说，就是"being"，有人说要翻译成"是"，又有人说这样翻译太逻辑学了，它还是本体论意义上的存在，但我觉得可以合起来理解：一方面，"存在"是最抽象的思维形式，它与逻辑学有密切关系，即"存在"与"不存在"和"是"与"不是"之间，有极为密切的关系，它表明西方形而上学传统，从柏拉图以来，始终是一种形式思维，也就是通常我们说的概念思维，这是西方哲学传统的命根子，我们中国没有西方这样一以贯通的形式思维传统，因为我们的语言不是拼音文字，没有"being"。那么，为什么又说"being"可以翻译成"存在"呢？因为尽管哲学与逻辑有密切的关系，但哲学毕竟不能等同于逻辑学，哲学不能仅仅停留在"是"，还要问"是什么"。这个"什么"，就相当于"存在"，否则就没有实质性的理解。比如笛卡尔的"我思故我在"，就不能翻译成蹩脚的"我思故我是"。换句话说，哲学命题必须清晰明白，不能不知所云。于是，一切理解的关键，就都集中在如何理解"存在"。

为什么说"我思故我在"比"我思故我是"更清晰明白、更容易理解呢？因为"存在"比"是"是一个更好的落脚点，它暗示着内容，更符合自然而然的思考习惯。比如，我们非常容易接受尼采关于"末人"和"超人"的划分，很容易同意海德格尔的说法，即"尼采是最后一个形而上学哲学家"——我们不容易看出来这样的提法在思维模式上还是旧的，是由于我们听着顺耳，符合以往的思考习惯。

为了思路集中，请允许我再重复以上的两句话：为什么说"我思故我在"比"我思故我是"更清晰明白、更容易理解呢？因为"存在"比"是"是一个更好的落脚点，它暗示着内容，更符合自然而然的思考习惯。但是，这种理解习惯有一个非常危险的混淆，以为思维的形式与思维内容之间已经被区别开了，其实并没有，因为"是"和"存在"都是对"being"这个概念的不同方向的理解，那么在西方哲学传统中，"是"与"存在"是放在一起理解的，它们都可以被称为"在场"，以区别于"不在场"或者"缺失"。

那么好了，由此派生的全部哲学概念，比如本质与现象、一般与个别、同一与差异、主体与客体，等等，它们都是在场的存在，它们的含义是已经被完成了的，比如，当笛卡尔说"我思故我在"的时候，他心目中已经完成了什么是"我""思""在"的理解。那么，这里不发生时间问题，因为理解已经被完成了。

明白了以上，讨论胡塞尔与海德格尔就相对容易了。我说最主要的，尽管胡塞尔不满意他之前的哲学，认为他之前的哲学都是现成的自然态度，而他所创立的现象学主张绝对的无前提性；尽管海德格尔区别了"存在者"与"存在"，甚至在"being"这个最根本的哲学概念上面画叉叉，显示了可贵的怀疑精神；但是，胡塞尔与海德格尔在具体思考问题时，对于自己所使用的基本现象学概念，仍然持一种我们以上说过的"在场"的态度，坚持智力上的可理解性，他俩所使用的概念的含义，已经在理解上被完成了。这种态度被德里达称为"在场的形而上学"。

如果你们足够敏感，就会反问我：德里达把以往的哲学归结为"在场的形而上学",这难道不也是一种总体概括吗?是总体概括,其实还有很多似是而非的"非哲学"说法,比如说德里达是法国的海德格尔,或者说某个中国学者是"中国的康德"——类似这种说法,可以作为聊天的谈资,但不可以作为进行严肃哲学思考的前提。严肃的思考是疑问式的,带着问题思考,往往先提出一个大家都容易接受的判断,然后说"但是",比如德里达说"翻译是必须的,但却是不可能的"。说翻译是不可能的,这就属于带着问题思考。换成对以上那句反问的回答:以往的哲学当然不可能完全概括为"在场的形而上学",这里有遗漏,但是正是这里的遗漏或者说差异,把思想转移到另一个思想平台上了,而海德格尔的思想并不在这个新的思想平台上,因此德里达说他与海德格尔之间的差别是十分微小的却又是本质的差异。关于这个新的思想平台,我以下还要展开讲。

第二个问题,重复与差异。西方哲学传统也曾注意到"重复与差异"问题,但有个前提,就是服从于同一性。这个问题我开头已经说过了,比如黑格尔说的差异,指同一性内部的差异,人与人的差异,就是同一性内部的差异,它得符合关于人的定义,即种类加上属差,例如,人是有理性的动物。但是说人与狗之间的差异,就超越同一性了,就不再是哲学语言。重复被认为是同一性内部的重复。胡塞尔也持这样的看法,他在《几何学的起源》这篇文章中说,老师在几何学课堂的黑板上划的三角形,相当于古往今来的一切三角形,三角形的几何性质,与重复、与时间无关,与这个老师在黑板上划的三角形是否标准没有关系。这种重复过程中的差异可以忽略不计,它们只是物理意义上的差异,不是本质上的差异。海德格尔突破了胡塞尔在差异问题上的理解,他提出"存在者"与"存在"之间的差异,是本体论意义上的差异。但是,海德格尔仍旧坚持一种存在论的立场,也就是以上说的"在场"。这正是德里达最不满意的地方,于是他说他与海德格尔之间,有非常微小的差异,却也是本质的差异。这可以扩大到法国当代哲学家群体与海德格尔之间的差异。这究竟是怎样的一些差异,我以下还会说到。

第三个问题,时间。海德格尔最重要的著作,就是《存在与时间》,正是由于引入了对时间问题的思考,导致了重新思考存在。他提出的很多新概念,都与时间有关,比如"事件""出神""此在"。这些新想法,对当代法国哲学家的影响非常大。如果沿着海德格尔这个想法走到底，就会继续思考我以下将要分析的福柯、德勒兹、德里达等人的思想。但是，为什么海德格尔终究没有走得这么远呢？因为他终究没有彻底敞开另一个时间领域，我可以叫它"异域里的时间"。

我这里可以提供一个实证的证明，我们国内研究海德格尔的专家已经不少，非常熟悉海德格尔的著作，但是，这并不意味着可以轻轻松松理解德勒兹的著作《差异与重复》，或者德里达的著作《论文字学》。为什么呢？从逻辑上说，当代法国哲学受惠于海德格尔，但海德格尔只是一个必要条件，并不是充分条件，除了海德格尔，当代法国哲学还从柏格森的绵延哲学、索绪尔的语言学、弗洛伊德的精神分析学，甚至从卢梭的著作中，从波德莱尔的诗歌中，从普鲁斯特和乔伊斯的小说中，从超现实主义绘画中，从贝克特的戏剧中，获得灵感。

用更简单的话说，这种区别——无论主观意愿如何——在于海德格尔更忠实于德国哲学的传统，更接近于一种广义上的哲学解释学，而当代法国哲学同样更忠实于自己的传统，更接近生活世界，更接近文学艺术，更接近浪漫主义传统，更接近帕斯卡尔曾经说过的"微妙精神"或者"敏感精神"，它甚至更是美学意义上的，我们中国人可以心领神会，也就是无法言明的味道，或者叫它"鉴赏力""品味儿"。我们说哲学的德国味、法国味，就是指这个东西。在传统哲学中，这个东西被边缘化了，似乎哲学只是真理的语言，只是说理的语言，至于如何说出真理或者修辞方面的问题，只属于文学，不但不重要，还妨碍真理的清晰表达。但当代法国哲学家说，如何表达的问题，不仅属于文学，更属于哲学。

现在我讲法国当代哲学的基本问题，它是从存在的"不在场"或者"缺失"中起步的，我称为"归隐之路"；这个"隐"，我又叫它"异域"。

"归隐之路"的这个"隐"字，不是我们中国道家老庄哲学的"归隐"，也不完全是胡塞尔现象学的"现象"，尽管现象学的现象不同于自然态度下的现象，而是看不见的意义，但现象学的意义仍然不是我这里说的"隐"或者"缺失"，因为现象学表达的意义仍旧是德里达所批评的在场的存在。那么，隐在何处呢？在异域，用列维纳斯的话说，这个异域可以理解为他者，而他者并不完全只是狭义上的他人。他者或者说异域，不可以用日常语言做通俗的理解，比如"异域风光""异域风情"，这样的理解太俗气、不专业。用哲学专业术语表达，所谓异域，用列维纳斯的话说，就是"不同于存在"，这个不同并不是否定，不是否定存在，而是绝对的差异，不同于黑格尔同一性内部的差异。"不同于存在"或者说"绝对的差异"不理睬存在，而是把思想的目光转向别的领域，转向关于存在的本体论哲学从来不曾关注的更为广阔的思想。为什么要这样呢？就是因为关于"存在"的哲学，有可能说出来的话已经说尽了、说完了，它的可能性已经走到了尽头，这就像美术中的具象透视画法的可能性已经穷尽了，因为发明了摄影术。

那么好了，"不同于存在"揭示了绝对的差异，它与存在之间是彼此异域的关系。于是，我们从异域开始思考当代法国哲学：西方传统形而上学的可能性已经穷尽了，但这并不意味着哲学已经死了，这就像对于尼采说的"上帝死了"不能做字面理解，而应该是以往对上帝的理解模式死了，但宗教永远存在。同样，哲学并非一定得是传统那样的，或者是康德那样的，还可以是卢梭那样的。

康德偏重于智力，理性以智力为基础，哲学就是纯粹思想。但卢梭不这么看，卢梭把纯粹感情放在第一位，智慧是爱出来的，智慧的源泉来自爱思想的冲动，而这个冲动绝不肤浅。冲动是源泉，其中有爱、纯粹感情、直觉、自由意志、趣味、瞬间或者说时间，而这些表达不仅是概念，还是有肉身的词语，嗓音既是肉体的，又是精神的，它们试图用语言突破语言表达的界限。你们想一想，这会出现怎样的哲学呢？它一定是把思想与感受融为一体的哲学，而其中的感受一直试图突破智力的局限，就是说在法国哲学中，文学艺术从来都不是哲学的附属品，不是哲学的一个例子，而是融为一体的，体现了这个观点的不仅有卢梭，还有蒙田、帕斯卡尔、孟德斯鸠、伏尔泰、狄德罗、萨特，就是说智慧要爱出来。

爱是趣味、是道德、是美感，也就是我们通常说的法兰西思想天生就是浪漫的。这个法式的浪漫可以从天上与地上两个方面来说。从天上说，你们读法国哲学家的书，看法国电影，有什么根本特点呢？与英美和德国哲学都不同，法国哲学和电影似乎总是飘起来的，我们中国人说"飘飘然"，它轻飘飘，但是绝不拒绝里面非常沉重的感受和深刻的思考，但深刻的思考也可以飘起来,最危险的时刻也可以是最有希望的时刻,比如法国大革命与《马赛曲》不仅悲壮激烈,也是浪漫,其中甚至有趣味与鉴赏力。

我刚才从形而上学角度说,爱智慧的爱是飘起来的,不要将"自由、平等、博爱"仅仅看成是启蒙思想的表达,或者说是理想、政治口号,它是要与《马赛曲》、法国大革命和《自由引导人民》那幅珍藏在卢浮宫里的著名油画放在一起说的。

要把革命还原为浪漫精神,要把浪漫还原为爱的冲劲。从生活角度说,这个爱是一个纯粹感情的无底深渊。"深渊"这个词是概念吗?我说它是一个"不是概念的概念",是在纯粹理性的界限之外继续思考。康德不想使用"深渊"这个词,无论是思想还是感情的深渊,他宁可使用纯粹概念的表达,他说是"自在之物"。我说的深渊,在神秘的意义上,就相当于康德的自在之物,但思考的方式与感受的味道是不一样的。在这一点上,我佩服叔本华;叔本华佩服康德,瞧不起黑格尔。

叔本华极其善于做思想的比喻,他往往用一种思想感情的情景,揭示深刻的思想,而且一针见血,绝不藏着掖着。叔本华说性爱和自由意志一样,就是自在之物,康德思想的精华不在现象世界,而在自在之物的世界。这话是批评康德的,暂且不说康德听了叔本华这样说会生气,关键在于他没能朝着叔本华那个思想方向想问题。但是,真正发展康德思想的不是新康德主义,而是叔本华。叔本华事实上已经发现了"无意识"领域,这极大地启发了之后的弗洛伊德。

我继续说爱的深渊,这种思考更是法国哲学的传统,不像是德国的,因为深刻揭示爱的深渊的是卢梭的作品。卢梭探讨了自爱与自恋的话题,那个凄美的古希腊神话故事,揭示出爱是一个人自己的事,还没有过渡到爱情。要把爱与爱情区别开来,不明白这种区别,就会酿成悲剧,就像那个美少年纳西索斯爱上了自己在河水里的影子,他以为那不是他自己,其实那影子就是他自己的。他以为他爱上的是他人,却不知道他爱上的其实是自己的热情,也就是自恋,结果他投入爱情之河,溺水而死,变成了一株美丽的水仙花。

如果这株水仙花会说话,就会像奥地利作家茨威格那样总结经验教训:"爱是一个人自己的事,爱情是两个人之间的事,因此我爱你,与你无关。"

这并不是否定爱情在人生中的重要价值，而是说爱与爱情之间，有微妙差异。这差异十分微小，却是本质的差异。爱是一个切己的无底深渊，这个亲自性属于形而上学最顶层，它甚至是无法沟通、无法交流的。至于爱情，这是两个人之间沟通与交流的事情，就纯粹思想感情的源泉来说，爱情的层次低于爱本身。

以上我谈了不同于存在的异域、无法被同一性管住的绝对差异、突破理性或者突破智力界限的纯粹感受性的无底深渊，或者自在之物、爱与爱情之间的本质差异，现在我展开讨论差异的话题。

以往谈差异，是和同一或者统一放在一起谈的，例如在黑格尔那里，从差异中的同一性发展到对立面的统一，也就是辩证法。辩证法谈否定，用否定作为中介，有否定之否定。无论是对立面的统一还是否定之否定，思想接触的都只是思维的形式。思维形式、概念、中介，这些都是思想的拐棍，也就是间接性。

当代法国哲学家几乎众口一词地批评同一性概念，诉诸差异的哲学，以德勒兹为例，他不再说"同一性"，而说"重复"。胡塞尔和海德格尔在讨论差异时，也很少与"重复"这个词放在一起说，而是说"再现"，即又一次出现。这可以从尼采的一个著名论断说起：尼采说，永世轮回，同样的事情永远回来。就是说，你正在经历的生命，此前已经经历，你还要经历，但其中不会有新的东西，你生命中所有痛苦与快乐，所有难以表达的大小事情，还会在你身上重演，同样的先后，同样的秩序，周而复始——表面看，尼采这段话似乎很符合同一性，赞成传统，其实不然。

尼采在这里没有说同一性，而是说"重复"。同样的意思，比如"同一性"，换个词说，比如换成"重复"，就会在传统形而上学的铜墙铁壁里撬开一条缝，就会想到重复的过程并不符合同一性，重复过程中总会出现新的东西。无独有偶，与尼采差不多同时期的丹麦哲学家克尔凯郭尔也谈到"重复"绝非原样的再来一次，而是一种跳跃。看来，深入探讨重复的问题，是告别传统形而上学的关键所在。

让我们回到同一性，也就是德里达批评的"在场的形而上学"中的"在场"，一切形而上学概念都是一个在场的概念，也就是思维形式，它们是空无内容的，苍白没有颜色，比如尼采说的同样的事情永远回来。但是，用"重复"取代"同一性",意思大不相同了,因为"重复"已经不再是空洞的思维形式,重复是一种实际发生的情景。重复,或者说再一次,发生了新东西,产生了新内容;这种新情况,同一性已经管不住了,这就是传统形而上学的思想裂口。这个口子可以越开越大,以至于最终告别旧的哲学。

纯粹思维形式,只是一个空洞的意向。如果一本书全部都在讨论概念之间的关系,那么整本书都只停留在空洞的意向。这种情形有时候会给我们制造某种假象,以为意向实现了,意向不再为空,其实不然,这里的所谓意向实现,仍旧局限于思维形式。

如何彻底扭转概念的空洞性呢?德勒兹在《差异与重复》这本书的前言中说,就是要真正引入时间,不是统一的直线型的时间,而是中断的时间、时间小块。这不是指康德那种作为先验直观形式的时间,而是差异中的时间。比如,海德格尔区别了存在者与存在,结构主义认为词与词的差别产生句子的意义。福柯的"异托邦"或者"另一空间"的说法,描述了同一空间场所的不同时间性。比如,我们去公墓,那里并排安葬在墓碑下的逝者,曾经生活在不同年代,生前有可能没见过面,死后却面对面埋葬着,这叫做"同时性的不同时性",或者说,"同时代的不同时代性"。

乌托邦并不真实存在,是世界上没有的地方,但是"异托邦"的情形是真实存在的。一个貌似统一的空间可以分割成性质不同的空间小块,这就不再是宏大叙事,而是微观世界了。这样思考,也就是有微妙的敏感性,才能深入生活世界的内部。

再比如,有生活阅历的人都知道,与人谈话能否取得预期效果,谈话的场所非常重要。谈同样的事情,在办公室谈,在咖啡馆谈,在家里谈,两个人私下谈,三四个人谈,效果是不一样的,其中有无法言明的微妙差异。

德勒兹认为,要把同一性还原为重复,而重复的真实内容是差异。法国当代哲学这种微观思考,就像我开头说的,抓住了我们时代的精神脉搏。最明显的例证就是当代文学艺术领域,从来没有任何一个时代,艺术与哲学走得如此之近。法国当代哲学首先在欧美文学艺术界开花结果,从不起眼的边缘成为先锋艺术与哲学,这种相互青睐的情形是出于原创性的需要。

它们有一个共同的特点，就是反对黑格尔，反对体系性的哲学，反对所谓共同的理念或者理想。为什么呢？因为黑格尔的哲学代表了宏大叙事的旧哲学，它的可能性已经穷尽了，它只讨论一般情况，而先锋哲学与艺术就像显微镜下的微观世界，它看重的是特殊情景，此时此刻。

在政治领域也是如此，传统政治是传统哲学的附属品，必须区别朋友与敌人。在后现代政治中，朋友与敌人势不两立的观念已经过时了，取而代之的是差异。人与人之间是差异的关系，我们处于一个比以往任何时代都更加关注个人的时代。所谓朋友与敌人的说法，派生于矛盾概念，而德勒兹与德里达都认为，差异并不一定像旧哲学那样导致矛盾，不一定非得做非此即彼的选择，因为生活世界的真实情形，经常是亦此亦彼的。这就像福柯说的，我一会这样说，一会又那样说，这并不意味着虚伪，而是此一时，彼一时，都是真实的。

旧哲学把重复理解为再现，一次关键时刻的选择或者决定，或者叫做初衷，就要决定终生，以后的更改或者转变态度被认为是不道德的，这叫做"化瞬间为永恒"——这样的哲学，等于没有时间，它杀死了时间。如果有时间，就得承认再现并非原样的重复，可以修改初衷，比如18世纪的思想启蒙运动。德里达说，那个时代的启蒙固然是人类文明的伟大成果，但其中的某些说法已经过时了，启蒙的光不是一个样子的，时代精神呼唤原创性，一种新的启蒙。

"再现"想法的破灭，直接威胁到人们的习惯看法，不可能还原初衷，不可能还原真相，不可能还原本文的原义，不可能还原或者追溯到真正的源头或者出发点，没有所谓绝对的开始——这些说法，不仅批评了黑格尔的哲学，也批评了胡塞尔的哲学，德里达就批评胡塞尔追溯几何学起源的初衷是不可能实现的，因为几何观念是已经完成的，而它来自某一次偶然性，它的具体情形是不可能被我们知道的。为什么不能还原真相呢？因为所谓过去的真相是被我们现在说出来的，这里经历了时间，也就是差异。

这种情形，也符合我们的时代特征。我们处于一个"后真相"时代，也就是模拟取代了真实，我们生活在模拟的世界之中。你们相信手机和微信里的信息真实吗？它们其实是模拟真实，也就是后真实、虚拟的真实。从电话、电影到电脑，早就是这样的情形。于是，旧哲学的同一性消失了，模拟取代了同一。那么，模拟中的哲学是什么呢？是差异。

继续说同一与差异的话题：再现中的同一意味着连续性，这里的时间等同于永恒。我以上说了，这不符合我们的时代特征。我以上说的模拟，意味着模拟图像，我们处于一个图像的时代，德勒兹说是思想图像。他说这话，是在1968年，50余年过去了，你们想一想他说得对不对？他说得对，我们时代的精神生活有个基本特点，我们在电脑和手机上是阅读吗？与其说是阅读，不如说是看，是图像的拼贴。为什么？因为速度快！微信里的信息不适合长篇大论，它适合短小精悍，懂就懂，不懂就不懂。速度快，指的是你转移注意力的速度快，你无法忍受在微信上像阅读纸质书那样专注，你转换信息的速度，比换电视频道的速度还快，你已经受不了连贯性。这威胁到传统理性的逻辑态度，它改变着我们的生活习惯，它甚至对人性的改变都具有潜移默化的影响。

速度是什么？是时间。逻辑是什么？是规则。时间是变化的，而规则相对不变。显然变化着的时间与不变的规则之间有冲突。规则就像我们的生活习惯一样，缓慢地形成我们人类的第二天性。我们遵守规则，感到方便和稳定，但哲学家并不满意，哲学家思考并怀疑某些规则的合理性，且从中发展出原创性的新思想，比如休谟就这样怀疑因果必然性，他说太阳晒石头热之间，并不存在所谓因果必然性，只不过是因为在以往的经验中，这两种现象总是相继的，人们看到第一种现象时，就期待第二种现象到来。休谟将客观因果性还原为心理联想的习惯，把"因果必然性"这个"大字眼"还原为更贴近人心的微观观察。

规则和习惯一样，都来自人为的约定，不是普遍必然天然合理的，这就消解了它的神秘性。我说这些，是想说明法国当代思想另一个倾向：诉诸不确定性、偶然性，批评一切现成的说法，例如思考的习惯、生活习惯。这就得把生活习惯、把规则切碎了重新观察，也就是微观观察。用哲学术语来说，叫做"解构"，还原生活的真相，真相在生活细节里，在心理细节里。由于习惯，人们通常生活在"大字眼"里，这是很没意思的，而且不真实。

法国哲学家都喜欢引用普鲁斯特，他抵抗生活习惯，他说"如果没有习惯看法的干扰，我们的生活世界将充满芬芳"。他还说过另一句与此类似的话：有才华的写作，都好像是在使用一种外国语言。他这是在强调遭遇陌生的重要性、精神冒险的重要性。

他在小说《追忆似水年华》中，区分了"自主的记忆"与"不由自主的记忆"。同志们都经历了很多次考试，考试要刻意记住很多与你们的个人兴趣毫无关系的知识点，这是凭毅力记住的，支撑你们的是功成名就之类的动机。这很痛苦乏味，往往考试完了就忘记了，这就叫做"自主的记忆"，或者说"知识的记忆"。但是，如果你正在恋爱，脑海里就会时常涌现出一连串不用刻意想也会自动出现的情景，这就很甜蜜，这叫做"不由自主的回忆"。它不会遵守逻辑思维的规则，更接近你心里的真实。

普鲁斯特的上述描述，非常具有法国味，他观察细腻、有哲理，而且是飘起来的，是飘起来的生活细节和心理细节，它是融化在法国文化血液里的情调，也就是我们通常说的浪漫。这种心理举止和生活行为演成电影，与美国电影的区别非常明显。同志们看没看过法国电影《天使爱美丽》，影片开头有一大段旁白，描述对于男女角色非常重要却不好意思和别人说的心理活动，但公开说出来，别具一格：

这段旁白，先说某年某月某日某时刻，有一只每分钟翅膀震动1万多次的苍蝇落在马路上。与此同时，邻近马路的一家餐厅里的桌布被大风刮起来了。于是，桌子上的高脚玻璃杯就像变魔术似的在跳舞。与此同时，带有X染色体的某个精子，从某先生的众精子中脱颖而出，奋力奔向他太太的卵子。于是9个月后，"爱美丽"出生了。

这位先生不喜欢和别人在卫生间里并排撒尿，不喜欢别人看他穿凉鞋还穿袜子时的嘲讽目光，不喜欢从游泳池里出来时，泳裤紧紧贴在身上那种潮湿的黏糊糊的感觉。这位先生喜欢听自己亲手撕墙纸的声音，喜欢把房间里的鞋摆得整整齐齐。

从常识看，这大段旁白说得有点不着调，但从生活和心理细节看，它非常真实，并不庸俗，不仅具有喜剧效果而且含有哲学思想。就是"同时性的不同时性"，隔开了不同的空间小块，人的痛苦或者快乐，就在这些私密的小块空间里；小块空间的性质或者说里面所发生的内容不同，人就时而痛苦，时而快乐，亦此亦彼。这就是我们微观世界里的真实生活，它有情调，有幽默感，所以，人永远都不要绝望。

《天使爱美丽》算是一部后现代生活的浪漫电影，它是生活喜剧，其中的悲剧场面也做喜剧情节处理，这是一种乐观的生活态度。最危急的时刻何尝不是重新充满希望的时刻呢？这也可以揭示法国哲学文化的精神性格，它在原创性的思考基础上追求新奇，充满自由想象力，求新求异，对异域文明满怀憧憬。在这种文化氛围下，法国哲学既晦涩又热情，敏感、容易焦虑、天性不稳，甚至有些神经质。我们读德国哲学，例如德国古典哲学，具有逻辑上的连续性，风格基本是统一的，你能读懂康德，就能读懂黑格尔；但当代法国哲学不是这样，你能读懂福柯，真不一定能读懂德里达，他们把哲学书写成了作品，哲学家往往也是作家，具有鲜明的私人性质，是私密的精神生活。

　　文化的多样性，是法国人最先提出来的。总部设在巴黎的联合国教科文组织在推广这个主张，受到中国的热烈欢迎，但是这个说法，首先并不是一个政治策略，它是建立在哲学思考基础上的。

　　我们也可以这样理解法国哲学对同一性的批评：看似同一的或者相似的东西是不相似的，这与黑格尔的同一性和形式逻辑的同一律相抵抗。我们研究胡塞尔的现象学，他说"现象学还原"，很多研究者都把关注的目光，集中在他说的意向性概念上，而忽视了他说的另一句话——胡塞尔认为现象学的一个关键词，是"好像"。这个"好像"，与其说是现象学分析，不如说是现象学描述。"分析"与"描述"的区别，在于"分析"借助于间接性，借助于概念作为对象，这就是笛卡尔的"我思故我在"所开创的反思传统。这对德国哲学有极其巨大的影响。胡塞尔试图反抗笛卡尔的反思哲学，反思是思想的间接性，而胡塞尔认为现象学描述是直接的直观描述。在这个意义上，胡塞尔甚至认为现象学是实证的。这种情形与柏格森的时间绵延哲学可以相互补充。柏格森最重要的著作是《论意识的直接材料》，英文译本翻译成《时间与自由意志》，这两个书名的含义，也是相互补充的。

　　总结以上，就是要解构同一性：A＝A，这就是同一性，它代表逻格斯、柏拉图主义传统，直到笛卡尔和德国古典哲学，而胡塞尔和海德格尔对这种同一性的传统表示质疑，认为它是一种自然而然的态度，就像休谟批评的，是一种出于习惯的自然联想。海德格尔试图走出同一性，他区别了存在者与存在——如果大家觉得他这个说法不好懂，那么我可以换成更加地道的汉语表达，海德格尔的意思，就是说看似同一的或者相似的东西是不相似的。存在者就是德里达批评的在场的存在，存在者意味着对于概念的含义，我们已经有了事先的理解，就此而言，这是一个 A = A 的问题，也就是自身同一。

至于存在或者此在，我这里没有时间展开讲。重点说，此在返回具体的时间与空间问题，它是某种特殊的情景，一个难以用存在者或者同一性管辖的异域。海德格尔曾经写过一本书，名字叫做《同一与差异》，书中批评了古希腊哲学家巴门尼德的命题：思维与存在是同一的，这个命题被认为是西方传统哲学的基本问题。但海德格尔批评说，这个命题最可质疑之处，在于思维与存在中的"与"字，也就是"和"，它连接起两个不同的事物，认为两者是同一的。这个"与"或者"和"，代表的是差异，是相异的因素，因为其中经历了不同的时间与空间。

海德格尔对于同一性的这种批评，法国大数学家彭加勒也说过。他说同一性，可以用两个三角形全等作为例子；这个全等的意思，是说将一个三角形放在另一个三角形上面，严丝合缝，一模一样，但是这个论断得有一个前提，它好像是在真空之中的同一性，不能经历，或者说考虑真正的时间与空间，否则严格意义上的同一性就难以成立。

那么好了，海德格尔说的"与"或者"和"字，与彭加勒敏锐观察到的一样，都是说要将具体的时空因素加入同一性，那么，看似同一、统一或者相似的东西，就变成了差异。传统哲学家不是没有看到这一点，但是给出的解决方案与海德格尔不同，比如康德，他认为杂多的感性材料，必须用先验的概念加以理解与思考，即所谓"先天综合判断"。关于康德这个玄妙的说法，可以做一种略为粗暴的理解，就是用概念给感性材料定性、定规矩、定秩序。

康德说的"综合判断"确实有别于 A = A 的分析判断，但他的先天综合判断有一个极大的局限，就是仍旧只停留在思维形式内部，他说到的"感性直观"仍旧是一个思辨的概念。换句话说，这个感性仍然是空的，康德不肯进入真实的生活世界。从大的范围讲，康德所谓"哥白尼式的哲学革命"并没有真正摆脱柏拉图开创的哲学传统，它甚至影响到马克思以及庸俗化了的马克思主义，就是事先的理解在先、立场在先，用概念给活生生的个人和生活世界贴标签，还有所谓辩证法，生吞活剥微妙的具体生动的现实世界。从哲学态度到政治只有一步之遥，哲学说真理，政治则说立场正确与错误。马克思曾经批评德意志意识形态，也就是德国古典哲学，但之后庸俗的马克思主义，把马克思主义也看成了一种新的意识形态，这就有别于马克思的本意了。

现在我再回到海德格尔对同一性的批评，他说严格的同一性不能实现，已经暗含了对康德的批评。康德哲学的模式具有代表性，它是垂直的，或者说是对象性的，讨论主体与客体的关系，对此我们并不陌生。这种宏观意义上的"大字眼"讨论，将真实的、微观世界中的时间与空间遗漏了。

那么好了，海德格尔说的"与"和"和"字，这种思考是横向的，是横向过程的差异，重在看似相似的东西其实是不相似的，重复过程中的置换并没有实现真实的置换，而一定是多出或者放弃了某些东西。大家只要思考一下翻译的过程，一个中文词取代一个外文词的过程，就会同意我说的情形是真实的。这就进入了事物真实的细节，这不是狭义上的翻译技巧问题，而是翻译中的哲学问题，但这种情形不仅在翻译中存在，它还是当代法国哲学的重大突破。用德里达的话说，这里有一种增补性的逻辑，而这种增补是危险的，因为它不再可能返回同一性，不再能返回原义或者初衷，不再可能追溯到事物的起源，以至于不存在所谓中心思想，因为文章中的所谓中心思想，无时无刻不被置换与补充、遗忘。用柏格森的话说，这是一个绵延的过程，它处理的是直接性的意识材料，其中的物质性因素和精神性因素不分彼此。用德勒兹的话说，这种新哲学中的思想是横向的、分岔的、断裂的，与其说它是精神分析，不如说是精神分裂分析。

显然，以上三位法国哲学家表达了一种关于差异的哲学。这里所谓差异，凸显的是另一种时间与空间哲学，就像我开头说过的，它们走入了异域、异托邦、他者。当他们描述时间时，往往把时间现场化、当下化，说现在正在发生什么，它是如何出场亮相的。这种差异的哲学与德国哲学的区别，在于它试图真正走出观念论，途径之一是引入活生生的身体因素，把概念还原为词语，而词语是有肉身的，比如词语的图像或者象形文字。这是思想的图像，而不单纯是概念的可理解性，不仅是智力的问题，还是美与艺术领域的问题。

　　从此，哲学不再是笛卡尔所谓"清楚明白的观念"，因为身体、词语的肉身，给哲学注入了不透明的成分，海德格尔的思想并没有走这么远。我们可以对比一下海德格尔的代表作《存在与时间》与萨特的《存在与虚无》，两者显露了德国味的哲学与法国味的哲学的一个重要区别，就是萨特大量描述了思想的情景与情节，与彼埃尔在咖啡店的约会，男女第一次约会过程中彼此手碰手时刻的哲学思想描述，被陌生人注视的感觉，餐馆里的侍者身份的自欺现象——这些哲学事件已经含有身体因素了，它们都与萨特的一次亲身经历有关，那就是萨特在酒吧与他的同学阿隆见面时，阿隆说："我的小同学，你看见这杯鸡尾酒吗？如果你理解了现象学，就能用这种哲学谈论鸡尾酒。"萨特听到这个说法后，激动得脸色煞白，"鸡尾酒里的现象学"，生活里的哲学，他要的正是这种哲学。

　　我们往往忽视了萨特，其实他最能代表20世纪的法国哲学，我们说他甚至主要是一个作家，是以思想见长的作家。我开头说过，海德格尔认为哲学家的自传可以被忽略，这意味着纯粹思想可以与生活经历脱钩，那么他自然就不会像萨特那样思考身体所构成的哲学事件，就像萨特在《存在与虚无》中所描述的那样，更不会思考烟酒、刺激性饮料、焦虑不安与写作的关系。写作中的文字，是作者五官四肢的延长，而不仅仅只是大脑在思考，人身上的所有器官，连同皮肤，都会思考。

　　我们可以这样设想萨特在写作时的情形：萨特的敌人称萨特是"会写字的财狼"。《萨特的世纪》的作者统计过，萨特一生平均每天写25页稿纸。他渴望写，就像活着得呼吸。呼吸需要修改吗？不需要，所以萨特几乎从不修改，写东西就是一气呵成地呼吸。才华就在于，他就是这么写，也成就了一篇篇经典之作，这是瞬间选择句子的能力，但首先得迅速想到——直觉到最佳方向。这么写东西，思想的深刻性已经融化到冲劲-力量-感情之中了。而这是他自己在呼吸，因而个性十足。而写的速度快，秘诀在于转折和跳跃快，这需要不间断地设想"好像"的能力，也就是换一个词、换一句话说的能力，也就是以上我说的寻找发现"相似性中的不相似性"的能力。这里有一种增补性的逻辑，一种横向思维的能力。最重要的，是这个过程不可能不是兴奋的与全神贯注的，因此它在效果上有趣，有幽默感。在这个过程中，概念、形象、画面、人物、场景，不请自来，因此萨特什么文体都能写，小说、散文、传记、艺术评论、电影剧本，可以说萨特是卢梭那样的启蒙思想家。

　　最后，我还要返回到重复与差异的话题。这个学理思路，不仅与今天讲的主题有关，就是当代法国哲学超越德国现象学的思想范围，在受胡塞尔和海德格尔影响的同时，打开了一个时间与空间的异域，不同于同一性、不同于存在，我更想说，哲学是没有国界的，哲学问题的进展，就像物理学与数学的进展一样，是哲学问题本身的创新。在这个意义上，国别不重要，爱因斯坦是德国人还是美国人都不重要，重要的是相对论本身对于人类文明的巨大贡献。

　　因此，我还可以谈谈克尔凯郭尔和尼采，这两个19世纪哲学家的思想，与当代法国哲学不期而遇。德勒兹在《差异与重复》这本书中，认为克尔凯郭尔和尼采的思想，贡献了一种剧场化了的哲学。这个哲学剧场并不是比喻，而是有真实的戏剧角色登场亮相的：在克尔凯郭尔那里有圣经故事中的亚伯拉罕，在尼采那里有查拉图斯特拉。

　　这个具有20世纪思想曙光的哲学剧场里，上演的当然不是同一性，单调的重复，什么新鲜感觉都不会有。重复的话题，在哲学剧场里演变成有关尝试、选择、冒险的哲学事件，它有思想情节。那么，这就不是康德那样的书斋里的哲学，而是行为哲学、做哲学。哲学剧场里的角色上演人生的抉择与生死离别。把思想还原为真实的心理活动、感情和感受。哲学家成为剧场思想家。这里有原始的动作，唯一一次的选择行为，剧情要发展，就不能有原样的重复，这里的哲学是原创的。

　　20世纪有另一部哲学剧场可以对照，就是贝克特的《等待戈多》。他用荒诞的手法上演同一性，每场的布景一样，人物一样，甚至台词都一样，就是具有讽刺意味的"戈多说他今天不来了，但是明天准来"。但是，这是一个永远都不能兑现的承诺，日复一日的日子原样重复，空无内容，无聊乏味，逼得剧中的主要角色绝望到想在歪脖树上上吊自杀，但上吊的绳子还断了，死都死不了，还得继续忍受没有意义的空洞生活。

　　反观克尔凯郭尔和尼采的思想，是可以在哲学剧场里上演的，这里没有"等待戈多"，思想有未来，要来的是不曾有过的生活。每天都是新的一天。生活的真谛，就是永远都是从现在开始的。哲学剧场里上演真实的内容，就像尼采说的，思想也是可以唱歌跳舞的，美可以是艺术的生理学。

大家是否注意到，我在讲述中思想总是有些跳跃，并没有按部就班，平铺直叙。我觉得思想可以有情节、场景、画面，可以把看似无关的破碎的画面拼接在一起，揭示出看似无关的思想，其实彼此有着十分密切的关联。用这种方式展开和过渡思想，这也是一种哲学剧场的思想方式，有平缓的、激烈的、幽默的，总之就像是一天的生活总有快乐与痛苦，不能是一条直线，直线是不美的，曲线才美。

用德勒兹的话说，思想画面是可以分岔的。分岔才有故事可讲。这就是我们真实的生活，它是生命细节中的抵抗一切习惯的生活态度和看法。用尼采式的表达：生命要高贵，不能平庸，要发生点新鲜事，要出点事儿。尼采说生命要跳舞，他是在说思想，但也是在说身体，就像他说，他的书是蘸着鲜血写成了，为了诞生新思想，他的头得疼痛，而且是剧痛。尼采的这些说法，都不是什么励志散文，而是20世纪欧洲哲学巨大变革的前兆。

克尔凯郭尔的哲学剧场，这出剧的名字，可以叫《信仰》，那么尼采的哲学剧场呢？大家听了我以上讲的，可以尝试想一个名字。也许可以叫做《没有信仰》。这样的名字，就不是纯粹的思维形式了，而是哲学剧场上演的情节内容，要远远多于思维形式，因此，命题或者标题，显得不再重要了，因为适合哲学剧场的名字有很多。名字和概念已经无法概括，无法控制正在发生着的思想事件。作为观众，我们不再像从前的哲学那样只关注概念的含义，而是沉浸于使我们震惊的思想情节之中了。按照德勒兹的说法，这才是真实的精神运动，而在黑格尔那里，由于只是纯粹概念之间的否定与过渡，只停留在思维形式本身，没有真实的内容，因此黑格尔的思想运动是不真实的，没有生命活力。

文化研究新论

虚拟文化中个人身份特征的阐释
——兼论马菲索利[①]的部落理论

林 青[②]

网络技术促成虚拟文化的迅速发展，也悄无声息地改变着社会结构，改变着对人的认识。虚拟世界构成了新的文化创造的空间，使现实日常生活中的人性需求得到充分的延展和释放。网络的虚拟特性为人打开了无限开放的空间，网民可以四处遨游，寻觅自己想要的东西，而在实现个人需求时，又不必像在现实生活中那样有所顾忌，可以让潜能和性情得到尽情

[①] 米歇尔·马菲索利（Michel Maffesoli）是巴黎笛卡尔-索邦大学的社会学教授，著名的文化研究学者，双科博士，一是社会学博士（1973），一是文学博士（1978）；后者是法国国家博士。马菲索利的研究聚焦于这样一个问题：在理性和技术主导的社会中，人的本性，或者说人与生俱来的活力，是如何从理性束缚中释放出来的？围绕着这一命题，马菲索利归纳出多种"后现代性"特征。他的大部分著作都是围绕着后现代性这一主题展开的，由此导引出酒神精神、部落主义、游牧主义等后现代性的概念。日常生活的种种现象始终是马菲索利研究关注的，为此他专门发起成立了"当今日常生活研究中心"实验室，聚焦于新的社会形态及相关衍生想象物的研究。马菲索利著作颇丰，专著和合集多达三四十种，虽在法国有不少争议，但在海外影响很大。马菲索利获得多个大学名誉博士头衔，其著作被翻译成10多种文字。马菲索利的主要著作有：《酒神的影子》(1982, 1991, 2010)，《普通的知识》(1985)，《部落时代——后现代社会中个人主义的衰落》(1988, 2000)，《空心的表面——论美学伦理》(1990, 2007)，《论游牧主义——原发性的游魂》(1997, 2006)，《世界魅力重现——我们时代的伦理学》(2007, 2009)，《事物的秩序》(2014)，《数字化时代的后现代性》(2016)等。

[②] 作者简介：林青，加拿大蒙特利尔大学哲学博士，中国数字图书馆有限责任公司副总裁。

发挥。不论在现实生活中人们从事什么职业,在虚拟世界中所扮演的角色都有可能发生变化,网民可以热衷于游戏,可以追剧,可以追崇演艺明星,可以用虚拟身份参与各类沙龙,可以扮演一个与现实社会的身份特征不协调的虚拟角色。个人的现实社会身份特征在虚拟世界中变得模糊了,甚至变成了无实体的身份,而且角色在不断地转换;同时正是通过个体网民在网络中的想象和表现,人性的复杂维面才得以体现;还应看到,在网络大潮之中,个体网民已经不再是纯粹意义上的个人,而是一个向他人或他者开放的人,在虚拟世界中濡染着一种由场域和情感归属决定的氛围,作为自我的个人在潜移默化地移情于他者,同时他者也被自我的情感同化。

人身份的多样性和歧义性实际上是人的本性所在,只不过经历了欧洲18—20世纪理性至上的年代,人的身份属性被社会建制和意识形态相对固化了,从功能属性上讲,更偏重于政治、社会和知识层面的界定。而从20世纪后半叶开始,这种固化的社会和文化结构开始松动,进入人们常说的后现代文化时代,最鲜明也最容易理解的就是对建制化社会和文化的解构。从20世纪五六十年代起,欧洲的学者就从不同的角度和领域对既成的文化提出质疑,不论是罗兰·巴特、利奥塔,还是德里达,都从不同角度对以逻格斯为核心的西方价值体系提出了诘难,力图解构西方二元对立的思维方式,进而摆脱以逻格斯为核心的西方文化的强制作用。而从社会学和人类文化学的角度看,米歇尔·马菲索利的后现代理论的解构意味更明显,他对科技发展唤醒人类原初本性回归现象颇有见地,对我们认识虚拟文化中的人有一定的借鉴意义。他认为,当今以理性为根基的个人主义之所以衰落,就是因为整个社会正在向着部落化的方向发展。虚拟文化的部落形态加速了世界去中心化的发展,人们在网络中又找回了近邻的感觉和因群(部落)而产生的联系,实现了趣味分享和想象的满足。人的潜能和情绪在当今的日常生活中不断聚集着能量,而这种能量在虚拟文化环境下使人的情态发生了变化:一方面,个人的身份特征从固定单一向动态多元方向转变;另一方面,人的情感归属又打上了部落印记,网络中的自我在与他者交流之中完成自身的情感归属,同时也弱化了唯我独尊的个人主义观念。马菲索利的这种部落理论在虚拟世界得到了一定程度的印证,特别是有关个人固化身份向动态多元身份转变和情感同化的理论,对我们理解虚拟世界中人性的多重性很有帮助。

一、个人身份的显性特征与隐性特征

个人身份与其性别、所处的社会地位、信仰、意识形态以及职业密切相关，是由建制化的社会形态所决定的，是一个人社会和文化属性的符号。这些属性都具有显性的特征，是被现实社会和一般大众认可的，换句话说，通过特定的社会身份可以辨识出某个个体所属的社会阶层或阶级。这种固化的个人身份实际上强调的是个人与社会形成的契约关系，只反映出现实利益和生存能力定义的社会和生存的维面。但人性的另一些维面，或言人的潜能、欲望、情感、部落情怀却往往被忽略，导致对完整自我的认识是欠缺的、不全面的。

实际上，真正相对完整的自我是多元化的、动态化的：既有社会层面的显性特征（如社会职业和地位），又有精神层面的隐性特征（情感、欲望、潜能等）。因此，讨论这个问题时势必要从自我隐性特征形成的条件来考察，所谓人是社会性的存在，实际上强调的是人与他者、人与环境形成的关系，真正的社会性自我都只有在某种关系中，在与他者的交流中才可能完整显现，尤其是人的精神层面的隐性特征。个性的呈现和社团的归属是定位人的真实自我的关键。任何概念化的先入为主的判断都是值得商榷的。正如马菲索利所说："在讨论人的问题时最大的共识就是，这里面并不存在预先设定的概念，完整的人是通过交流来完成自身建设的……也就是说，所有人类的潜能：想象、各种感受、情感，都参与这种人性的建设，而不单单只有理性在起作用。"[1] 这个观点实际上是对封闭的自我中心论（égocentrisme）的解构，人不再是由单一的实用功能确定的自我，而是要面对交流过程中来自他者的各种"差异性"，要么自我被他者感染，要么自我去影响他者，在向他者开放的同时，自我获得多种不同的特征。在与他者的关系中来确定自我的位置，而交流中的差异性则赋予自我丰满多样的品格，也即多种面具。实际上，这本来

---

[1] Michel Maffesoli, *Au creux des apparences—Pour une éthique de l'esthétique*, Paris: La Table Ronde, 2007, p. 253.

就是人在社会生活中所呈现出来的本性，只不过在过度理性化、建制化的社会中，人的这种多样性被过分标签化和固化的个人身份弱化了，由此导致整个文化也都是按照某种预先确定的方向发展。而在现实社会文化中，人有参与、向外延展、与他者相处的欲望，这是一种情感同化的冲动，是一种自然的、不受束缚的聚合，一种部落式的生命力。但遗憾的是，这种交流中所产生的超越自我的特性，往往不是被忽略了，就是被置于次要位置。

其实，认识自我的角度是非常重要的，如果将自我反观成一个他者，那么自我与外界的关系就清楚了。马菲索利借用弗·杰克的话说：自我的构成就是面对内在的你，而将自我看成身外的"这个事物"。在这一过程中，"人们已经远远地脱离了孤立的思想，脱离了同质化的、封闭于自身的个体概念，也不是在那里顾盼自怜絮絮叨叨自言自语的个人。而在人的内心中，总是存在着多种声音萦绕的一种话语"①。马菲索利的分析实际上要说明的是，单从狭隘的、封闭的视野看待自我是没有什么意义的，人不仅要将自我看成一个他者，更要在与外界和他者交流中开放自我，认识自我，定位自我，而这种与环境和他者接触的视角，很自然地让我们看到了某种归属，也是人性中沉淀的部落情怀，或人性中隐藏的部落生命力。正是基于这样的认识，个人身份特征的确认才不应以自我为中心视角来审视，个人身份不单单是由社会地位、职务等显性的标签来确定的，还应依据个人潜能和情感来定位，始终将自我视为他者，才能更好地认识自我，认识被过度理性化思维束缚的人性中的部落情怀和感性的一面。人真正的身份形成是一个动态的过程，现实社会的身份认证是狭义的、固化的，而实际日常生活中的人的身份是不断变化的，是复数的、切分化的，充满着各种潜能，具有戏剧化和巴洛克化的色彩②，是一般的理性所难以描述和规范化

---

① Michel Maffesoli, *Au creux des apparences—Pour une éthique de l'esthétique*, Paris：La Table Ronde, 2007, p. 254.

② 世界的巴洛克化是马菲索利经常用的一个概念，意思是说人性与世界一样，是丰富多彩的，是异质化的，不拘一格，具有自然的属性，而不受人为的先在概念约束。人的想象力的发挥导致了世界的巴洛克化。可参阅：Michel Maffesoli, *Au creux des apparences—Pour une éthique de l'esthétique*, Paris：La Table Ronde, 2007, pp. 153-191。另参见：马菲索利所创建的 *Les cahiers européennes de l'imaginaire*, *LE BAROQUE*（专刊），Paris：CNRS EDITIONS, 2015。

的。其实，简单说来，就是人的复杂性。

我们看到，强调人性的复杂性而难以定于一尊，并不是要否认现实社会中人的身份的确认，那是职业和生存的需要，是一个基本的社会存在，而是要引起大家关注这样一个事实：个人身份有实用的显性的社会标签，这是现代社会和文化所赋予的，是理性的思维逻辑形成的，但真正能够给出一个人的完整样貌，则还要从人的情感归属和自我趋向他者的属性来考察，要从自我与他者连接的角度来审视。"当每个人与他人相连的时候，他就会体验到一种完整的存在。也许，这是一种神秘和象征视野的回归。称其神秘，是因为它更接近神话学的内容，恢复了相互链接的纽带，分享原发意愿带来的惬意；谓其象征，是因为它将人的各种不同组合要素维系在一起。"①

二、网络中个人身份特征的多元性

与生俱来的多重人性决定了个人在社会中所扮演的多重角色，不同的趣好（情爱、文化、宗教和友情）确定着自我的位置。② 随着 20 世纪后半叶后现代主义思潮和网络科技的到来，这种现象愈益彰显，正如马菲索利所指出的：感官刺激、外表为上、社会的巴洛克化、文化的自然化以及对形象的偏爱，恰好描摹出现代人多元动态的画像。③ 特别是在网络进入人们日常生活的今天，这种除社会和职业以外的非主流的个人身份特征，似乎找到了更为适合的衍生环境，人们每天沉浸在网络上的时间越来越多，手机成为须臾不可离身的装备，不论是工作还是娱乐，网络似乎成为首选。网络构成一个无所不包的世界，在这个世界里，人的精神需求基本都可以得到满足。固化的个人身份特征时而可辨，因为它依然保留着特殊的文化

---

① Michel Maffesoli, *Au creux des apparences—Pour une éthique de l'esthétique*, Paris: La Table Ronde, 2007, p. 266.

② Michel Maffesoli, *Le temps des tribus—Le déclin de l'individualisme dans les sociétés postmodernes*, Paris: La Table Ronde, 2000, 3ᵉ édition, pp. 138–139.

③ Michel Maffesoli, *Au creux des apparences—Pour une éthique de l'esthétique*, Paris: La Table Ronde, 2007, p. 246.

和社会的印记；时而被虚拟世界浩瀚的交流和娱乐淹没，它的属性变得多样而不确定。网络中的人因其隐身存在，一定程度上逃脱了职业印记的束缚，而更加情愿寻觅他者或挖掘自身的特异性，换言之，就是寻觅人与物所带来的差异感。而网络就是一条流动的河，坐在船上的个人，沉湎、濡染于岸边不断变化的景色，自身也变得非同寻常。

那么，为何传统的身份认同会在虚拟世界中变得模糊不清？为何网络社群或部落更容易释放人的潜能和表现欲望？从网络提供的功能和场域我们就可一目了然：网络形成的虚拟世界就如同一个巨大的海绵体，它能够吸附各式各样的人类精神需求，它有适应各种人群的欲望表达形式，同时提供各种想象和交流的空间。传统的文学，即小说、诗歌、传记、回忆录、纪实文学等，以及电影，应当说不同程度地满足了人们非职业性的、非功利性的需求，但是对大多数人而言，这种满足方式是被动性的，是去读，去欣赏，去被感染，而且形式相当单一、固化，虽然一定程度上释放了情感和情绪需求，但人还是拘囿于自我的封闭圈子。进一步说，表达和表现的欲望无法充分展现，只能借助他人的作品而有所感触，因为毕竟能出书、能拍电影、能展出自己的艺术品的人是非常有限的。实际上，通过传统媒介实现的交流是单向性的，人们只接受而无法输出。在这种交流中要实现自我并建立亲密的圈子是很困难的，对于普通人来说这只能是一种愿望而已。而虚拟世界构建的各种应用和功能，能够从各个方面满足人的潜能需求，全民入网，全民参与，普通老百姓也可获得释放和展示潜能及欲望的机会。

互联网创造的微博和微信公众号就是一个很好的例证。根据2019年第4季度即全年财报，微博月活跃用户达到5.16亿；而腾讯2019年第4季度即全年财报显示，微信月活跃用户超过9亿。这两个平台为网民提供的产品主要有社区、微博和公众号服务。每个微博或公众号都是一个自媒体，都相当于一个微型出版机构，而且通过社群的转载传播，好文章的阅读量可以通过病毒式传染迅速传播，同时大数据技术提供的热搜功能，也可以跳过传染式的传播而直接覆盖互联网用户人群。自媒体平台本身具备读者反馈的功能，因此活跃的反馈实际上起到了滚雪球的作用，由一个议题衍生出另一个议题，由一种情绪激发出另一种情绪。这种网络新技术为网民抒发个人情绪、用隐身的形式展示自己提供了可能。一方面，数以亿计的微博账号和公众号开通，个人拥有了一个属于自己的表达空间，只要在法律法规允许的情况下，自己的观点和情绪就可以得到畅快的抒发，而在传统媒体时代，这只是一些知识精英或社会名人才有的机会。个人在网络虚拟空间的感觉，既是与万物沟通、万人相连，又可以通过昵称的形式将现实生活中真实的身份掩盖起来，当然，也有大量的博主和自媒体是实名发布的。其实这都不是问题的关键，在虚拟文化占主导的今天，个人的身份画像就是多歧性的、动态的，虚拟空间所表现出来的个人特征，也许和社会现实不符或有出入，那也只能理解为人本来就是一个复杂的、多重的存在。表达各种欲望成为我们这个时代的网络人的基本特征，而网络的自媒体恰恰为人性释放、表现欲望提供了普惠平台。另一方面，自媒体浏览者（或粉丝）的反馈构成了具有传染性的交流场域，有反驳、诋毁、质疑、赞扬、引申等，这些不论是好是坏实际上都构成了一个关系网络，自我一旦抛出某种观点、议题，其本人的属性就已经开始发生变化，超个人的特征取代了个人的特殊性，情感归属形成了群体性的情感认同，与他者的互动既是一种关系的维系，又是对自我的再审视。在这个虚拟的社群部落中，不论是博主还是浏览者，都在交流中发现并满足了一些人性的需求，而这些隐形的又与现实情形息息相关的情绪和潜能，恰恰可作为理性化的个人职业身份的衬托和补充。而这也正好构成了所谓人的普遍戏剧化的社会特性。①

其实网络游戏和娱乐应用更能释放人的趋利避害和感官享乐的需求。马菲索利在描述后现代社会的部落现象时曾表达过这样的观点：我们这个时代是酒神迪奥尼索斯的时代，是永恒孩童神话的时代，这是本质的特征，与社会构成的性质是一致的。而游戏或者梦幻般的想象（美学）正好是文化构成要素，这在虚拟文化中随处可见。②

实际上，对人的身份的确认并不仅仅确指他在社会中的地位和职业标记，那只是反映出他的生活中的一个部分，更多的还是他所结成的社会关

---

① Michel Maffesoli, *Au creux des apparences—Pour une éthique de l'esthétique*, Paris: La Table Ronde, 2007, p. 253.
② Michel Maffesoli, *Le temps revient—Formes élémentaires de la postmodernité*, Paris: DDB, 2010, pp. 95-96, p. 155.

系，尤其是网络上结成的人际关系对他的认同和定位，以及虚拟娱乐交际平台对其的吸引力。从这个角度看待人的身份特征，也许才是相对全面的。实际上网络上大量的游戏、小视频（如抖音）、交友社区、直播平台、知识平台、网剧等，之所以非常火爆，就是因为这些游戏和想象类的产品符合人类最基本的游戏、梦幻、想象、好奇、学习的本性。拿游戏来举例，传统的游戏大都是实物的，需要一定的环境和条件才能玩，比如多人玩的扑克游戏、对阵类游戏（如 CS）等，这类游戏要求的条件更为苛刻，必须有足够的场地，足够多的人和装备等。这种游戏实际上是现实场景的缩小版，对游戏本身的想象扩展很难实现。虽然竞技功能得到一定的满足，但想象空间严重受限，玩家很难调动真实感很强的火箭、大炮、飞机来助战。而通过技术手段，玩家可以在网络游戏里得到想象中的武器。而且游戏的制作和道具的功能从某种程度上远远超出一般玩家的想象，从而进一步刺激人类游戏想象的本能释放。进一步观察，网络游戏中的玩家都是在一个游戏场景中相遇，戴着不同的面具，通过游戏充分表达出在现实生活中难以实现的幻想，正如马菲索利所说："正是这类表达才使我们能够理解同一个人所经历的变形。个人的身份绝不是独一不变的，绝不是不可分割的个体，而是一个人多重的身份认证过程……"[1] 而直播和短视频则在很大程度上满足了网民的表现欲，这种表现形式与流量（粉丝）经济的结合更是两全其美。交友社区虽然需要网民披露真实的法律意义上的身份，但由于双方都处于一种虚拟并不谋面的状态，因此交流起来压力不大，而且能够得到一些精神上的愉悦，如同以前的书信来往。而网剧则是"移情"或"情绪同化"（Empathie）的最佳形式，很大程度上能够满足人的情感需求和情绪宣泄。知识平台之所以风生水起，其中很大的因素在于人本身的学习和求新本能，也就是猎奇的本能。当然互联网的应用远远不止这些，它构造了一个远比现实世界丰富的虚拟世界，人的潜能得到了前所未有的发挥，虚拟生活很好地满足了人们呼唤未知、渴望无限的本能，从中得到的不是一种确定的终极性的意义，而是一些意义，是不断演变的意义（signification）。

---

[1] Michel Maffesoli, *Le temps revient—Formes élémentaires de la postmodernité*, Paris: DDB, 2010, p. 164.

虚拟生活是现时人存在的一个重要部分,在当今社会中,可以不夸张地说,缺少了虚拟生活的维面,现时人的存在以及对其身份特征的认识是不全面的。而虚拟生活之所以那么吸引人,并不能将原因只聚焦在需求得到满足这个层面,同时还要关注由此不断激发出的艺术想象,如马菲索利所说:"力比多不单单是性的欲求,从更广泛的层面上看,它还包含有一种能量,一种冲动,简言之,一种不可遏制的生活愿望。"① 这种生活的愿望不仅体现在现实社会给予人的理性化的身份,也体现在人在虚拟世界中所实现的精神需求和艺术憧憬,尽管它是隐形的、难以规范的情感生活。之所以提出这个问题,是因为现在虚拟生活占据了人的生活中的很大部分,缺少对虚拟生活的认识,就很难理解当下人的情怀,很难看清当下网络人的真实身份特征。

当然,在很多情况下,虚拟生活中的人是难以捉摸的,它允许个人将自我伪装起来,允许同时在各个不同群体或应用中表现自我。美国学者南希·K. 拜厄姆用了一个形象的比喻来描述虚拟世界中人的情态和身份,互联网媒体为人类提供了呈现自我、开拓与他人更多交流的可能性,因此"造就了一种仅仅存在于行动和语言中的无实体身份(disembodied identities)"②。南希进而认为,这种无实体身份所带来的多样性和相关的行为可能给现实中的自我带来麻烦,但她没有关注到互联网对人性同时也是一种呵护和慰藉。我理解,无实体身份本身所携带的多重性或自我割裂的特征,也正好是人的精神需求释放的形式。其实,这种无实体身份具有两层含义:第一,从形式上看,不论以虚构身份还是真实身份参与不同网站的活动,比如同时存在于游戏网站、社交网站、音乐网站或其他兴趣网站,我们都会对网民的身份特征产生一种似是而非的感觉。在这种情况下,很难用单一的个人身份特征来辨识网民的自我情态,自我在一个网站上表现出一种情态,在另一个网站上可能又是另一幅面孔,甚至性别都可随意置换。互联网就是一个包罗万象的大舞台,自我在这个大舞台上,扮演着

---

① Michel Maffesoli, *Le temps revient—Formes élémentaires de la postmodernité*, Paris: DDB, 2010, p. 158.

② 南希·K. 拜厄姆:《交往在云端——数字时代的人际关系》,董晨宇、唐悦哲译,北京:中国人民大学出版社,2020年,第118页。

与他者互动的角色以及相适应的语境中的角色，自我已不再满足于一个固定的身份特征，而更情愿因不同情境呈现不同的化身。虚拟世界中的个人身份特征是模糊的、难以确定的，但这恰恰反映出人性的复杂性、多重性，反而是更真实的。第二，互联网中无实体身份本身可以将真实的自我隐藏起来，因此在网络社交中就可以忘掉现实社会所赋予的身份和由此带来的束缚。很多在现实社会中难以宣泄的情绪，很多拘囿于礼俗无以言表的情态，很多与现实社会真实身份不协调的情趣、爱好、欲望都可以尽情表露，只要不伤及他人，不触犯法律。互联网为当代社会提供了最适于人性发展的空间，它是一种生活的安慰、寄托和无形的心理诊所，是普通人表现自我、丰富自我、建立自信的平台，是获得平等对话、文化普惠的渠道。在当今的数字化社会中，互联网使过去可能只存在于梦幻中的欲望，或敢想而无法表现的情怀，通过各种虚拟产品释放出来，而且在与他者交流和虚拟产品应用中，又激发出新的欲望，叠加复生，人性中的精神层面的需求比任何时代都要丰富，而且不断演化更新。因此，在当代互联网社会中，对个人的身份特征，或言对个人的完整认识也只能是一个动态的过程。

三、情感同化与身份归属特征

马菲索利在《部落时代》（1988）这部书中曾预言："部落主义不论从哪方面讲都将是未来几十年的主流价值。"[①] 而部落主义构成的三要素中每一个都与情感同化相关：首先是近邻关系，即同一部落的人因居住在同一地点而产生的联系，也就是所谓的"地点产生联系"，这里"关系"一词是核心要点，因为个人永远生活在与他者和环境形成的关系之中，关系至上（primum relationis）是交流互动的系统[②]，由此必然产生情感上的认同和相关联的聚合效应；其次是趣味分享，分享需要得到他者情感上的正向回应，否则谈不上分享；最后是回到孩童时代，孩童时代的特点是游戏和幻想，

---

① Michel Maffesoli, *Le temps des tribus—Le déclin de l'individualisme dans les sociétés postmodernes*, Paris: La Table Ronde, 2000, 3ᵉ édition, p. IV.

② Michel Maffesoli, *Au creux des apparences—Pour une éthique de l'esthétique*, Paris: La Table Ronde, 2007, p. 269.

这是人类的本能,更是通过情感和想象结成的人际关系所得到的快感。

在当今的网络社会中,网民的聚集基本上是部落形态的,而"集体情绪感染力"(pathos collectif)① 是维系部落的黏合剂,是认识自我的直接参照。在社会生活中,个人的信仰、艺术的追求和普通的生活情趣实际上都被一种情感冲动裹挟:"这种冲动超越了个体的特殊存在,而将其融入一个整体生活之中。"② 情感同化不是一个新概念,但在虚拟文化中的确占有相当重要的地位,原因有二:一是在网络空间中,参与者的数量巨大,普通老百姓没有那么多的理性的束缚,基本上是随心所欲,虚拟世界就是情感汇集和表现的场域,情感从众的现象十分明显。二是部落形式本身实际上将个体的自我融汇于一个无限延展的情绪氛围内。个人不论是隐身的还是实名的,都要面对部落中不断翻新的议题或游戏所濡染的情境,都要不断面临情感归属的选择。

这种因情感同化而导致网民自我身份变异的情况很普遍。网络热门议题就很有代表性,如网络上频繁出现的政治、经济、社会、情感等话题。这里我们不做具体的探讨,而是要从传播和心理倾向方面来观察,当个人被这类热议话题裹挟的时候,往往有两种情况:一是个人作为表达者,用自己的情感和意见去影响、感染他人,这种情况实际上是个人的自我向外投射,希望以自我为主形成一种集体情感;二是个人作为受众,被影响、被感染,这种情况在网络中占大多数,个人也同样要敞开自我,吸纳他人的情感,形成一种从众的感情取向。以个人为主体的自我实际上消失于网络部落的各种心理情结和情感流变之中,融解于部落中约定俗成的习惯以及存在方式。在交流过程中,不论是影响还是被影响,个人都不经意地变成了"我们",变成了自我所处的环境和关系中的一个组成部分。由此形成的新的网络身份特征已经不再是单单属于某个人的社会标签,而是一群人或一个集体的情感印记。应当看到,到目前为止,网络营造的虚拟世界是最自然的,同时它的隐身功能和非功利特性也最适合人的潜能发挥和情感

---

① Michel Maffesoli, *Au creux des apparences—Pour une éthique de l'esthétique*, Paris: La Table Ronde, 2007, p. 279.

② Michel Maffesoli, *Au creux des apparences—Pour une éthique de l'esthétique*, Paris: La Table Ronde, 2007, p. 279.

宣泄。而更为重要的是互联网的普惠性,让几乎所有网民都能平等地展示属于"我们"的情感。

不计其数的部落形式的群就是最好的例证。它们要么是以某类人群结成,如亲友群、同学群、知青群、战友群、家族群、企业家群等,要么是因兴趣聚合而成,如健身、烹饪、才艺、旅游、文学、音乐、体育、时尚、宗教、社会、政治、经济等。每个群实际上都是一个情绪和感情同化的炉子,经常出现的个人回忆、情感经历等就是要在群中获得共鸣,就是将自我看做一群人中的一个而唤起一种认同,个人的回忆已经不再属于个人,它融入一个更大的集体之中,是一个时代的片段,是认识完整自我的一个组成部分。更令人惊叹的是,现代网络科技返璞归真,将这种情感同化以及部落化生存变成了事实。人的原始欲望和潜能得到空前的释放,而且更趋自然化。各种社区中的大量旅游图片,极大地满足了自我的好奇心,可谓身未动心已远,自我移情于他者,认同于他者,想象着身临其境的快感;大量的网剧、体育节目也有类似的移情作用。看网剧时,观众经常对号入座,通过自我向剧中角色投入情感,甚至还有功能支持观众点选不同剧情的结局,这种设置本身就将受众情感做了一个大致的分类,将类似的情感需求引流到同一结局①,其实这就是情感认同。追星现象更能说明问题,粉丝们将自己崇拜的偶像作为自我理想的范型,从塑形到情态,不仅认同而且模仿,从而获得一种情感归属。在追星过程中,自我被超越,被同化,甚至面临多种吸引而被多元化,被分割成多个自我。情感归属在网络中比比皆是,"点赞"就是我们情感认同最经常使用的符号表达;豆瓣读书评论,如同微博评论一样,网民在其中分享读书感想的同时,也将自我投入有同样感受的读者群中,并在评论区中产生共鸣。通过网剧和读书的分享,催生出网络社区的"推荐"功能,将情感同化进行病毒式扩散,个人的情感独特性更多地被集体情感涵容,汇成无数以个性化情感为基础的集体感性。很多网络上发起的公益募捐活动正是靠着这种情感同化进行的。

其实,我们不难发现,这种情感同化的现象在社会的各个时期都有,

---

① 如爱奇艺的《他的微笑》,腾讯视频的《最后的搬山道人》,苹果应用的《隐形守护者》等。

只是在数字化时代这种现象更加发酵,更加普遍,更加彰显。而最典型也是最常见的情感同化现象就是我们日常使用的语言以及网络世界特有的符号表达。对于现在的网络语言与符号,如果不懂、不跟进、不有意识地被同化,人们就无法理解很多社会和网络现象,语言同化实际上就是一种对现代时尚和网络新潮表达的认可。网络已然成为一种全民使用的媒介,一种生活不可或缺的工具,一种获取信息和各类交流的平台。网民常常会看到,热搜功能和锐话题快速在网络上刮起一阵旋风,而在这一过程中,就会产生很多的网络语言,如最近流行的网络热词:996;我太难;我不要你觉得,我要我觉得;确认过眼神;融梗;××千万条,××第一条;柠檬精;佛系;文明互鉴;巨婴;友谊的小船说翻就翻;硬核;断舍离;等等。其实热词、流行语哪个时代都有,但在网络如此普及的今天,情况就不一样了。这些网络热词具有巨大的情绪裹挟和发酵作用,它们都是确指当下的一些现象,有具体的背景和含义,对其的使用和接受实际上会迅速地将自我归列到对这一现象的评价之中。网络最大的作用就是通过这类点睛之语将独立的"我"变成"我们",将"我"置于一种氛围中,置于一种由关系形成的环境之中。"我"是不是"佛系"也许不重要,重要的是"我"感知到佛系所形成的新的生活概念,也许"我"认可,也许"我"不认可,而在这一个辨析的过程中,"我"对这个现象生成的环境和内涵有所了解。"我"的态度无论如何已经成为一群人,亦即"我们"的态度了。

可以看到,网络中的应用所产生的趋同现象是前所未有的,其原因就在于网络使用者的规模以及情感(情绪)同化的作用。这种情感同化,或者说是移情作用恰恰来自网络的社群或部落形态,而这正是普通大众网民在网络中的家,不论是部落形态的群,还是游戏、视频、在线教育、知识平台或电商,网民都不同程度有一种类似部落的归属感,都时时刻刻处在一种与他者结成的关系网中,不是被他人同化,就是同化他人。这一过程形成了一种不断调整自我认知的态势,与他者交流,分享他者的经验,对某事的共同体验,最终酿成一种集体情绪。网民大众形成的情绪流和势态远远地超越了个体化的情态。"在此,要特别强调的是,在由我们组成的社区中,自由不是第一位的,依存才是第一位的,因为人只有在他人的目光下才真正存在。"①

总而言之，正是因为网络创造了这种复杂的关系，提供了适合人的潜能和欲望表现的平台，同时也满足了人性非功利化和现时化的需求，网络人的身份才难以确定，就如同人性难以琢磨一样。在数字化时代，马菲索利说的"不可分割的个体实际上正在向复数化的人过渡"② 得到了进一步的证明。在重新审视人的身份特征时，虚拟文化所赋予人的身份特征应当远远大于传统视角对人的身份特征的确认。

当然，在互联网技术发展日新月异的今天，网民的身份问题也还存在潜在的隐患，隐形的个人面具下的表现往往具有不可控的一面，虚拟的世界和面具可以承载着无限的幻念，甚至构成潜在的危险。比如我们常见的语言暴力、形象恐吓、色情内容以及不健康的心理诱导等。这种个人在网络上角色自由转换或隐匿的特征实际上也在潜移默化地影响社会的各个层面，英国学者杰米·巴特利特就认为，计算机加密技术造成了无政府状态，技术在保护个人隐私的同时，也在挑战国家治理的基本权威。他引用20世纪80年代末美国加州加密的无政府主义者宣言来说明互联网将如何改变国家形态："计算机技术几乎可以为个人和群体提供完全匿名形式的交流和互动的能力……这种技术的发展将完全改变政府治理的性质，改变税务管理和控制经济交往的能力，以及信息保密的能力，同时也将改变信任和声誉的性质。"③ 这种状态趋向于摆脱各种限制和社会共识，使网络世界形成一种去中心化的倾向，进而对社会现存的建制构成威胁。巴特利特所描述的现实早已经存在，网络的野蛮生长确实给现在的社会建制和管理提出了挑战，同时也极大地冲击着人际交往的伦理关系和社会结构。但是也需要看到，社会并未因网络可能带来的潜在风险而摇摇欲坠，反而形成自恰修正和平衡的状态。大媒介时代不管我们情愿与否都已经到来。作为新生事物的互联网，在其发展过程中肯定有其短板，但其发展态势已经成为一个不

---

① Michel Maffesoli, *Etre postmoderne*, Paris: Les Editions du CERF, 2018, p. 121.

② Michel Maffesoli, *Réenchantement du monde—Une éthique pour notre temps*, Paris: Table Ronde, 2007, et Pérrin, 2009, p. 15.

③ Jamie Bartlett, *The People VS Tech—How the internet is killing democracy (and how we save it)*, London: Ebury Press, 2018, p. 163.

可逆的事实，只要我们以法制的思维管理，同时建立相应的网上行为规范和伦理，就可以减少因网络面具给个人或社群带来的伤害。

总之，虚拟个人身份特征多元化的事实之所以被人接受，正是因为个人在互联网中得到了其在现实社会所得不到的享受和满足，正是因为个人的想象和需求可以在互联网中尽情地发挥。当然，其间会有泥沙俱下的情形，但互联网对于人性的慰藉和社会的稳定还是有积极作用的，利大于弊。

转向"物"与回到"物":"物转向"的文化研究与胡塞尔"回到事物本身"的间在对话

李建为①

"物转向"(The Material Turn)作为一股强劲的思想潮流,对当今人文社会科学产生了广泛而深远的影响。探究其发生发展脉络,可以发现它的兴起有一个哲学史背景。二元对立作为一种认知方式,在西方哲学史上普遍存在。这种二元对立或表现为"肉体与灵魂"的对立,或表现为"身体与心灵"的对立,或表现为"物质与精神"的对立。自柏拉图以降,西方哲学传统均贬斥前者而崇尚后者。康德哲学更是确立了主体的绝对主动性及其崇高地位,客体则被贬为被动的末流,人与物的关系日益演变成了尖锐的对抗关系。直到胡塞尔开创现象学,提出"回到事物本身"的口号,"事物"才被重新发现。尽管胡塞尔的"事物"与"物转向"的"物"之间存在差别,但人与物的关系问题在现象学中被重新挖掘并得到探讨。海德格尔更是对"物"有过多次讨论。这可被视为"物转向"思潮的哲学背景。②

具体到文化研究领域,"物转向"还有一个自身的发展历史。20世纪七八十年代,"物质文化研究"(Material Culture Studies)广泛出现在西方人文社会科学领域,如本雅明对建筑的研究,巴什拉的空间诗学,布尔迪厄对日常生活中的习惯的研究等。20世纪90年代,物质文化研究成为同时代文

---

① 作者简介:李建为,中国社会科学院大学文学院文艺学博士研究生。
② 参见韩启群:《西方文论关键词:物转向》,载《外国文学》,2017年第6期。

化研究的重要关注点,更在21世纪掀起了"物转向"的文化研究浪潮。文化研究领域的"物转向"广泛影响了包括哲学在内的人文社会科学。受到"物转向"的文化研究的启发,哲学领域出现了认识论的转向,开始探索客体的能动性,关于物或客体的讨论一时蔚为大观。在21世纪的前十年,随着以"新唯物主义"和"思辨实在论"为代表的"客体导向哲学"的兴起,康德的主体导向哲学受到冲击,人与物的关系在新的时代语境下得到重新思考。①值得注意的是,受到"物转向"的文化研究影响的"客体导向哲学",又转而成为前者的一个重要思想来源。

总体而言,这股思潮的兴起源于在新的时代语境下对主体性哲学的反思和批判。在"物转向"的视域中,主体性哲学将能动性赋予主体而将被动性赋予客体和物,这被视为暗含着人类中心主义的偏见。"物转向"思潮重新思考主客体、人与物之间的关系,是对"物"及其能动性的重新发现。这股思潮在哲学、伦理学、文学、文化研究、社会学、人类学等人文社科领域引起广泛而持续的关注,大有重塑认识论和世界观之势。

胡塞尔针对所处的时代环境,提出"回到事物本身"的口号,以此来反对诸如"回到康德""回到黑格尔"等各种"回到"某位哲学家或某种哲学理论的主张。以"回到事物本身"作为现象学的态度和精神,胡塞尔希望通过去除文化偏见来真正回到"事物"。如此看来,"物转向"的文化研究与提倡"回到事物本身"的胡塞尔现象学之间存在精神气质上的契合,存在对话的可能。间在论认为,任何真正的对话都是一种间在对话。对话各方处于一种间在状态之中,这同时也是一个意义生发的空间。②若将"物

---

① 参见杨庆峰、闫宏秀:《多领域中的物转向及其本质》,载《哲学分析》,2011年第1期。

② 对理论之间的"间在对话"关系的理解,可以参考金惠敏对"间在解释学"的理解,即"各民族、各文化共同体、各位独特的作家和艺术家立足其自身而发出'对话'的邀请"(参见金惠敏:《作为理论的文学与间在解释学——为"没有文学的文学理论"一辩》,载《文艺争鸣》,2021年第3期)。另可参见他对"交往理性"的理解:"'交往理性'的本质是对话,而对话无论是否关于真理,都的确是有用的:对话不是零和游戏,我益人损,或人益我损,对话是合作共赢、各有增益。"(参见金惠敏:《没有文学的文学理论》,成都:四川大学出版社,2021年版,第16页)"间在对话"作为一个意义生发的空间,参与对话的各方同样是相互增益的。

转向"的文化研究和主张"回到事物本身"的胡塞尔现象学一同纳入这个间在对话空间,是否可以激发出新的意义生长可能性呢?

一、文化研究之"物转向"

文化研究领域的"物转向"的重要动因缘于对语言再现范式的反思和批判。语言学转向以来的文化研究把物当做符号来看待,文化研究就是解读符号,揭示符号背后的"世界"。"物转向"的文化研究批判这种语言再现范式,认为人与物、人与世界之间的交流和沟通可以省略语言符号这个中介。其原因有二:一是语言符号并不是人与世界之间唯一的沟通媒介,二是语言符号有其力所不及之处。"物转向"的文化研究重视文化的物质性层面,对语言符号背后的人类中心主义保持充分的警惕,希望通过对"物"/"物质"的研究来重新思考人与物、人与世界的关系,最终发现真实的、正在涌现的世界。这为文化研究带来了重新定义文化、重新明确文化研究之任务的契机。文化研究的任务乃是认识并改造世界!

再现范式的文化研究认为文化是一种通过符号表征的方式来运作的话语表征实践。在文化建构论的作用下,一切人类文化都被认为是由语言符号建构起来的,都可以被当做"文本"来阅读。[①] 文化研究的任务就是解读语言符号构成的"文本",解释和揭示文本背后的东西。语言符号成为人与世界之间必要且唯一的媒介。在再现范式的文化研究之中,斯图亚特·霍尔(Stuart Hall,1932—2014)对石头的阐释可作为其代表。霍尔认为:"事物'自身'(in themselves)几乎从不会有一个单一的、固定的、不可改变的意义。甚至像石头那样明显的事物,也既可以是一块石头,又可以是一

---

① 美国文化人类学家克利福德·格尔茨(Clifford Geertz)将特定社群的宗教、仪式、习俗以及其他社会实践和社会现象视为由特定的符号系统编织成的"文本"。参见格尔兹对宗教的定义,他认为宗教是"一个符号系统,它所做的是在人们中间建立强有力的、普遍的和持续长久的情绪及动机,依靠形成有关存在的普遍秩序的概念并给这些概念披上实在性的外衣,它使这些情绪和动机看上去具有独特的真实性。一个象征符号系统"。参见克利福德·格尔茨:《文化的解释》,韩莉译,南京:译林出版社,2014年版,第111页。

座界碑,或一尊雕塑,这取决于它意味的东西,也就是说,取决于它所处的某个特定的使用背景,取决于哲学家们称之为不同的'语言游戏'(即有关界碑的语言,有关雕塑的语言,等等)的东西。"①霍尔在石头身上看到的是语言符号的游戏而不是石头本身,石头具体代表什么,被赋予什么样的意义,成为什么样的语言符号,取决于它被放置到什么样的环境中,即霍尔所说的"使用背景"和"语言游戏"。在再现论和建构论的视角下,霍尔的石头很难被单纯地看做它本身,石头被当成具有文化表征作用的符号来解读。不同的使用背景和语言游戏赋予石头各种不同的文化含义,这多重的赋义使得石头本身的物质性淹没在符号表征的洪流之中。

语言论转向和文化转向影响下的再现范式,将文化视为符号赋义的意指实践。物被当做符号看待,人通过语言符号来建构和把握世界,仿佛离开了符号的中介,人类就无法通达物和世界,无法通达真理。符号成为人与物、人与世界之间发生联系所必需的桥梁和中介。再现论和建构论俨然成了新的认识论甚至本体论。然而这个由符号建构起来的世界并非真实的世界,而是一个第三世界。人对物的理解,对世界的把握,对意义的追寻,都要经由这个由符号建构起来的第三世界的中介。真实的物的世界在这个过程中失落了。这个被赋予了过多阐释权力的符号世界彰显的正是符号的暴政。符号本应成为连接人与物的纽带和桥梁,却在实际上造成了人与世界的分离②,我们可以在这之中看到笛卡尔二元论的影子。主客二分让人与物永远隔离,人从此没有了"在家"的感觉。以符号再现为特征的文化在对世界的建构中,将人抛入一个满是漂浮的能指的世界。

反思文化研究产生的初衷,它并不是一个专注于理论建设的学科,更像是一种行动哲学。文化研究致力于理解世界,是一种"试图理解这个世

---

① 斯图尔特·霍尔:《表征:文化表征与意指实践》,徐亮、陆兴华译,北京:商务印书馆,2013年版,第4页。
② Ben Anderson 和 Paul Harrison 在其合作中指出,再现范式的"真正的代价是:世界和意义就此分开了。一方面,在外面是世界,是真实的存在,所有'粗糙和微妙的事物';另一方面,在这里是真正被制造出来的并赋予(这个世界)意义和价值的再现与符号"。转引自冯雪峰:《文化研究再定义:从再现范式到非再现范式》,载《文艺争鸣》,2019年第7期。再现范式带来的代价是世界和意义的分离。

界怎么了的行为"①。作为行为,劳伦斯·格罗斯伯格(Lawrence Grossberg, 1947—)认为:"文化研究关注未来,关注某些事情在未来会怎样,以及当下又是如何对未来予以筹划的。"② 文化研究不单单是对文化的研究,更是文化地研究,从文化的角度关注正在发生和涌现的世界。文化研究的未来就在于文化研究始终关注当下并指向未来!文化研究应该时刻保持对生活的介入姿态,以敏锐的文化触角,及时感知并对文化的"危急时刻"③ 做出反应。在"物转向"思潮的推动下,重新界定文化成为文化研究的当务之急。文化不应该只是将物当做符号来解读的"意指实践"(霍尔)或"文本表演"(格尔茨),对"物""物质"的关注理应写入文化的定义之中。

在"物转向"思潮的影响下,对再现范式的批判之声蔚然成风,各种非再现理论乘着"物转向"的东风而呈现云兴霞蔚的景观。非再现范式的批判点在于,再现范式将物、世界当做由语言符号构成的文本来解读,在这个转译过程中,人既为自身充当了神使赫尔墨斯的角色,又充当了信息接收者的角色,这实则是自说自话、自欺欺人,其中暗含的人类中心主义对物的宰制和架空昭然若揭。物、世界的真实信息无法真正传达到人,人通过自己制造出来的符号使自身与物、世界相分离。"物转向"的文化研究因此质疑再现论解释世界的有效性和合法性。与再现范式的文化研究形成鲜明的对照,"物转向"的文化研究对语言符号的再现功能和符号暴力保持警惕,对物及其能动性给予充分的观照和肯定,注重研究文化的物质性层面,重新思考人与物的关系,关注真实世界的发生和涌现。"物转向"思潮为文化研究带来了一个对语言符号进行重新认识、反思和批判,并重新界定文化和文化研究的契机。

---

① 郎静:《"现在比以往任何时候都更重要的文化研究"——劳伦斯·格罗斯伯格教授访谈》,载《中国图书评论》,2017年第7期。

② 劳伦斯·格罗斯伯格:《文化研究的未来》,庄鹏涛、王林生、刘林德译,金元浦审校,北京:中国人民大学出版社,2017年版,第1页。

③ 格罗斯伯格认为:"文化研究是知识分子或者是公众对'危机时刻'感觉的特别反应。"参见郎静:《"现在比以往任何时候都更重要的文化研究"——劳伦斯·格罗斯伯格教授访谈》,载《中国图书评论》,2017年第7期。

"物转向"思潮催生了文化研究的非再现范式。"非再现理论①（Non-representational Theories）的兴起或多或少都是不满语言符号成为人类接触和理解世界普遍且唯一的媒介"②，要求在人与物、人与世界之间建立起直接的联系。非再现理论"共同地关注在真实的世界中到底发生了或正在发生什么，而不是局限于符号再现/表征实践，也就是文化"③。非再现理论关注文化的物质性层面，认为文化不只是符号的麋集。意义来自行动之中自然涌现的世界，而非话语符号的建构。为了能够在人与物、人与世界之间建立直接的联系，非再现理论强调在行动中进入每一个具体的时刻，以物质性的身体感受和经验真实的世界。"行动成为一个关系性和物质性的交叉地带，身体、物、情感、动能、空间、时间等因素都在行动中聚合起来。"④"行动中的思考"（thought-in-action）被认为是各种非再现理论的共识。思考是切身的、及物的，思考并不外在于行动，并不是事后的符号建构，而是与行动共生，所谓"知行合一"。非再现理论平等对待人与物，"各种身体——人类的与非人类的，都在发挥各自的能动性（agency），参与到行动中去，关系性的世界不断涌现、接力、叠加，同时也消逝"⑤。非再现理论

---

① Nigel Thrift 认为，"非再现理论……均将意义和价值当成是'行动中的思考'（thought-in-action）：这些思想流派都否认通过再现模式研究这个世界的有效性。这些再现模式大都关注'内部'层面，他们的基本研究术语或对象是符号构成的再现。相应地，非再现理论致力于通过非再现的模式研究这个世界，他们更关心'外在'的层面，因此他们的研究词汇和对象是在多样性的行动和互动中形成的。"转引自冯雪峰：《文化研究再定义：从再现范式到非再现范式》，载《文艺争鸣》，2019年第7期。非再现理论包括非再现地理学（Non-representational Geography）、行动者网络理论（ANT）、情感理论（Affect Theory）、本体论人类学（Ontological Anthropology）、新唯物论（New Materialism）等。参见冯雪峰：《文化研究再定义：从再现范式到非再现范式》，载《文艺争鸣》，2019年第7期。

② 冯雪峰：《文化研究再定义：从再现范式到非再现范式》，载《文艺争鸣》，2019年第7期。

③ 冯雪峰：《文化研究再定义：从再现范式到非再现范式》，载《文艺争鸣》，2019年第7期。

④ 冯雪峰：《文化研究再定义：从再现范式到非再现范式》，载《文艺争鸣》，2019年第7期。

⑤ 冯雪峰：《文化研究再定义：从再现范式到非再现范式》，载《文艺争鸣》，2019年第7期。

通过搭建人与世界之间直接对话的平台而希望真正如朱迪丝·巴特勒所说的那样,"拽住"那个真实发生的、正在涌现着的世界。

"物转向"的文化研究以非再现范式为代表,要求转向物,废除符号这个中间环节,让人与物直接相连。具体而言,"物转向"的文化研究关注以下三个方面:物的能动性,行动的表演性呈现,作为本体论的关系。

第一,聚焦于"物",强调物的能动性是"物转向"的文化研究最具辨识性的标志。"物转向"的文化研究尊重物,给予物与人平等的地位,反对人类中心主义,认为物与人同样具有能动性。布鲁诺·拉图尔(Bruno Latour, 1947—)嘲讽在人与物之间进行人为划界的西方做法,认为西方人"强制实行人类与非人类之间的完全隔离——内部的伟大分界——从而人为地制造了他者的丑闻"[1]。分界之后,人类唯有通过表征才能接近事物,也就是说,人类"只拥有关于自然的表征,而这些表征或多或少地都已被人类的文化成见所干扰或编码。这些文化成见完全占据了他们,只是偶尔——'如同穿过黑暗的玻璃'——才会切中事物本身"[2]。拉图尔批评西方的文化成见对真实事物的"干扰",更表达了对制造了这样的文化并被这样的文化持续熏染的西方人的批评。被文化"干扰"过的事物已经不再是"事物"本身,制造了这样的文化并被这样的文化持续熏染的人,更是难以再见事物的真容。文化成为人与物之间的障碍。格罗斯伯格赞同拉图尔对"伟大分界"的批判,认为"这个'伟大分界'在文化和自然、人类和非人类之间构筑了一个绝对的(消极的)区别和区隔,并且以此对实体进行了分配:将主观性、能动性、表征、历史等分配给人类;将客观性、被动性、被代表性等分配给自然"[3]。拉图尔要推倒这道人造的界墙,他反对在人类和非人类、自然和文化之间人为进行分界,批评其背后隐藏的人类中心主义。他的行动者网络理论就是为这种"伟大分界"之疾开出的药方。在行

---

[1] Latour, Bruno, *We Have Never Been Modern*. Cambridge, Mass: Harvard University Press, 1993, p. 104. 译文参考了刘鹏、安涅思的译本,下同。

[2] Latour, Bruno, *We Have Never Been Modern*. Cambridge, Mass: Harvard University Press, 1993, p. 99.

[3] 劳伦斯·格罗斯伯格:《文化研究的未来》,庄鹏涛、王林生、刘林德译,金元浦审校,北京:中国人民大学出版社,2017年版,第87页。

动者网络中，人与物被平等地视为具有自主性和能动性的"行动者"，从而突破了人与物的二元对立，以包容的姿态将人与物共同纳入相互关联的网络之中。在他看来，各个具有能动性的行动者，并不是相互隔绝的孤岛，而是处于相互关联的网络之中的节点，各种类型的行动者在行动者网络中各自发挥其积极性和能动性，共同促成了网络的运转。拉图尔的行动者网络理论既注重物的能动性，又将物放到关系之中，充分注意到了物在建立秩序中的作用。布莱恩·拉金（Brian Larkin）所关注的基础设施，可被认为是拉图尔行动者网络理论的具体例证。他注意到作为基础设施的物所具有的独特之处，"基础设施是使得其他事物的运转成为可能的事物"[1]。作为网络中的关键节点，基础设施成为其他事物运行的动因，直接推动了整个网络的运转。基础设施还预先规定了人对它的使用，以及符号对它的解读。电脑就是这样一种基础设施，作为网络终端，它连接起人与整个虚拟网络，电脑内部的程序预先设定了使用者对它的使用方式和权限。这既反映了物在赋义活动中的能动性，也表现了物对人的塑造作用。总之，物作为网络中的节点，先于符号解读而参与了网络秩序的建立和意义生产，并决定了符号解读的可能性和方式，物及其能动性不应再被符号表征的表象遮蔽。"物转向"的文化研究将物及其能动性作为研究的重点，这对于打破再现范式所暗含的人类中心的文化偏见具有革命性的影响。

第二，行动的表演性是"物转向"的文化研究的重要关注点之一。"表演性"（performativity）本来是语言哲学的术语[2]，后被"物转向"的文化研究借用，被赋予了新的内涵。"物转向"的文化研究关注行动的表演性呈现。一闪而过、难以捕捉的细微表情或眼神，又或者只可意会不可言传的动作，溢出符号再现系统，难以被语言符号捕捉并给予清晰的界定和描述。这些以表演性的方式呈现在具体的行动之中的文化现象，同样生产意义且无需语言符号的中介，理应被纳入文化研究的范围。文化现象纷繁多样，

---

[1] Larkin, Brian, "The Politics and Poetics of Infrastructure", *Annual Review of Anthropology*, Vol. 42, 2013, p. 329.

[2] 英国牛津大学语言学家 J. L. 奥斯汀的《如何以言行事》（1962）认为语言和行动之间具有直接的联系，语言并非只是作为世界的镜像而存在，语言同样可以直接引发行动。中国的成语"言出必行""言而有信"同样揭示了语言的行动属性。

再现范式的文化研究无法或无暇顾及的这些意义"黑洞",以表演性的行动呈现出来,并被"物转向"的文化研究捕获和填补。"物转向"的文化研究认为,表演性指示出行动在文化生成和意义生产中的重要作用。以朱迪丝·巴特勒的性别分析为例,她反对对性别的预先判定,认为性别不是先天的,而是在重复的表演中不断生成的。在她看来,"性别不是一个名词",而"一直是一种行动"①。性别作为一种行动,是就其"必须有不断重复的表演"② 而言的。巴特勒直言,"性别化的身体是操演性的,这表示除了构成它的真实的那些各种不同的行动之外,它没有什么本体论的身份"③。操演即表演,重复性的表演不断对性别进行着生成性的确证。生成性意味着性别并不是一成不变的"现成品",而是具有开放性和未完成性。性别作为行动,向未来和偶然性敞开。"如果性别属性和行动——身体所由以表现或生产其文化意义的各种不同的方式——是操演性质的,那么就不存在一个先在的身份,可以作一项行动或属性的衡量依据。"④ 性别可以被视为一种性别行动,它是重复操演的结果,而非既成的文化事实。性别在重复性的表演中生成。借助表演性,巴特勒揭示出性别的行动属性。这是性别物质性的而非符号性的层面,打破了话语对性别静态的符号建构,揭示出性别作为表演性的动态行动所具有的意义生成价值。总之,"物转向"的文化研究发掘了表演性作为行动的呈现方式所具有的文化生成的意义和价值,揭示了文化的物质性层面。

第三,"物转向"的文化研究重视人与物之间的关系,将关系视为本体,人与物在发生性的关系中相互生成。作为物质女性主义的主要代表之一,凯伦·巴拉德(Karen Barad)批判再现主义,提出了从表现主义到表

---

① 朱迪丝·巴特勒:《性别麻烦:女性主义与身份的颠覆》,宋素凤译,上海:上海三联书店,2009年版,第34页。

② 朱迪丝·巴特勒:《性别麻烦:女性主义与身份的颠覆》,宋素凤译,上海:上海三联书店,2009年版,第183页。

③ 朱迪丝·巴特勒:《性别麻烦:女性主义与身份的颠覆》,宋素凤译,上海:上海三联书店,2009年版,第178页。

④ 朱迪丝·巴特勒:《性别麻烦:女性主义与身份的颠覆》,宋素凤译,上海:上海三联书店,2009年版,第185页。

演性的本体论转变。① 再现主义认为世界是由已经独立存在的实体组成的，这些实体早已被预先设定好其在关系中的地位。具体表现为，人具有绝对的主动性，而物只被当做被动的客体。从中可以看出，再现主义的能动性分配方式带有明显的人类中心主义偏见。与此相反，在巴拉德看来，关系是第一位的，关系中的各方是在具体的关系中即时生成的，其地位是平等的，其能动性并非被预先设定，而是依据具体的关系进行分配的。具体而言，巴拉德提出"内动"（intra-actions）② 和"能动性切割"（agential cut）理论③，意在指出关系中的各方是相互生成的，能动性在处于具体的关系之中的各方之间进行分配。具体的关系决定了能动性分配的方式，物同样具有能动性和主动性。与再现论对能动性的固定分配方式相反，巴拉德认为能动性的分配是在处于具体的关系之中的各方之间反复进行的，能动性的分配并非一劳永逸。能动性的反复切割和分配不是要割裂什么，而恰恰说明了关系中的各方的相互生成以及关系的本体性地位。客观上，巴拉德的理论对再现论的文化研究范式构成了冲击，让人重新思考人与物之间的关系。同为物质女性主义代表的唐娜·哈拉维（Donna Haraway）也认为关系是第一位的，处于关系中的各方是相互生成的。在对人机结合的赛博格进行分析后，哈拉维提出"我们就是赛博格"④。赛博格首先确证的是一种关系性的存在，在这个关系中，人与机器相互生成。"物转向"的文化研究揭示出关系的本体论地位。作为本体论的关系并不是抽象的存在，而是存在

---

① Karen Barad, "Posthumanist Performativity: Toward an Understanding of How Matter Comes to Matter," *Signs: Journal of Women in Culture and Society*, Vol. 28, No. 3, 2003, p. 803.

② "内动"（intra-actions）不同于"互动"（interactions）。"互动"假定了被预先分配了能动性的独立实体的存在。它们之间虽然看似可以构成对话，却各自具有坚硬的防护装置，难以在关系中被改变和影响。"内动"不做任何假设，平等看待关系中的各方，认为各方是在具体的关系中相互生成和相互成全的。

③ Karen Barad, "Posthuman ist Performativity: Toward an Understanding of How Matter Comes to Matter", *Signs: Journal of Women in Culture and Society*, Vol. 28, No. 3, 2003, pp. 814-815.

④ 唐娜·哈拉维：《赛博格的宣言：20世纪晚期的科学、技术和社会主义-女权主义》，陈静译，载《类人猿、赛博格和女人——自然的重塑》，开封：河南大学出版社，2016年版，第316页。

于具体的物质性的"身体"之间,处于关系中的各方在平等的基础上各自发挥其能动性并相互生成。

"物转向"的文化研究不再将物当做符号来看待,而是转向具体的物质性的"物"及其能动性,关注表演性的行动,将关系作为本体论。这三个方面都是对文化的物质性层面的关注和开掘。与暗含人类中心主义以及主客二分的文化偏见再现范式的文化研究相反,"物转向"的文化研究范式平等对待关系网络关系中的各种"身体",充分尊重其在具体的关系中通过表演性的行动所呈现出来的参与意义生产的地位。"物转向"的文化研究平等对待此时此刻发生的"事件"中的每一个"身体"的能动性,关注每一个"身体"在表演性的行动中的具体呈现。在具体的"事件"中,各种"身体"共同生成,世界也处于不断涌现之中,一切都处于一种间在共生的状态。文化不应该仅仅被当做话语符号的再现系统或表征实践,作为表征实践的文化面临挑战和质疑。世界是真实发生的、涌现着的、鲜活的,不应仅仅被当做语言符号建构起来的文本来解读。另外也应该注意到,"物转向"的文化研究并非对再现范式的文化研究的线性取代,两者之间是一种互补的关系,彼此构成对方的有益补充。作为表征实践的文化是文化研究的重要内容,但在新的时代处境下,"物转向"的文化研究要求反思并关注文化的物质性层面,发现符号表征之外的真实世界。"物转向"的文化研究为重新界定文化提供了契机,为文化研究开启了新的研究领域,为激活其活力提供了新的思路、范例和思想资源。

二、胡塞尔的"回到事物本身"①

思想是时代的产物,新思想的提出必有其语境,脱离具体语境,难以准确把握其要旨。所谓"知人论世",是指通过考察一个人所处的时代,来全面了解这个人及其思想。不仅"知人"是如此,"知事""知理"亦当如此。"知人论世"作为一种认知方法和求知精神,可以由"人"及"事",推及对某事或某思想的认知。"回到事物本身"并非一个干瘪的口号,回到历史现场,将其放回它所由以产生的时代,便可清晰地看到,它的提出代表了一种新的主张和新的哲学思想的出场。

在胡塞尔所处的时代,"回到康德""回到黑格尔"等各式各样的"回到"主张不绝于耳。然而,无论"回到"哪位哲学家或哪种哲学思想,在胡塞尔看来,都不能解决当时的时代问题,不能化解时代危机。这种"回到"只会带来与"事物"的远离,而认识"事物"以及探究认识如何可能乃是哲学的真正旨归。具体而言,胡塞尔不满传统形而上学在认识世界的过程中造成的主客对立这一消极结果,实际上暗含着人类中心主义的痼疾,导致了人与物、人与世界的分离。在这种分离的情境下,关于事物的正确认识难以获得。因应这样的时代背景,胡塞尔提出"回到事物本身",开创

---

① 根据理解的不同,"Zurück zu den Sachen selbst"有"回到事物本身"(如刘万瑚:《"回到事物本身"与"面向事物本身"——胡塞尔与海德格尔的现象学方法之争》,载《哲学动态》,2019年第11期)、"回到实事本身"(如李云飞:《回到实事本身:发生性的起源与现象学的历史性向度》,载《现代哲学》,2012年第1期)、"面对事情本身"(如张世英:《现象学口号"面向事情本身"的源头——黑格尔的〈精神现象学〉——胡塞尔与黑格尔的一点对照》,载《江海学刊》,2007年第2期)、"回到事情本身"(如吴增定:《回到事情本身?——略论胡塞尔"自我"概念的演进》,载《中国现象学与哲学评论》,2009年10月)、"朝向事物本身"(如张庆熊:《"朝向事物本身"与"实事求是"——对现象学与唯物论基本思想的反思》,载《哲学研究》,2008年第10期)等不同译法。德文词"Zurück"意为"回到",可引申为"面对""面向""朝向"等;"Sachen"的意思是"物""物品",也指"事情""事件""情况"等,引申为"实情""实事"等,其引申义带有主观的价值取向。本文使用德文词原意,"回到事物本身",这既符合胡塞尔本意,也便于与"物转向"的文化研究所关注的"物"形成对话。

现象学,实现了他认为哲学应该作为严格科学的主张。胡塞尔关注认识如何"切中"事物这一哲学实际问题①,即认识如何"真正切近实事本身"②。"回到事物本身"的提出就是对这个问题的现象学回应。他希望以现象学的方式探究认识的可能性问题,重新搭建人与世界之间的桥梁。"回到事物本身"这一口号的提出突出表现了现象学对哲学传统的反抗,彰显了胡塞尔现象学鲜明的哲学立场和革新精神。现象学为自身设立了新的哲学思考的起点,发掘了认识世界的新的可能性。

"回到事物本身"代表了胡塞尔现象学的态度,同时也体现了现象学区别于其他哲学传统的精神气质,即始终"面对实事本身,执着追求真理"③。这种哲学精神不仅贯穿着胡塞尔现象学研究的始终,而且受到后来的现象学家的普遍遵循,是"一种能够维持整个现象学运动的统一性的东西"④。具体而言,"回到事物本身"的现象学态度贯彻在现象学还原的方法之中。胡塞尔认为,"认识批判的目的在于现实地和彻底地解决实事问题"⑤。为了实现这个目标,胡塞尔提出"搁置"和"加括号"的现象学还原方法。他指出,"在认识批判的开端,整个世界、物理的和心理的自然、最后还有人自身的自我以及所有与上述这些对象有关的科学都必须被打上可疑性的标记。它们的存在,它们的有效性始终是被搁置的"⑥。为了真正"回到事物本身",现象学要求将一切实在信仰以及一切传统的成见都加以排除,将自然界和人类社会的文化构成物统统放入括号之中,存而不论。与此相应,现象学追求一种纯粹的反思,"对于这种纯粹的反思来说,自然观点的所有

---

① 埃德蒙德·胡塞尔:《现象学的观念》,倪梁康译,北京:商务印书馆,2018年版,第11页。
② 埃德蒙德·胡塞尔:《逻辑研究》(第二卷第二部分),乌尔苏拉·潘策尔编,倪梁康译,北京:商务印书馆,2018年版,第980页。
③ 倪梁康:《意识的向度:以胡塞尔为轴心的现象学问题研究》,北京:商务印书馆,2019年版,第8页。
④ 倪梁康:《意识的向度:以胡塞尔为轴心的现象学问题研究》,北京:商务印书馆,2019年版,第21页。
⑤ 埃德蒙德·胡塞尔:《逻辑研究》(第二卷第二部分),乌尔苏拉·潘策尔编,倪梁康译,北京:商务印书馆,2018年版,第991页。
⑥ 埃德蒙德·胡塞尔:《现象学的观念》,倪梁康译,北京:商务印书馆,2018年版,第39页。

事实，即整个自然界都始终是被排斥的"①。这种纯粹的反思通过直观的方式，指向对明见性②的追求。在胡塞尔看来，"那些产生于遥远、含糊和非本真直观中的含义对我们来说是远远不够的，我们要回到'实事本身'上去。我们要在充分发挥了的直观中获得这样的明见性"③。

张世英指出，"胡塞尔的'回到事情本身'，是回到直观中原始地被给予的东西的自明性（明证性）"④。明见性是胡塞尔现象学的目标，对于明见性的获得，胡塞尔指出："倘若我们所要求的是那种可以达到明见的明晰性，即由'实事本身'显示给我们并因此而使其可能性和真理性得以认识的那种明晰性，那么我们便要依据我们的直观行为意义上的那种直观。"⑤直观是通达明见性的通道。作为胡塞尔现象学的目标，明见性的具体指谓是什么呢？胡塞尔认为："明见性实际上就是这个直观的、直接和相即地自身把握的意识，它无非意味着相即的自身被给予性。"⑥胡塞尔所谓明见性意味着"自身被给予性"是指，意识通过直观所捕获的关于事物的真理性认识，是以事物在先给出自身为前提的。意识就像一个光源，在直观中照见事物，但是这种"照见"首先以事物自身的真理性召唤为前提。现象学要求在直观中获得关于事物的明见性认识，从而真正"切中"事物，达到关于事物的真理性认识。在"回到事物本身"这个哲学征途中，人和事物

---

① 埃德蒙德·胡塞尔：《纯粹现象学及其研究领域和方法（弗莱堡就职演讲）》，载《文章与讲演（1911—1921年）》，倪梁康译，北京：商务印书馆，2020年版，第86页。
② 倪梁康指出："'明见性'（Evident），又可称明白性或明晰性。当胡塞尔特别强调这种明白是直观的明白性时，他便用明见性一词。"参见倪梁康：《意识的向度：以胡塞尔为轴心的现象学问题研究》，北京：商务印书馆，2019年版，第37页。根据理解的不同，又可称为自明性、明证性。
③ 埃德蒙德·胡塞尔：《逻辑研究》（第二卷第二部分），乌尔苏拉·潘策尔编，倪梁康译，北京：商务印书馆，2018年版，第344页。
④ 张世英：《现象学口号"面向事情本身"的源头——黑格尔的〈精神现象学〉——胡塞尔与黑格尔的一点对照》，载《江海学刊》，2007年第2期。
⑤ 埃德蒙德·胡塞尔：《逻辑研究》（第二卷第二部分），乌尔苏拉·潘策尔编，倪梁康译，北京：商务印书馆，2018年版，第1060-1061页。
⑥ 埃德蒙德·胡塞尔：《现象学的观念》，倪梁康译，北京：商务印书馆，2018年版，第71页。

分别是这个征途的起点和终点。作为终点的事物，在胡塞尔看来，是首先被给予我们的。事物首先给出了自身，事物的给出是我们获得关于事物的真理性认识的前提。因此，"回到事物本身"彰显了意识的自身被给予性与事物的真理性召唤之间的根本契合。意识乃是人与事物之间的桥梁①，人通过意识来回应事物的真理性召唤。

在这里，我们可以清晰地看到胡塞尔现象学为了真正做到"回到事物本身"而采取的一系列现象学还原步骤。"搁置"和"加括号"是现象学还原的具体方法，通过现象学还原，在排除自然态度和哲学偏见过程中直观事物。在直观中达到明见性，从而实现现象学通过"回到事物本身"以"切中"事物，获得关于事物的真理性认识的目标。

在对"回到事物本身"这个哲学征途的启动动机和通达途径进行了一番论述之后，作为这个哲学征途终点的"事物"的内涵亟待澄清。胡塞尔"回到事物本身"中的"事物"具有多重内涵。首先，"事物"指的是具体的物质性的事物，是"被给予之物、直接之物、直观之物，它是在自身显示（显现）中，在感性的具体性中被把握的对象"②。比如在《逻辑研究》中，胡塞尔说道："我所看到的始终是这本书。它始终是同一个实事，并且并不是物理学意义上的同一个，而是根据感知自身的意见的同一个。"③ 此处的"书"乃是在感知中被把握的具体事物。其次，"事物"指的是实际的问题，是"哲学所应探讨的实际问题本身，从而有别于那些远离实际问题

---

① 金惠敏指出："意向活动与情感活动不同，前者总是或多或少地倾向于对主体和客体的二元假定，而后者更多地意味着主客体之间的共在关系。""'意向性'之温暖人心的地方在于揭示我们人类所生活的世界，不是物理的世界，也不是纯意识的世界，而是外物进入了我们的意识，同时意识也统合了外物的世界。"见其文章《作为理论的文学与间在解释学——为"没有文学的文学理论"一辩》，载《文艺争鸣》，2021年第3期。其实没有必要否认二元，二元是人认识世界的方法，关键在于如何看待二元之间的关系，如何沟通二元。意识可以成为一道沟通人与物、人与世界之间的桥梁和津渡。

② 倪梁康：《胡塞尔现象学概念通释（增补版）》，北京：商务印书馆，2016年版，第453页。

③ 埃德蒙德·胡塞尔：《逻辑研究》（第二卷第二部分），乌尔苏拉·潘策尔编，倪梁康译，北京：商务印书馆，2018年版，第1155页。

的话语、意见与成见"①。此处的"事物"是指"回到事物本身"所最终达到的目标,即通过排除偏见而获得的对事物的真理性认识。

胡塞尔现象学所要回到的"事物"(Sachen),去除了一切文化偏见和附加价值。这个"事物"既可以指在感性中被把握的、作为直观对象的物质性的事物,也可以指去除了偏见和成见的、作为哲学研究对象的实际问题本身。如此看来,这个"事物"似乎同时包括了物质性的物体和观念性的实情。然而,只要注意到胡塞尔现象学是"关于一般和纯粹的意识本身的科学"②,就能明白意识乃是现象学的真正课题,胡塞尔"回到事物本身"之中的"事物",最终指向的是意识领域之中的内容,即以观念的形式存在于意识之中的"现象"。无论是在感性中被把握的物体,还是去除了偏见的作为哲学研究的实际问题的事物,都在现象学还原之后进入了意识领域,卸除了其物质性和经验性的内容,成为观念形态的现象。"事物"的真理性内容显现为各种不同的现象,"事物"以这种方式给出自身,召唤着意识在不同的直观之中与其相遇。

在此需要注意"事物"与其显现方式之间的区别。"事物"的显现方式,即其表象方式是多种多样的。胡塞尔一般会对照考察"事物"与其表象,比如,"如果我们具有诸多表象,在这些表象中,实事不只是普遍地被表象给我们,而且是作为恰恰这同一个实事被表象给我们"③。具体而言,"事物"的表象方式包括"语词"和"图像"等。因此,"事物"又具体地与"语词"和"图像"相对。第一,"事物"与作为其表象方式的"语词"相对,比如,"如果人们坚持这个狭隘的概念,那么这个语词就会消失,但这个实事却仍然是清晰的"④。"通过语词对实事的指称,语词又以某种方式

---

① 倪梁康:《胡塞尔现象学概念通释(增补版)》,北京:商务印书馆,2016年版,第453页。

② 埃德蒙德·胡塞尔:《纯粹现象学及其研究领域和方法(弗莱堡就职演讲)》,载《文章与讲演(1911—1921年)》,倪梁康译,北京:商务印书馆,2020年版,第83页。

③ 埃德蒙德·胡塞尔:《逻辑研究》(第二卷第二部分),乌尔苏拉·潘策尔编,倪梁康译,北京:商务印书馆,2018年版,第853-854页。

④ 埃德蒙德·胡塞尔:《逻辑研究》(第二卷第二部分),乌尔苏拉·潘策尔编,倪梁康译,北京:商务印书馆,2018年版,第578页。

显现为是与实事相一致的,是一种属于实事的东西,只是它当然不会显现为是实事的部分或实事的规定性。"① 第二,"事物"与同样作为其表象方式的"图像"相对,比如,"这个常常是非常不相即的图像'代现出'(repräsentiert)实事,并且同时使人回忆这个实事,它是这个实事的符号。所谓它是实事的符号,这是指,它表明自己有能力进行对这个实事的一个直接的和更有内容的表象"②。

相较于"事物"的表象对"事物"的显现所具有的片面性,"实事通过'自身'得到证实,因为它从各个方面展示自身,但与此同时却始终是同一个实事"③,"事物"代表着一种未经表达的原初浑融的统一状态。克劳斯·黑尔德认为:"现象学的研究工作就在于描述实事与它们的显现方式之间的具体关系。"④ 然而"事物"的原初统一状态并不会在直观中完整地、一次性地给出,原因就在于直观也是因时地而变化的。"一个实事的显现方式究竟是何种类型的,这要取决于人的各种世界,即取决于人的境遇。"⑤ 人的境遇决定了人在不同的时地对同一个"事物"的直观是不同的,从而获得的关于"事物"的明见性认识也是有限的。"我们在某个时刻只能从某个位置看见实事的某一方面,只能得到这种片面的经验直观。"⑥ 然而,"事物"的统一性又保证了"事物"的不同侧面可以被直观到。具体而言,"事物"显现为现象,现象可以作为追踪"事物"之整体的阿里阿德涅之线,使得通过对各种现象的考察而把握"事物"的整体成为可能。突破"事物"的片面性显现的困境,关键在于转换视角,即从不同的角度直观"事物",

---

① 埃德蒙德·胡塞尔:《逻辑研究》(第二卷第一部分),乌尔苏拉·潘策尔编,倪梁康译,北京:商务印书馆,2018年版,第842页。

② 埃德蒙德·胡塞尔:《逻辑研究》(第二卷第一部分),乌尔苏拉·潘策尔编,倪梁康译,北京:商务印书馆,2018年版,第964页。

③ 埃德蒙德·胡塞尔:《逻辑研究》(第二卷第二部分),乌尔苏拉·潘策尔编,倪梁康译,北京:商务印书馆,2018年版,第1047页。

④ 克劳斯·黑尔德:《世界现象学》,孙周兴编,倪梁康等译,北京:生活·读书·新知三联书店,2003年版,第52页。

⑤ 克劳斯·黑尔德:《世界现象学》,孙周兴编,倪梁康等译,北京:生活·读书·新知三联书店,2003年版,第52页。

⑥ 尚杰:《从胡塞尔到德里达》,南京:江苏人民出版社,2008年版,第31页。

即利科所说的,"对'物质'的意向分析反过来号召改变视域"①。我们从一个角度只能看到"事物"的某一个方面,如果要尽可能全面认识事物,就要转换视角,采取多种直观方式。"事物"有各种不同的显现方式,这也是产生意见之争的原因所在。胡塞尔通过"回到事物本身",在直观中"切中"事物,克服这种意见之争,来获得关于事物的真理性认识。

对事物的显现方式的研究要求现象学关注意识领域,事物的显现需要意识的直观来捕获。现象学还原的方法是为回到纯粹意识领域服务的,"为了获得纯粹意识的领域并保持它的纯粹性,我们规定自己,不接受任何客观的经验信仰,并且丝毫不利用来自客观经验的确定性"②。经过现象学的还原,一切原本被认为是"客观"的经验都被作为文化偏见予以排除,从而如胡塞尔所说的那样,抵制了"客观实在的所有入侵",进而"纯化"了现象学的意识领域③,为获得关于"事物"的真理性认识提供了可能。

"回到事物本身"作为胡塞尔现象学的口号,因应特殊的时代背景而提出,在各种各样的"回到"主张中独树一帜。胡塞尔希望借助现象学还原的方法,在排除偏见和对直观明见性的寻求中,真正"切中"事物本身。胡塞尔将现象学视为严格科学的哲学,这种科学性具体体现在他的现象学还原方法上。"回到事物本身"的哲学精神和现象学还原的方法,为胡塞尔现象学最终通达"事物"本身,获得了关于事物的真理性认识,提供了精神上和方法上的保障。

三、转向"物"与回到"物"的间在对话

以间在论的视角观之,过去的理论仍然鲜活地存在于当下,作为话语

---

① 保罗·利科:《论现象学流派》,蒋海燕译,南京:南京大学出版社,2010年版,第73页。
② 埃德蒙德·胡塞尔:《纯粹现象学及其研究领域和方法(弗莱堡就职演讲)》,载《文章与讲演(1911—1921年)》,倪梁康译,北京:商务印书馆,2020年版,第87页。
③ 埃德蒙德·胡塞尔:《纯粹现象学及其研究领域和方法(弗莱堡就职演讲)》,载《文章与讲演(1911—1921年)》,倪梁康译,北京:商务印书馆,2020年版,第86页。

资源在新的时代语境中被新的理论"挪用、借用、选用",这也是一切理论的存在方式。① 也就是说,过去的理论可以与新时代的思想构成一种间在对话②,并在这种对话中各自激发出新的理论生命力。人类历史各个阶段产生的思想以间在对话的方式活在当下。胡塞尔现象学开启了新的哲学研究路径和哲学传统,自产生之日起就对时代思潮产生重要影响,后来掀起的旷日持久的现象学运动,更是将胡塞尔开创的现象学不断推向新的高潮。作为重要的思想资源,现象学仍然在为当下众多人文社会科学提供思想给养,这其中就包括"物转向"的文化研究。

"物转向"的文化研究给予"物"以极大的关注,将文化研究的重心从解读符号转移到对"物"的物质性的关注之上,为文化研究提供了新的研究范式,促成了研究范式的转型。胡塞尔现象学反对回到某个哲学家或者某种哲学理论,转而号召"回到事物本身"。"物"或"事物"成为这两种理论共同关注的焦点。那么,作为"物转向"的文化研究之对象的"物"与胡塞尔现象学所要回到的"事物"是否是同一个"物"/"事物"呢?这两种理论是否可以开启一种间在对话?

"物转向"的文化研究所关注的"物",是现实存在的物质性的"物"。这一派文化研究反对再现范式将物当做符号来解读的做法,主张真正地和实际地转向"物"。"物转向"的文化研究关注"物"的物质性而非符号性层面,发掘其以物质性为依托,在关系网络中表现出来的能动性。人与物在关系网络中同是具有能动性的行动者,"物转向"的文化研究在彰显物的

---

① 金惠敏认为一切理论都是话语资源,都可以而且应该为新时代所用,这种"用"是一种"挪用、借用、选用",参见金惠敏:《人类文化共同体与中国文化复兴论》,载《人文杂志》,2019年第2期。

② 金惠敏提出"差异即对话",详见其文章《差异即对话:一份研究纲领》,载《中国比较文学》,2016年第4期。近期,金惠敏又对这一思想有了进一步的发展,认为所有对话都是一种"间在对话"。在间在对话中,参与对话的各方各自携其文化差异进入对话,共同搭建一个间在对话空间。这个间在对话空间是一个文化发生性的空间,是一个有生产力空间。在这个空间中,对话各方是既"间"且"在"的,作为携带自身文化的差异个体,对话各方以平等的地位进入间在对话空间,彼此之间产生一种个体间性。对话各方在这个间在文化空间中展开对话,在平等的基础上彰显自身,同时受到对话方的影响,在对话中互相得到新的形塑和改变,并彼此增益。

能动性方面贡献尤大。这一派文化研究汲取了胡塞尔现象学"回到事物本身"的研究态度和哲学精神,要求废除语言符号这个霸权中介,为"物"减负,还"物"以物质性的本来面目,可谓一种返璞归真的研究。从胡塞尔现象学的角度观之,"物转向"的文化研究可以被视为同样采取了现象学还原的方法。它所关注的"物",是排除了人类中心主义和主客对立的偏见之后的"物",是去除了文化偏见的"物"。这个物质性的"物"亦可被视为本真的"物",物质性即其本真性。"物转向"的文化研究充分尊重物,给予物与人平等的地位,人与物的关系在"物转向"的文化研究中得以重新审视。总之,"物转向"的文化研究在新的时代处境下,充分尊重物,高扬物的能动性,发掘了文化的物质性层面,重新审视人与物之间的关系,对于文化研究的范式转换以及开拓文化研究的视野意义重大,为文化研究带来了新的理论创新和理论增长的契机。

总体而言,"物转向"的文化研究存在的问题有三。第一,产生于科技高速发展的时代,"物转向"的文化研究存在一种在转向"物"的过程中,过于重视物的能动性而对人的能动性,即对意识关注不足的问题。由转向"物"到崇拜"物",进而产生新时代拜物教只有一步之遥。在"转向"物的过程中,需要警惕"物"的决定论。物是关系网络中的物,是特定语境中的物,对物的发现不应变成对物的崇拜。要在充分尊重物的同时,真正平等对待关系网中的每个"身体",从而真正触摸真实的世界,把物看做打开真实世界的钥匙,而不是孤立地、静止地看待物。因此,相较于胡塞尔现象学对意识的重视,"物转向"的文化研究的不足之处或者可能存在的危险在于,在反对作为中介的语言符号的霸权和人类中心主义的偏见的过程中,过于抬高物的能动性而忽视了意识的作用,存在过犹不及之处。第二,"物转向"的文化研究要求转向物质性的物,去除符号这个霸权性的中介。但是人与物之间实则是无法直接接通的,人是语言的动物,语言符号是连接人与物之间的重要桥梁。以表演性的方式呈现的行动,也可以被编织进再现系统,表演性的行动在再现系统中并不缺席。对表演性的强调不应成为拒绝语言符号的理由,这两者并不对立,而是互补的关系。"物转向"的文化研究对关系的具体性强调,容易使其沦为个案研究,存在滑入碎片化的境地的危险。第三,"物转向"的文化研究虽然开启了新的研究范式,然而并未跳出再现论的问题域。一些原本由再现理论提出的问题，需要"物转向"的文化研究利用新的理论资源对其做出新的回应。比如巴特勒对性别的研究，她只是从表演性角度重新切入了这个问题，给这个问题以新的解释，而并未否认这个问题本身。这也体现了文化研究领域之中，对关键问题之关注的连续性。"物转向"的文化研究若要迎来新的突破，需要在对文化研究领域的关键问题进行持续关注，并给出新的阐释和解决方案的同时，从新的角度发展新的问题。另外需要注意的是，无论是再现、表征还是物、行动、关系，都是文化研究的议题和对象，而非文化研究本身。文化研究与世界、时代的发展相同步的开放性属性，决定了文化研究的本质在于其永远关注当下并指向未来。无论是再现范式还是"物转向"的文化研究，都是文化研究因应时代需求而调整研究思路的体现，文化研究理应回应每一个召唤文化研究做出改变的"时刻"。文化研究的任务是理解世界正在发生什么，从而改变世界。"物转向"的文化研究与再现范式的文化研究应该构成有益的互补，而非简单的否定。

胡塞尔现象学也关注作为"物转向"的文化研究之对象的"物"，只是关注的方式极为不同。"物转向"的文化研究直接转向物质性的"物"，尊重"物"的能动性，将物与人同等对待。胡塞尔却依据现象学还原的方法，将物质性的"物"进行了严格的排除。现象学还原之前的客观实在包括物质性的物，即自然界，然而胡塞尔认为，"这个物质自然界的实在就始终被排斥在外"[1]，"我们不被允许利用客观世界的现实，它对于我们来说是加了括号的"[2]。胡塞尔通过现象学还原的方法，将一切客观实在与既往的哲学传统一起放入括号之中，搁置起来，存而不论。胡塞尔现象学涉及了物质性的物，但并没有在它上面长久地停留，物质性的物只是胡塞尔现象学通达意识领域的一块跳板，意识才是现象学的真正课题。

---

[1] 埃德蒙德·胡塞尔：《纯粹现象学及其研究领域和方法（弗莱堡就职演讲）》，载《文章与讲演（1911—1921年）》，倪梁康译，北京：商务印书馆，2020年版，第87页。

[2] 埃德蒙德·胡塞尔：《纯粹现象学及其研究领域和方法（弗莱堡就职演讲）》，载《文章与讲演（1911—1921年）》，倪梁康译，北京：商务印书馆，2020年版，第87页。

胡塞尔"回到事物本身"中的"事物",并不是物质性的"物",而是在意识领域中被直观到的观念形态的现象。物质性的"物"在直观中成为意识的对象,以观念形态的现象的形式出现在意识之中。此时的物是观念的物,而非物质性的实体。经过现象学的还原,这个"物"不仅去除了其物质性的外壳,一并去除掉的还有附加在它身上的人类中心主义以及主客二分的文化偏见。胡塞尔现象学要回到的"事物",是去除了文化偏见之后被意识直观到的现象。

相较于"物转向"的文化研究对物质性的物及其能动性的重视,胡塞尔充分重视意识的能力和作用,换言之,他高扬了人的主体地位,肯定了人的意识能力,突出了人的能动性和主动性。胡塞尔"回到事物本身"这一理论思想的缺点也是显而易见的,即过于重视意识,忽视并排除了事物的物质性内容,将事物的物质性作为通向意识领域中的观念性现象的一块垫脚石。在通达了意识领域中的现象之后,这块垫脚石就被踢开了,或者被"搁置"起来,放入了括号之中。其实,"物"的物质性是可以在排除了文化偏见和价值附加之后留存下来的,物的物质性本身也是一种可以与文化偏见相抗衡的力量,正如"物转向"的文化研究所看到的那样。另外,胡塞尔现象学认为可以在"回到事物本身"的过程中通达事物的真理性,意识就是通达事物的真理性的途径。胡塞尔反对传统哲学造成的各种对立模式,批评其最终导致了人与世界的分离。他的现象学旨在破除主客对立,寻找人与世界之间的桥梁,但是最终因为过于强调自我意识而滑入了唯我论的泥潭,使其哲学行动并未能获得预期的效果。相反,"物转向"的文化研究直面物质性的物本身,以最直接的方式回应了胡塞尔现象学的诉求。

总体而言,"物转向"的文化研究反对语言符号的中介霸权,关注"物"的物质性层面,充分尊重物的能动性。胡塞尔给予意识以充分的重视,警惕客观实在对意识领域的入侵,对其进行排除和搁置。胡塞尔要纯化意识领域,"物转向"的文化研究则希望打造一种人与物相伴共舞的欢歌世界。这两种理论虽各有其短长,却都结合其时代语境,给出了各自对时代的诊断,并提出了解决方案。倪梁康谈道:"胡塞尔的现象学在当今哲学界并未像其他一些哲学流派那样成为哲学史研究的客体,而是始终发挥着当下、现时的作用。无论从现象学方法上,还是从它提出的思想来看,它都意味着一种与以'后现代'方式解脱任何规范性束缚的流行做法相抗衡的可能性。"① 这种抗衡实则是一种精神和方法上的相互契合和呼应，是对间在对话的召唤。胡塞尔现象学以其"回到事物本身"的哲学态度和现象学还原的方法，成为后来一切要求去除偏见，摆脱既有规范束缚的理论可供借鉴的思想资源。格罗斯伯格认为，"文化研究的前进方向与世界前进的道路问题是不可分离的"②，对世界的关注是文化研究的使命。为了完成这个使命，文化研究要借鉴一切可供使用的理论资源，并与其展开对话。进而言之，文化研究本身"不得不变成一种对话，甚至是多重的对话"③。作为一种对话，文化研究要为自身及参与对话的各方开启一个文化发生空间，这同时是一个间在对话空间，通过对话来激发文化研究的理论创造力。就胡塞尔"回到事物本身"与"物转向"的文化研究之间的关系而言，"回到事物本身"的哲学态度和精神气质影响了"物转向"的文化研究，为其提供了方法上的指导，并成为其重要的理论资源。新的时代语境下，"物转向"的文化研究能够在与胡塞尔"回到事物本身"的间在对话中汲取理论滋养，激发出新的理论活力。

结　语

"物转向"的文化研究无论在精神气质还是研究方法上，都受到了胡塞尔"回到事物本身"的影响。④ 在精神气质上，胡塞尔现象学"拒绝借助于旧的传统，拒绝借助于以往的理论、前人的学说，而是要求直接、明见、

---

① 倪梁康：《意识的向度：以胡塞尔为轴心的现象学问题研究》，北京：商务印书馆，2019年版，第21页。
② 劳伦斯·格罗斯伯格：《文化研究的未来》，庄鹏涛、王林生、刘林德译，金元浦审校，北京：中国人民大学出版社，2017年版，第298页。
③ 劳伦斯·格罗斯伯格：《文化研究的未来》，庄鹏涛、王林生、刘林德译，金元浦审校，北京：中国人民大学出版社，2017年版，第299页。
④ 王垚指出了物质文化研究与胡塞尔现象学之间的间在对话关系，她认为："物质文化研究无论主张突破主客二元对立，还是倡导物的回归，还是重思人与物的关系，现象学都提供了重要的方法论指导。现象学传统也在物质文化研究这里得以重新发掘和推进。"参见王垚：《物质文化研究方法论》，兰州大学，2017年4月。

原本地把握绝对真理自身"①。以"回到事物本身"为口号，以现象学还原为方法，胡塞尔欲将其现象学熔铸为作为严格科学的哲学。其"回到"精神影响了文化研究对物的"转向"。为了真正回到"事物"，现象学将经验实在和既往哲学传统都予以搁置，放入括号之中，从而"摆脱权威中介，直接面对自己所要达到的目的"②。"物转向"的文化研究直接转向"物"，关注物的物质性层面，重视物的能动性，重新反思人与物之间的关系。在研究方法上，如果将符号再现和话语建构视为一种文化偏见，那么"物转向"的文化研究要求去除语言符号这个权威中介，抵制话语符号的暴力，同样是将符号再现背后隐藏的人类中心主义和主客对立的文化偏见进行了排除。"物转向"的文化研究真正转向物，直接面对物质性的事物本身，从而与真实的世界照面，也可谓具体实践了胡塞尔现象学还原的方法。

胡塞尔希望通过"回到事物本身"来"切中"事物，通达对事物的真理性认识。"物转向"的文化研究希望通过对"物"的物质性层面的强调，抵制语言符号的暴力，重新审视人与物之间的关系。这两者都是通过对偏见的排除来"切近"进而"切中"事物的真理性内容的。"转向"是对"回到"的当下回应。"物转向"的文化研究和胡塞尔的"回到事物本身"之间构成了一种间在对话，开启了一个具有理论生长力的间在对话空间。胡塞尔的"回到"代表了一种追求真理性认识的哲学努力，"物转向"的文化研究以其具体的方法和操作回应了胡塞尔现象学的哲学诉求，是对胡塞尔"回到事物本身"的继承和发展。

---

① 倪梁康：《意识的向度：以胡塞尔为轴心的现象学问题研究》，北京：商务印书馆，2019年版，第20页。
② 倪梁康：《意识的向度：以胡塞尔为轴心的现象学问题研究》，北京：商务印书馆，2019年版，第20页。

流散中的"不系舟"[①]：
斯图亚特·霍尔文化理论背后的"主体"思想

赵华飞[②]

斯图亚特·霍尔（Stuart Hall，1932—2014）是英国著名文化理论家，被誉为"文化研究之父"。盛名之下，霍尔似乎瞬间拉开了与普通民众的距离。但观其毕生志业，其研究视野从未远离大众。因此，与其说关注普罗大众的生存状况是霍尔作为知识精英的使命自觉，毋宁说研究大众与文化，关注生命及表达，构成了霍尔理论的真实底色。粗疏而言，我们可以用"生活"与"鲜活"来简要描述这份底色，前者标示其理论疆域的阔大，后者标示其理论精神的跃动。问题是，他笔下并非五光十色的虚构世界，相反，一眼望去都是令人生畏的大词：政治、种族、身份、文化等，不一而足。如果说这些严肃、宏大的语言符号，不仅没有让人望而却步，反令人见腾跃之势、生共情之感，那即是承认了其理论自有生命。由此令人不禁继续追问：这理论生命来自何处？

[①] "不系舟"出自《庄子·列御寇》，意为自由而无所牵挂。比之于此，霍尔理论中的主体虽保持认同过程的开放性但仍系于现实，并非无所挂碍，此为两者之异。但若稍稍放开庄子文本的语境限制，我们便可看到"舟"之不系特定境遇、但仍以其实在性占据某个具体位置的情形，实与霍尔流动、开放却仍系于现实的主体化观念有共鸣处。故以喻之。

[②] 作者简介：赵华飞，四川大学文学与新闻学院文艺学博士研究生。

一、牙买加往事与自我探索的失败

为了更好地回答以上提问,我们似乎应该对霍尔的人生轨迹进行一番考察。1932 年,霍尔出生于牙买加首都金斯敦一个中产家庭。从出生起,他便惹来了胞姐的嫌弃——小女孩未曾料到,自己弟弟会是一个肤色黝黑的"coolie boy"(穷苦小子)。自此这一称谓便流传成了家族笑话。① 尽管家族内部血统混杂、肤色深浅不均,但霍尔是家中肤色最黑的人之一。直到多年以后,霍尔才对自己的黑人身份进行了某种识别与确认,但正如他在《熟悉的陌生人》中夫子自道地那般:作为肤色最黑的小孩,他感到与家人之间存在着明显的界限。② 而如果将这一界限置放于更大的牙买加殖民社会内部,那么由不同肤色所组成的光谱,以及由该光谱所折射的权力分配体系,其中的复杂与错乱便会让人感到难以招架了。然而即便如此,社会的复杂性却并未减少半分:例如 20 世纪三四十年代,在牙买加中产阶级内部,"黑色"一词是不可说的禁忌。③ 可见,如此紧张的社会氛围对于一个敏感的"黑色"小孩而言很难不产生影响。当然,霍尔不仅敏感,内心也同时有力量。如果说这种力量一开始只是表现为对于父母管教的些许微词因此似乎不太明显的话,那么在目睹父母(尤其是母亲)对于胞姐恋情的横加干涉后,他便决意远离家庭,甚至不再回返。④ 姐姐喜欢上一个黑人青年,母亲却认为这份感情有辱门庭,坚决予以拆散。霍尔同情并共情于这份遭遇,不仅仅因为那是胞姐的人生,他对家庭之外的其他人生苦难也怀有类似的悲悯。情感的敏锐与细心的觉察,让他可以在某个距离之外审视母亲的家庭优越感,审视自身的家庭生活与其他家庭生活之间的区别与

---

① Stuart Hall, *Critical Dialogues in Cultural Studies*, David Morley and Kuan-Hsing chen (eds.), London and New York: Routledge, 1996, p. 487.

② Stuart Hall, Bill Schwarz, *Familiar Stranger: A Life between Two Islands*, Durham and London: Duke University Press, 2017, p. 16.

③ Stuart Hall, Bill Schwarz, *Familiar Stranger: A Life between Two Islands*, Durham and London: Duke University Press, 2017, p. 14.

④ Stuart Hall, *Critical Dialogues in Cultural Studies*, David Morley and Kuan-Hsing chen (eds.), London and New York: Routledge, 1996, p. 491.

联系。这份有距离的审视当然也就为数年后的英国生活与文化批判提供了某种思想准备。但对于少年霍尔而言,这份有距离的审视,毕竟仍处在亲密关系的限度内,处于自身思想尚属萌芽的脆弱状态中,他无可避免地陷入了某种精神困境。而之所以说那是一场精神困境,乃是因为少年霍尔对"自我"问题有十分自觉的关注与理解,他尝试以与家人之间的区别来确立自己。问题是,在一个超越其家庭语境的社会文化中,他依然只能体会到某种无形的控制:一个更加庞大、复杂的"社会家庭"。而在这个"家"里,他连那个在一定意义上作为其"观察对象"的"母亲"是谁都全然不清。相形之下,少年人对于劳苦大众的单纯怜悯显得单薄、无力,无从支撑起由衷炽热的自我建构需求。于是在胞姐情感失败的真相下,当那个"社会家庭"的"母亲"之真实面容终于有所显露时,霍尔发现自己既往的自我认知方式无可奈何地失效了:

> 我一直想在这个令人担忧的不可控世界中找到某种确定性。种族多样性并不是我所求也不是我生来便了若指掌的东西。一时间,所有复杂性与都好像跟"我是谁"这个问题无关了。而殖民体系过于强大,能控制一切。①

当这种自我理解方式遭遇强大冲击而不得不在一个更为彻底的精神地基中得到清理与重建时,霍尔想到了什么呢?——逃避。逃避是对自我同一性的保护,同时也是对远景中某个更强大更稳定的自我状态的让步式承认。霍尔直接用"崩毁"(broke down)一词形容了姐姐受到重创后的情感生活,也用同样的词汇表达了对原生家庭的幻灭与自我探索失败的怅惘。正是在这同一场幻灭中,霍尔做好了去国离乡的心理准备。从表面来看,奋力离乡便可以在经年压抑之后全然脱离家庭掌控。但此去并非出于反抗,更多是为了逃避。② 也正是这份对于痛苦的领会,让霍尔更深刻地理解了人与"文化"间的关系:

---

① Stuart Hall, Bill Schwarz, *Familiar Stranger: A Life between Two Islands*, Durham and London: Duke University Press, 2017, p. 18.
② Stuart Hall, Bill Schwarz, *Familiar Stranger: A Life between Two Islands*, Durham and London: Duke University Press, 2017, p. 490.

我现在之所以说出这个故事,那是因为它在我的个人发展历程中举足轻重。它彻底地粉碎了"个我"与"群我"的区别。我领会到,文化首先是极为主观的,但同时它就是你生活于其内的结构。①

霍尔敏锐地感知到每一个个体此身所系的"自我"在一定意义上意味着什么。"个我"(private self)与"群我"(public self)原本便是血肉相系的共在之物。而容纳这一共在的"关系""体系""结构"便是文化。由此我们发现,在霍尔思想源头处,自我、主体、身份、文化、种族便是密切与并发的理论问题。即便对于它们的理论考察在不同时期呈现出不同的强度,它们彼此之间联系的深刻性、实践性却分明而坚韧。

多年以后,当迈入古稀之年的霍尔再度谈及这段牙买加往事时,他对交谈者说:"渐渐地,我开始明白,和他人一样,我不过就是个西印度黑人,我可以毫不避讳地承认这一点,可以无所顾忌地谈它、写它。真的,直到很多年过去,我才可以真正这么来写我自己。"②——虽然字里行间我们没再看到那段往事,但在这一段披肝沥胆的自陈中,我们分明还能感受到往日痛苦的"余震"。这一份痛苦深深嵌入几位青年的人生轨道,也自然浸入霍尔的理论生命。

二、从文学到文化:霍尔个人的文化转向

霍尔对于"自我"社会性的认识,使其不再满足于将"主体"问题仅仅囿于文学世界内进行考察。文学世界无疑宏大、丰富,各色"主体"借由象征与符号的透镜便可得到鉴照与体认。但虚构主体在文学世界内的遭遇毕竟只是象征性的遭遇,比之于社会经历相对于主体的直接性、切身性,文学世界内符号主体生命经历的"直接性"便显得虚构与不定。准确来说,此处所强调的"不定"与其说是作家的创作水平或其特定的创作技法(如

---

① Stuart Hall, Bill Schwarz, *Familiar Stranger: A Life between Two Islands*, Durham and London: Duke University Press, 2017, p. 490.
② Stuart Hall, *Critical Dialogues in Cultural Studies*, David Morley and Kuan-Hsing chen (eds.), London and New York: Routledge, 1996, p. 491.

意识流等）所致，毋宁说它源自以上两种"直接性"之间的较量。这一较量的核心在于读者社会经历的"直接性"是否会加强其自身对于文学世界内虚构人物经历之"直接性"的认同。这一较量具体到霍尔身上，似可从其留学牛津之初的经历中窥见端倪。

霍尔从小就有成为诗人与作家的梦想，这一渴望即便在其留学之初仍未泯灭。① 初到英伦，他认真学习，也同样热心于参加各种文学活动。不仅阅读英美经典诗歌、小说、新批评理论诸家作品，还和其他来自加勒比的青年一道阅读特立尼达裔作家山姆·赛尔文（Sam Selvon）的小说。霍尔与同伴都感同身受于赛尔文笔下那些流散到英伦的西印度人。无论在作家笔下，还是在现实中，他们都是"孤独的伦敦人"。后来，仿照赛尔文的风格，霍尔将自己在街头偶遇特立尼达青年的经历写成了一篇小说，题为《无名的十字路口》（Crossroads Nowhere）。也正是得益于在人生各个十字路口的彷徨与深思，霍尔对现实的洞见总显出几分先见之明：在未到牛津之前，他便感到前往英国是一趟既熟悉又陌生的旅程。因为对于殖民地人来说，"母国"英伦正以其无处不在的"缺席"构成了殖民地人对于自身身份的确认性条件。而当霍尔即将到达目的地时，车船之外，他感到满目皆是稔熟之景，因为充分的英语文学阅读经验早已为这一场相遇做好了准备。但文学准备并非万全，不仅难以万全，更是泄露了天机：堂皇与破败的现实性并存，冲击着文学记忆里的伦敦。远非如此，霍尔到伦敦之初在市中心看到的一幕令他记忆犹新：

> 接着，某天我突然明白了这个"牢不可穿的英格兰"全然不似常言所道。穿越帕丁顿车站，就在贝斯沃特街区转角不远处，我看见一大群黑人走在伦敦午后的街道上，他们的衣着太过破旧，根本不像是游客……在伦敦市中心看到这些黑人着实令我震惊。我以为那个已经被抛诸身后的困境再一次将我攫住。复杂的家庭背景曾令我不愿意认可自身的阶级地位，与大众的裂隙，也使我无法在自己的家乡获得足够的存在感。而如今，这一困境跨过重洋再一次与我相会了。它令我

---

① Stuart Hall, Bill Schwarz, *Familiar Stranger: A Life between Two Islands*, Durham and London: Duke University Press, 2017, p. 164.

感到，去国离乡这一程其实只是在回到过去。①

文学世界里美丽浪漫的英国古都，源远流长的英伦文学传统，在与现实劈面相逢的具体情境中经受着细密的审视与质疑。那些衣衫褴褛的黑人，作为生活在英格兰的流散者，不曾进入这个英国传统，或者说也正是以其实际的缺位进入了这个他们已在其内却无法获得在其内之感受的传统。但在这个"进入"本身被实际地看见时，"传统"本有、却被一直视若无睹的"裂缝"便显现了。霍尔对于英国的文学想象也正是在事实性的观看与感受中，十分自然地得到了强化，并表现为与他人共情中的创作冲动与表达冲动。比如他如是想象那些黑人的生活：

> 他们别扭地候在售票处，竭力地想要弄明白如何搭乘下一班火车，去到那个同样陌生的地方，以便找到那些先来英国的同乡人。他们脑子里实在想不了别的了，根本别提什么神秘的"浪漫之旅"或什么荒诞的"未知奇遇"，马上找个睡觉的地方，一个容身之所或一份工作才是最紧迫、最实在的事。②

文学想象是不及物的。就像有学者所言，与文化情境相比，文学情境中的困境与问题，只是呈现在那里，它保留了一个米兰·昆德拉所谓的向生活提问的位置，但本身并不需要实际解决。③ 但生活困境不解决，便永远只能是困境。黑人对生活必需品的需求，霍尔对这份需求的关注，都不再允许他继续做文学伊甸园里自得其乐的亚当。

然而即便没有这一场遇见黑人的事件（实际上这场"遇见"或早或迟，必将发生）——因为它似乎来自平静、安宁的校园生活之外，迥异且无关

---

① Stuart Hall, Bill Schwarz, *Familiar Stranger: A Life between Two Islands*, Durham and London: Duke University Press, 2017, pp. 152-3.

② Stuart Hall, Bill Schwarz, *Familiar Stranger: A Life between Two Islands*, Durham and London: Duke University Press, 2017, p. 152.

③ 2020年12月27日，斯文德·埃里克·拉森教授（Svend Erik Larsen）在一场题为《文学境遇与文化境遇》("Literatural and Cultural Encounters"）的讲座中比较分析了文化境遇（cultural encounters）与文学境遇（literatural encounters）的不同。他认为，比之于前者，文学境遇中的具体困难与问题并不需要得到现实的解决，而以其象征性的存在本身为价值。

于千年学府的知识传统——敬谨受教于牛津之余,霍尔对于生活的领会与感悟却无可受限于方寸之地,即便身处清净的学林,他也常以文化上的他者来感受自己的处境。也就是说,那份原本自在的文学想象连同作为其背景的文学传统,扩言之,那看似"牢不可穿"的英国传统,逐渐在霍尔内心遭到无可挽回的抵制。因为霍尔深深地认识到,"我"尽管可以在这样的传统中获得某个观看的位置,却永不可能真正属于这个"传统"。在他最初留学牛津的日常生活中,这一作为"他者"的感受,细密且复杂:

> 在牛津成为"他者",似乎出人意料。我却记得那些下午,当去那家叫"卡迪那"的地下茶屋时,耳中便充斥着那些声音高了八度的喧嚷,其中混杂着刺耳的音调与压抑的牛津元音。里面的人好像在向全世界昭告,似乎他们一己心系之物,理应为天下人所一道忧喜与哀惧。没错。现在我有时候便会想,我讨厌那些声音究竟有几分出于自身的殖民地愁思。那些愁思源自一个非正统的大英殖民地子嗣,他成长在英吉利帝国的阴影下,兀自咀嚼着一份疏远的愁绪,疏远那个原本他所希冀融入母国、成为其真正子民的梦想。牛津,作为一个地方,一个机构,或首要的,一个能指,于我而言,尤其是在等级制社会中,它的中心性象征着一种"万物由我而得其所"的英国式意识。这不仅因为它占据着高等教育体制的巅峰,更是特权制英国阶级社会的精华。而我常常是教室里唯一的黑人,并试图让自己忽略这一点。我不假思虑地和朋友们出入小酒馆与咖啡厅,但这份不假思虑过于明显,却正泄露了自己阶层自信的限度。与此同时,我的身体常常很紧绷。它仿佛时刻都在支撑着自己,以便转换注意力,由以应对那些朝我投射而来的目光,即便它们没有恶意。我知道人们朝我打量,只是肤色差异引发的尴尬所致。但我决意用一种径直朝他们身后看的方式来化解这尴尬。然而,这并不奏效,所以我的意识便一直处于某种表演之中。[①]

在牛津,霍尔发现自己不仅是肤色与众不同的视觉上的"他者",还是被排除在伦敦腔、牛津音之外的听觉上的"他者",更是有别于母国子民的

---

① Stuart Hall, Bill Schwarz, *Familiar Stranger: A Life between Two Islands*, Durham and London: Duke University Press, 2017, pp. 157-8.

殖民地"他者",甚至成为一个以肢体语言为掩饰手段的自我的"他者"。多重"他者"身份在一己身上的发现,一方面让霍尔心生留学英伦只是"回到过去"之叹:但过去毕竟回不去,此生只能一往无前;另一方面也正是在这进一步的发现中,霍尔为自己找到了处身英伦的方式与位置:即接受"自我"的"他者"处境,进而以丰富的"他者"面向使"自我"拥有广阔的限度。但这里的危险在于,这一限度的获得毕竟只是可能,即是说,"自我"对"他者"处境的接受与领会,并不必然导致"他者"对"自我"的丰富。相反,这一接受过程有可能导致"自我"的相对化。而"自我"一旦成为全然相对化的"自我",那么"自我"连同作为其相对意涵的"他者"便同时被相对化,而不得不陷入了德里达所谓"延异"的旋涡。霍尔对于"延异"的威胁了然于胸,回看他对"自我"的考量,我们发现尽管他强调了"自我"的种种"他者"面向,但自我意识对于所有"他者"面向都有"旁观"之明。"旁观"的位置尽管流动,但那个"我"在特定位置的存在确凿无疑。① 虽然他用"我不知道有几分"这样的言辞似乎还原了一个无意识自我的在场,但他并非弗洛伊德信徒,他对于自我意识的地位保持着肯定乐观的态度。可见,他的"自我"是处于关系中、生产中的马克思式"自我"。在激发其"自我"与"他者"之思的种种观察中,他想在两者之间肯定如下事实:"我"外于"你",但"我"在"你"这里,且由于主体性交互的真实发生,两者间的"外"便永远是有限度、相对的"外"。于是,霍尔的"自我"不仅获得了自由伸展的空间,即这种"自我同一性"是一种永远处于发展中的同一性,同时也一并否定了所谓他者绝对性的论调。

当从各种"传统"内部挣脱,获得了某个处于外部而朝内看的位置时,霍尔便为自己开辟出一个自由的空间。这一关注视野的转换似乎将文学移出了霍尔的理论世界,事实上,霍尔只是将作为一种精神性存在的文学体验与领会引入一个更为开阔的境域。从这个意义上来说,他与文学间的关

---

① 霍尔在《旧身份与新身份,旧种族与新种族》("*Old and New Identities, Old and New Ethnicities*") 一文中将这一处于旁观位置的自我意识称作"真我"(true self)。详见 Stuart Hall, *Essential Essays Volume* Ⅱ: *Identity and Diaspora*, David Morley (ed.), Durham: Duke University Press, 2018, p. 64.

系并非愈加疏离，而是愈加自由了。由此，不仅在面对F.R.利维斯与T.S.艾略特等人所构筑与倡言的"伟大传统"时，霍尔能在免除"影响的焦虑"下获得对其进行自由观照与评价的角度，而且即使处于"新左派"内部的文化争论中，他也始终能够利用"局外人"的视线自其内部进行审度。这一份"局外人"的观照，使他逐步脱离了文学传统对己身的限制，也使他在接下来的文化研究中虽崇敬雷蒙·威廉斯、理查德·霍加特所开创的事业，却逐渐不满于前者过于温和、笼统的文化观念，而与后者亲近。霍加特比之于威廉斯，对于工人阶级文化的关注更为细密、集中，阶级立场更为鲜明。此后，霍尔接棒霍加特主持伯明翰大学当代文化研究中心（CCCS），完成了将文学研究向文化领域全面推进的范式转移。

三、霍尔文化理论背后的"主体"思想

霍尔对于"主体"的关注贯穿其理论生涯始终，而主体问题与种族、身份、文化等问题关联深刻。但与其20世纪80年代后集中关注文化身份、流散身份等主体问题不同，我们发现在其理论生涯早期阶段，他对于身份、种族等似乎着墨不多。按照我们此前的分析与观照，霍尔对于主体问题的敏细体认正形成于留学初年。那么由此，他对于主体、身份、种族的关注理应成为其理论早期阶段的重点，但观其理论实践似与诸上分析不符。对此，霍尔进行了澄清：

> 我的一些批评者认为，20世纪70年代以前我对加勒比、黑人文化与黑人政治不太关心。没错，我的确没怎么发表过集中关注加勒比或黑人问题的著作，但它们对于我从20世纪50年代至今的学术探索而言都是必不可少（indispensible）、十富活力（active）的衔接性话题（seam）。翻看之前的论文时，我简直吓了一跳：原来我写过那么多关于加勒比问题的材料，却没有着意发表过，或只在一些非主流的小众杂志上刊登过。我的流散身份取决于是否能在知识分子生涯中保持作为加勒比一分子这一尺度的鲜活。只要加勒比在，我就不会形单影只。不管那些西印度人是去还是留，知识分子的责任感会让我们不断前行，让我们保持鲜活。好比当某一部分牙买加从我内心无可避免地流失时，

一股强烈的逆流也因此在心中开始蒸腾。对此，我依然敬意尤深。①

霍尔就此对20世纪70年代前"失语"于种族、身份等问题的情况进行了说明，并以"必不可少""十富活力"等语汇对加勒比身份与黑人问题（文化与政治）的理论意义进行了描述与评价。这种评价基于其自身的理论评判：这些问题在其理论版图中属于接合性、缝合性的关键位置。循此关键位置，似可通达霍尔理论的江河。本文并不打算冒险将上述位置称作霍尔理论的支点，毕竟这样一个具有起源意义的词汇富有强烈的本质主义倾向。但霍尔自己对于加勒比身份与其作为流散知识分子之间关系的强调在诸上引文中十分醒目。他认为加勒比身份为其理论事业提供了某种"保鲜"功能。对于加勒比身份的体认作为一种自觉的文化意识诚然亦属于生命的自觉，正是这种生命自觉为其理论的鲜活性提供了保障。但分析至此，我们注意到两点疑问：其一，这种理论的鲜活性缘何如此重要？其二，作为文化自觉之根基的个体生命自觉并没有在霍尔处得到清晰的说明，原因何在？

早年的成长经历使霍尔建立了全新的"自我"观念，任何"自我"都不能脱离特定的位置、关系或文化、历史。而诸上要素无一不处于变动之中。因此，"自我"永远是复数的"自我"，"自我"即"诸我"。所谓身份也就一定是复杂、复数的身份。因此，霍尔之所以对个体生命向度避而不谈，首先自然是因为个体生命要以其"类本质"为存在依据；其次对于个体生命经历的强调，将十分容易使霍尔自身的理论从表面上被归入本质主义的藩篱。比如，将其理论仅仅归纳为一个黑人理论家对于一种反"黑人"本质主义的宣扬。如此，霍尔的理论追求便可能滑稽地仅仅因其肤色而重新落入本质主义的圈套。虽然对黑人问题"避而不谈"，或谨慎地说，对其三缄其口，却也正说明了这些问题对于霍尔自身的关键意义。正像引文中霍尔自己的比喻那样，当心中"顺流"波动时，因之而起的"逆流"也就同时具有了生命。因此，1970年以前在其公开的理论著述中"缺位"的黑人问题，正是作为"潜伏"的"逆流"或者没有被看见的冰山而为实际出

---

① Stuart Hall, Bill Schwarz, *Familiar Stranger: A Life between Two Islands*, Durham and London: Duke University Press, 2017, pp. 169-170.

场的理论形态提供了支撑与生命。与此同时，倘若翻检霍尔20世纪60年代的文章和著作，比如《共同市场的政治》（1961），《大众艺术》（1964），《阶级与大众传媒》（1966），《"闲聊"栏目中的世界》（1967），《大众媒体与社会变化》（1969），我们发现其注意力集中在大众媒介与市场领域。霍尔对于大众媒介的关注，显然顺应了媒介研究的风潮，如大洋彼岸的麦克卢汉也正是于1964年发表了此后具有世界影响力的《理解媒介》。但更重要的事实在于霍尔对媒介的关注，乃是对其"当下"世界的呼应。当然，就理论实践与批评之所以产生的一般情形而言，它们的出现自然是为了讨论其之所以产生的现实。从这个意义上来说，若以霍尔与帕蒂·华内尔（Paddy Whannel）合著的《大众艺术》为例，似乎它的价值便仅表现为对大众媒介兴起的事实性观照。但与其将《大众艺术》的出现原因归结为"一种对大众传媒与社会文化关系日益浓深的兴趣"[1]，不如将其看成对于作为"非主流"的"大众艺术"以及作为"少数人"的"大众"的发现。正是在与既往文学研究范式的比对中，《大众艺术》才显示出自身的独特价值：明显占据数量优势的"大众"何以在文学研究中"隐身"进而成为不被关注、面目模糊的"少数人""边缘人"？在文学传统对此境况的默认与不容忽视的新兴媒介现象之间，又如何通过研究大众艺术，让"隐身"的大众"显形"，从而成为非抽象意义的具体"大众"？于是"大众"作为兼具悖论性内涵的研究对象被霍尔与华内尔捕捉到了。而这一捕捉得以完成，与霍尔对于"自我"之非本质性、"身份"之历史建构性的思考无法分割。如上所述，霍尔的思考本身与其具体的生命经验之间有着十分细密的关联。就此而言，说霍尔的理论辉映其生命现实，就不能被看做一般的抽象概括，而有其具体、深刻的现实意义。意即，其理论的鲜活性乃是其生命在理论层面的内在要求与表达。值得反复强调的是，这种表达虽然植根于个体的生命经验，却枝繁于个体与个体、群体与群体之间的交互性语境。此外，霍尔并不满足于对此一复杂语境做经验性分析的威廉斯主义，他力图把握此一语境中并不平衡的权力斗争状态及其成因，并从文化生成的结构性条

---

[1] Stuart Hall, Paddy Whannel, *The Popular Arts*, Durham and London: Duke University Press, 2018, p. 13.

件中要求与展开一种境遇性的身份认同策略,从而突出主体作为复合主体("诸我")的"生产性"意义。

因此我们看到,即便深刻认同于阿尔都塞关于意识形态结构的洞见,霍尔仍然强调解码主体的能动性(《编码/解码》)。即使极力肯定福柯关于权力话语规范主体生产的精湛论述,霍尔仍复阐明个体只有在认同于"主体-位置"时,才能进入历史成为话语主体(《表征》)。但霍尔无意由此放大主体的能力,而是强调主体过程开放于可能性、协商于具体语境。主体之为主体,其与历史接合的复杂过程与结构也使霍尔对此主体位置的表述呈现出某种艰难困境。金惠敏先生对此进行过精确分析:

> 同教会相似,媒介的作用就是整合,而整合则意味着差异、对立或者对抗。鉴此,霍尔在《编码/解码》开篇即将传播过程界定为"一个'控制的复杂结构'"(a "complex structure in dominance")。这是一个协商性所界定的结构,于其中霍尔不可能无限扩大受众的自主权,不能承认受众不受任何约束的解码,这进而也就是不承认受众在本体论意义上的不可通约的单个性存在——在话语或意识形态的层次上,在主体为话语或意识形态所构造的层次上,在寻找社会"共识"或"常识"的层次上,霍尔是暂且不能顾及这一点了。①

在《编码/解码》中霍尔所不能顾及的这一点,即对文化与知识结构中的主体之存在性质的说明,在其他文章中有无补充性解释呢?如无相关解释,也就是说,霍尔如果并未就"主体"问题做出比之于《编码/解码》中更为清晰的理论界定,那么,如上所见,霍尔便没有必要在其自传性的谈话中强调自己作为流散知识分子的身份决定于下述条件:对其自身经验能否持之以恒地加以领会。② 因为在这里,霍尔不仅强调了主体与身份之间的密切关联,更以身说法将"主体"明确到了"自我"的层次。于是现在,我们便有必要对那些有关于此的补充性观点进行梳理,以期更全面地认识其"主体"概念及其存在性质。

---

① 金惠敏:《积极受众论》,北京:中国社会出版社,2010年版,第18页。
② 参见 Stuart Hall, Bill Schwarz, *Familiar Stranger: A Life between Two Islands*, Durham and London: Duke University Press, 2017, pp. 169-170.

不论袭何者之名，诸如自我、受众、大众、个体、群体，其名背后都毋庸置疑地指向主体，而无论是身份、文化还是种族等概念，也都不容分辩地紧系于主体。在霍尔众多关涉主体的理论叙述中，"最小诸我"这一概念并未得到充分的重视与梳理。实际上，"最小诸我"不仅在概念层次上厘清了霍尔理论中的"主体"，而且由该主体概念延伸、贯通至其后期"流散""新种族""文化身份"等重要思想也就实属自然、应然。

《最小诸我》（"Minimal Selves"）一文是霍尔为1986年一场会议而作的发言稿。大会邀请了包括霍米·巴巴、特里·伊格尔顿、杰奎琳·罗斯以及斯图亚特·霍尔等多位来自不同领域的理论家就"真实之我"（the real me）这一议题进行讨论。会议力图以理论家的"自我画像"为线索，展开对后现代、身份、文化等时代话题的深入批评。会议文集《真实之我的身份：后现代主义与对身份的追寻》（Identity: The Real Me: Postmodernism and the Question of Identity）由伦敦当代艺术研究所（London: Institute of Contemporary Arts）与维索出版社（London: Verso）于1987年联合出版。

首先我们应当（且十分有理由）予以关注的是，从大会议题"真实之我"（the real me）到"最小诸我"（minimal selves）之间到底发生了什么？霍尔在演讲中轻描淡写地以独断的陈述直接认可了这一变化："大会给了我发言主题：'最小个我'（'a minimal self'）"①，但他并没有给出自己改变议题的原因所在。而且，从"真实之我"到"最小个我"，主体的限制性条件在语意层次上已经发生明显变化：前者显然强调对于"自我"的画像与剖白，突出从价值层面对主体进行表现；而后者似乎不仅强调将目光锁定在单一主体的存在形态上，还对该形态进行了"最小"的价值限定。于是，通过转换主体的限定性条件，霍尔不仅默认"最小个我"（a minimal self）具有"真实之我"（the real me）的价值内涵，并且对该主体（个我）的存在形态进行了价值判断。不只如此，在随后的叙述中，"最小个我"又被进一步转换为"最小诸我"（minimal selves）。按前述分析，"个我""自我"

---

① ICA Documents 6, *Identity: The Real Me: Postmodernism and the Question of Identity*, Lisa Appignanesi (ed.), London: Institute of Contemporary Arts, London: Verso, 1987, p. 44.

以其类本质的存在性质而言，皆无可实现为独立存在的主体，也就是说，"个我"即"诸我"。由此，短语中的"最小"作为限定性条件，其所指涉的"诸我"虽可能仍然只在指涉单一主体，但此作为单一主体的"诸我"破除了以下嫌疑：即此单一主体不可能独立存在为主体。正是通过单、复数的变化实践，霍尔有意与会议的原始议题拉开距离。他以"最小"承认了单一主体在生存论意义上的存在形态，但强调这一存在形态的存在性质并不具有独立性。相反，能以单一形态存在本身恰恰取决于此主体的非独立之存在性质。需要强调的是，主体的非独立性并不仅仅体现为一种存在论意义上的本质属性，在霍尔看来，它更体现为一种主体接合于具体历史的现实需求。我们可以通过霍尔对接合、意识形态与主体之间关系的描述来对上述判断进行审视：

> 关于"接合"，它是一个有关意识形态如何去发现其主体的理论，而不是主体认为意识形态内有什么必然思想的理论。它使我们思考如下问题：意识形态如何赋予人们以权力，如何使人们明了其处于何种历史境况，而不是仅仅将这种对其历史境况的了解简化为一种对自身社会经济地位或阶层、位置的判断。①

这里，霍尔明确表明了他对人们关于"接合"之误读与简化的反感，但其中关于接合理论是"一个有关意识形态如何去发现其主体"的判断则会引发这样的误解：人们将会相信霍尔的"接合"不过是在延续福柯的"话语"。在一定程度上，这样的误解并非误解，因为在福柯看来，"话语"对于人们的"惩罚"，确实创造了"受到规训"的主体。而"接合"作为一种意识形态，它与人之间的关系显然处在"规训"与"惩罚"的模式之中。但也正因如此，世界在福柯看来，就整个儿地处于"话语"之笼中而不得解脱了。这一点是霍尔所不接受的，在他看来，话语的权力虽然不容置疑，却并不绝对。因此，与其说引文的暗喻应和的是福柯之话语，不如认为它实则强调了主体在具体历史境况中对于自身的发现。在此暗喻中，主体借助对其自身与其所在意识形态间关系的深入洞察，才在对具体历史

---

① Stuart Hall, *Critical Dialogues in Cultural Studies*, David Morley and Kuan-Hsing chen (eds.), London and New York: Routledge, 1996, p. 142.

现实的"明了"中成为新的主体。此一"成为"过程,乃是主体在特定历史境遇中的身份化。这一开放的身份化过程即"接合"。① 主体通过接合而表征为特定身份,也就实际地介入了现实,成为历史文化实践的必要环节,由此区别于一个纯粹概念化的主体。基于此,"最小诸我"的现实与政治意义才能实现。简要言之,"最小诸我"在存在形态上指向单一主体,但在存在性质上意指一种复合的、现实的、"接合性"的主体。因此,乃以单一形态存在的具有接合于历史现实性的复合主体,是为"最小诸我"。

其次我们应当注意,"最小诸我"是霍尔谈及"流散"(diaspora)时所提出的概念。"流散"在很长一段时间内都特指犹太民族在世界各地的流离失所状况,后来霍尔借之形容英国加勒比黑人社群的生存状态。这一背景之所以重要,原因如前所述:其理论活力根植并超越于霍尔自身的流散经历,而指向主体与一个普遍流散的后现代世界间的张力结构。在《最小诸我》开篇,霍尔声称自己因其流散身份而占据了时代的中心,因为时代也正是流散的时代。霍尔认为对于流散者而言,这不啻"带有报复意味的'归乡'"②,因为他认为"移民是趟单程的迁徙。一旦启程,便无家可归,从来如此"③。也正是在这个意义上,在流散时代的流散者身份认同这种精神性"归乡",才有了对"无家可归"的"报复性"体验。但这一"报复性"体验本身为"流散"提供了超越空间意义的心理向度,从而扩大了后现代世界的"流散"之现实内涵。即是说,"流散"同样是一种内心状况,并不必然与实际的空间迁徙直接相关。正因如此,霍尔才感同身受地宣告:

---

① 霍尔关于身份化/身份认同乃是接合过程的直接论述,可参考 Questions of Cultural Identity, Stuart hall, Paul Du Gay (eds.), London: Sage, 1996, p. 3.
② ICA Documents 6, Identity: The Real Me: Postmodernism and the Question of Identity, Lisa Appignanesi (ed.), London: Institute of Contemporary Arts, London: Verso, 1987, p. 44.
③ ICA Documents 6, Identity: The Real Me: Postmodernism and the Question of Identity, Lisa Appignanesi (ed.), London: Institute of Contemporary Arts, London: Verso, 1987, p. 44.

"当下,在一个后现代世界,你们都感到漂泊流离,我却感到中心牢靠。"①但这种对于"流散"之心理向度的强调,只意在突出"流散"的具体性、现实性、普遍性,并非要令人产生如下印象,即霍尔流散理论中的主体仿佛是一种心理学主体。因为这种主体并不满足于仅仅展开某种内心状况的分析与觉知,而强调作为流散者对于自身处于何种流散境况,又如何在与现实碰撞中拥有了何种身份的深刻洞见。此一"漂泊不定"的身份化、认同化过程,对于霍尔而言乃是一种现实存在:

> 如今,身份的逻辑无论是在政治话语、理论话语还是概念话语这一全套体系中都显得非常重要。我对此感兴趣,乃是因为它是一种现实存在。因为我认为身份话语的逻辑对于我们的自我概念建构极为重要。它包含了真我的内涵,某些真我存于其中,隐身于我们那些向世界显露的"非真"之我的外壳中。它是自我真实性的保障。直到我们真正进入内心,听到真我之言语,我们才能知道我们真正在说些什么。②

如霍尔所述,身份认同作为主体化过程乃受到身份话语的形塑,但"真我"(主体)并不因此而失去"建构"能力。相反,它始终是一个多重"自我"竞争于其间的场域,因为"'身份'从其最初产生时便是一种编造。远在我对其产生理论认知之前,'身份'便形成于某个不确定的时刻——在那时,'不可言之于口'的主体性故事与历史叙述或某一文化不期而会。由于他(她)处身于丧失了自主性的文化叙述中,作为被殖民主体,他(她)便一直流落在别处:他们被双重边缘化了,被从其所来自的地方替换,被从其所能被言说之处取代"③。虽然在这里霍尔描述的是处于流散中的殖民

---

① ICA Documents 6, *Identity:The Real Me:Postmodernism and the Question of Identity*, Lisa Appignanesi (ed.), London:Institute of Contemporary Arts, London:Verso, 1987, p. 44.
② Stuart Hall, *Essential Essays Volume II:Identity and Diaspora*, David Morley (ed.), Durham:Duke University Press, 2018, p. 64.
③ ICA Documents 6, *Identity:The Real Me:Postmodernism and the Question of Identity*, Lisa Appignanesi (ed.), London:Institute of Contemporary Arts, London:Verso, 1987, p. 44.

主体，但由于每一主体都不过只是某一"主体性故事与历史叙述或某一文化不期而会"，其中的"替换"与"取代"并无止处，由此，世界上每一主体、每一身份莫不处于流散之中。但流散并不意味着全然地随波逐流。霍尔始终强调主体对于自身历史现实性的觉知，进而与开放的可能性接合。这一强调不仅使霍尔式主体驱散了仅仅作为心理学主体或传统认识论主体的阴霾，更让主体通过对现实的领会与实践，获得某种超越"话语"权力的可能。于是，这样的"最小诸我"以其小、以其微而容于大、容于众，而有望为一叶容于无限潮涌中、能与百舸共竞的不系舟。

最小诸我[1]（Minimal Selves）

斯图亚特·霍尔[2]撰

赵华飞[3]译

以下只是一些不足为训的想法。

谈到个人的身份意识，我发现它总是基于我自身的移民身份，这一点与在座各位都不相同。大会令人饶有兴味的一点便是让我发现自己居然由此处在了中心的位置上！当下，在一个后现代世界，你们都感到漂泊流离，我却感到中心牢靠。在此似乎有点悖谬的原因在于：那些流散的、碎片化的东西正是现代体验的典型状况。这（对移民而言）简直就是带有复仇意味的"回乡"嘛！因此，我对眼下状况还是相当满意的。欢迎各位来到移民时代！也正是它让我明白了过去三年来一直感到困惑的某些身份问题。

近来，伦敦年轻黑人的生活状况令我困惑不解：他们身陷被排斥的边缘地带，处身于破碎而不自由的、恶劣的流散境况下。但与此同时，他们又好像拥有自己脚下的土地。由此，他们和我一样，具足而充分地占据了

---

[1] 该文原是斯图亚特·霍尔为1986年的一场会议而作的发言稿。大会以"真实的我"（the real me）为主题邀约了包括霍米·巴巴、特里·伊格尔顿、斯图亚特·霍尔等11名学者相与座谈。会议文集《真实之我的身份：后现代主义与对身份的追寻》（*Identity*: *The Real Me*: *Postmodernism and the Question of Identity*）由伦敦当代艺术研究所（London：Institute of Contemporary Arts）与维索出版社（Verso）于1987年联合出版。——译者注。

[2] 作者简介：斯图亚特·霍尔（Stuart Hall，1932—2014），英国开放大学教授，著名文化理论学者。

[3] 译者简介：赵华飞，四川大学文学与新闻学院文艺学博士研究生。

中心位置，尽管没有太多物质保障——这一点真确无疑——尽管如此，他们还是以占据某种新空间的方式占据了中心。我在下述问题上盘桓至今：在这个移民时代里，黑人们对自身身份之发现与再发现的漫长经历到底意味着什么？这一经历为何让他们如此信誓旦旦地宣称拥有脚下那片本不属于他们的土地？确实，我敢说，一种嫉妒的情绪正环绕着他们。对于英国人而言这种嫉妒有点滑稽：此时此刻，他们恰恰正想成为黑人！我感到在座也有人想悄悄拥有这一边缘身份。对此，我同样十分欢迎！

现在问题是：这种对于边缘性的聚焦当真是后现代的典型体验吗？大会给了我发言主题："最小自我"①（a minimal self）。我知道那些构成了"最小自我"的理论话语都是些什么。然而在我看来，后现代理论对此并没有说出任何新内容，却显示出"身份"之赖以被识别处。正是在这个意义上，我想重述这份普遍情绪，它正被越来越多的人感同身受。即是说，在某种意义上大众在其自身中感到了一种"新生的流散"情绪（recently migrated）——如果可以，我想用这一自造的表达对之进行描述。

对于每一位移民而言，通常会被问到的两个问题是："你为什么来"以及"你什么时候回去"。如果不被提问，那么移民们是不知道如何回答第二个问题的。也正由于被问及此，他（她）才深深地知道，永远回不去了。移民是趟单程的迁徙。一旦启程，便无家可归，从来如此。但同时，"你为什么来"也是一个非常有趣的问题，以至于我同样无法找到一个合适的回答予以应对。我知道很多人可能会给出这样的回答："为了更好的教育条件""为了小孩""为了更好的生活和机遇""增长见识"，诸如此类。（对我而言）真实的情况是，我之所以来，是因为我的家不在这里。我来，是因为可以远离我的母亲。世事往往如此，不是吗？某个地方，不过是一个人努力从另一处离开后所到的地方。这也正是我无以告人的亲身经历。因此，我只得搜寻其他故事，其他虚构，这些故事应是可信的，至少是可被接受的。它们被我用以替代那些真实的宏大叙事：对家长制家庭生活的无尽逃遁。"我"之所是——那个"真正"的我——便形成于与之相关的一系

---

① 大会给定的主题为"真实的我"（the real me），霍尔将其转述为"最小自我"（a minimal self）。——译者注

列其他叙事之中。我意识到，"身份"从其最初产生时便是一种编造。远在我对其产生理论认知之前，"身份"便形成于某个不确定的时刻——在那时，"不可言之于口"的主体性故事与历史叙述或某一文化不期而会。由于他（她）处身于丧失了自主性的文化叙述中，作为被殖民主体，他（她）便一直流落在别处：他们被双重边缘化了，被从其所来的地方替换，被从其所能被言说之处取代。

我刚才说我移居是为了躲避家庭，这并不是个笑话，因为事实确实如此。问题是，正像有人发现的那样：某人的家庭总是已经万事俱备的"在此处"的家庭，即是说，一个人显然无法真正离开家庭。当然，或早或迟，记忆会衰竭，生命会枯萎。但这些就该问题而言无足轻重。我希望家庭始终都在那儿，如此，我便无需背负它，或将它锁在头脑里，头脑里可没有移民这回事。因此首先，正是基于与家庭的关联，以及与所有其他象征性的"他者"的关联，我才全然肯定地意识到"自我"恰恰是由那些"缺位的在场"与其他方面、与那些或隐或现的"真我"的竞争才得以构成。

假如你像我一样，生活在牙买加的一个中下层中产家庭。这个家庭不仅汲汲于化身为一个牙买加中产家庭，更营营于变化成一个牙买加中上层家庭，甚至希求变换作一个英国维多利亚式家庭。我想说的是，作为阶层更替内涵的"身份"变化，是诸位习以为常的观念，它远在诸位识文断字之前便被接受。所谓容受差异，各安其居。我还记得，20 世纪 60 年代初期，也就是第一次英国移民潮过后，当我回到牙买加时，我母亲跟我说："希望他们不会也把你当成个移民看！"理所应当，正是在那个瞬间，我终于认清了自己的移民身份。忽然之间，与移民有关的叙述，一个之前未曾被自己注意到的"真实的我"映入了眼帘。我回答母亲道："当然，我确实是个移民啊。那您觉得我是什么？"母亲便以其典型的牙买加中产阶级口吻说道："好吧，我希望那边的人能把所有移民都从小码头上赶下去。"（移民们自此之后一直被赶）

问题是，就在那一瞬间，当其中一个"真实的我"将自己确认为"移民"时，另一个"真实的我"也同时确认了另一件事："我"再也不是个移民了。因为，所有情况都不再牢靠。于是，我从长久的、重要的政治教育经历中发现了一个事实：我是一个黑人。历经种种差异境况，将自己建构为"黑人"乃是对自身的另一发现。任何明确的、肯定的极端化与绝对化界定都是对人们努力建构自身的逆反。通常，我们总是低估人们建构自身能力的重要性，内在地说，这一点对黑人尤其如此。这一被低估的重要性与迄今为止在全球各地发生的某些残酷的政治事件密切相关。对身份的确定一直以来被设想为轻而易举之事：不过就是认识而已。它仿佛是不可决断中浑然冒出的决断性信念，或一个守候在他处的必然"来临"，仿佛最后，人们终将遇见——那个"真实的我"！

事实上，无论就其精神方面还是就其文化或政治方面而言，"黑人"从来就不是现成的，它从来不确定。"黑人"也同样是一种叙述，一种历史言说，是被建构、流传、交谈的产物，不是轻易就能找到的对象。在我所来的那个地方，人们现在正用全然无法细分的方式谈论社会。人们会说，它毫无疑问是一个黑人社会嘛！但就事实而言，它是一个黑色人种与棕色人种混居了三四百年而从来没想过要把自己说成是"黑人"社会的社会。"黑人"作为身份是需要学习的，并且只能在某些时刻才能习得。在牙买加，那一时刻是20世纪70年代。所以，如果说"身份"只是简单的——请允许我用这个比喻——黑白问题，那么，这一经验从没在黑人身上发生过。至少，对于流散中的黑人来说如此。流散是"想象的共同体"——但它们也同样真实，因为它们同样属于象征领域。否则，主体性与文化间关于"身份"的交谈还能在哪里展开？

尽管充满了碎片性与流动性（displacement），"自我"仍实然地内嵌于真实的历史中。但与会诸位至今又接续存纳了什么样的"真正历史"呢？眼下的新状况到底有多新呢？似乎可以肯定的是，越来越多的人已经体认到自身在各类叙述中的不稳定地位。但这种流散性、不稳定的叙述本身有其确实的存在状况，在当代世界中有其真实的历史发生，而不仅仅是一种绝对精神性的叙述，或仅仅只是思想的旅行。这种感受有什么特殊的重要意义？难道仅仅是对20世纪末总体上的碎片化之某种体认？

说"自我"在一定意义上总是虚构的，似乎没错。此一限定就像被用以创造集体身份——如民族、种族、家庭、性向等——的各类限定（closures）那样不由分说。政治行动的形式，不管是运动、党派还是阶级，这些称谓也一样显得勉强（temporary）、偏颇与专断。我认为如果一个人能够认清"身份"是在差异中建构起来的,能够接受这差异并在差异化的政治环境内生活,将会是一个巨大的进步。但这种关涉世界的身份虚构与叙述,难道不需要将其反面——那种专断的限定因素,当做必要条件加以接受吗?如果去除这种专断的限定,世界上的"行动"或者"身份"还有可能吗?舍此,一个人还怎么断定一句话是说完了还是没完?语言的延伸无穷无尽,其意指也永无尽头,这些都是不用明说的事实。但如果要确确实实地说出某个特定事物来,那么你必须停止继续说下去。当然,一个再充分的停止都只是权宜之计,因为登场的下一句便有可能轻松抹除上一句的语言效力。所以这个"语言的停止"意图何在?它标示出语言的界限,标示出想法,它说:"我要说一些事情,确定的事情……就在此时此刻。"它当然不是永远的界限,也不意味着完全正确,它未曾受到任何给予无限正确之保证的支持。但就在此时此刻,在某种话语情境下,我们把这种未完待续的限定叫做"自我""社会""政治"等。一个充分的停止。很好。确实,但就像有人说的那样,根本不存在什么充分的停止。以政治为例,如果缺乏权力对语言的介入,那么意识形态的切分、定位、越界与破裂将无从谈起。倘若缺乏语言的限定与停止,我将不再能够理解政治言行。我甚至不知道它们何所由、何所凭。所有力图进行社会改革并召唤全新主体性的社会运动都必须接受必要的虚构,也必须同时容纳虚构的必要性。这种虚构的必要性虽然指向一种专断的语言限定,但并不指向永久的语言封锁,而是要使政治与身份得以成立。

现在,我全然认识到,这种对于差异的认知以及在绝对同一意义上的身份概念之不可能,将切实扭转我们关于政治之所是的看法。它彻底改变了政治保障的本质。百分百的保证不再可能。但当政治无限地向前迈进而又同时扭头旁顾时,此举必然十分危险。你会掉进坑里去的。那么,一边保持着对于"现代自我"必要的虚构性本质之认知,一边赞成在想象的共同体内维持必需的语言限定,由此确保"诸我"之普遍生成,以上述这种对自省性话语进行确认的方式来建构一种政治形式,是否可能?

对"身份"之新概念的瞩目要求一种对政治形式的再定义。这种政治形式将是差异政治、自反性政治、兼具开放性与实践性之政治的结果。而那种无限延异的政治终将成为无果的政治。人们将从最好的可能动机中进入这样的政治形式（举例来说，从最高的抽象智慧中进入）。所以，人们需要评判那些后现代绝对主义者所推崇的话语之后果。眼下对我而言，对新政治身份的本质进行想象似已变得可能，它绝非建基于绝对自我与完整自我的内涵之上，也绝无可能会从自我的封闭性叙述中发源。这样的政治形态并不主张一切事物都应有其"必要、关键的对应物"（necessary or essential correspondence），它主张表接的政治（a politics of articulation），即作为领导权项目的政治（politics as hegemonic project）。

我同样认为，其他形式的身份问题也非常重要。他们虽然在我的关注范围之外，但我仍然与他们保持着某种联系，展开着某种对话。他们为抵抗后现代唯我论倾向做出了努力。进而，我应试着去对这一努力进行回应。所有这一切正在建构着，没错，一种政治，在通常的意义上来说，这是一种作为差异共同体的政治。我想，这是一种全新概念的政治，植根于全新的自我以及身份概念。但同时我也理论地、理智地认为，它要求我们不仅要开始去说那些流散的、变化的语言，也同时要去说另一种语言。这种语言，可以这么说吧，它是一种可能的限定，一种接合式的语言。

你们应该明白，我并不认为目前我们对于身份的定义又被拉回到了"最小自我"（the minimal self）阶段。没错，那些将"自我"建构为自足实体的宏大叙事必不长久。然而事实上，你们势必了解，最小诸我并不是指诸我各自阔步昂首而彼此毫不相干。想一想民族与民族主义的问题吧，人们将会明白：在一定程度上，那个作为自我之接合的某种极端程度或范围的东西，正是所谓民族主义。我想这样的思考方式十分重要，有些人（我想尤其是那些被殖民的主体）现在已经以这种方式开始对种族的全新概念有所领会，并将其视做某种对旧有的民族主义话语或民族身份话语的抵抗力量。

现在，人们知道族性（Ethnicity）与民族或民族主义之间存在一些危险的重叠。尽管如此，它们并不完全相同。族性可以成为那种最为危险、落后的民族主义或民族身份的构成元素。但在我们的时代，在一个想象的共同体内，族性也开始具有了新的内涵，并为"身份"建构提供了新的空间。它强调差异，强调每一种"身份"都是在特定文化、语言与历史中被形塑与养成的。每一个关于"身份"的陈述，都来自特定的他处、他者；它强调"身份"接合的历史具体性。必要的"接合"（armour-plated）并不意味对于其他"身份"的排斥或抗拒，而是挑战所有固定、永久、不可变动的模式，并非全然排除异己。

我不想将新族性表现为一种温和的、完美的共同体。就像所有关涉"身份"的其他领域一样，它也内在地包含着权力的尺度。但它毕竟不是那种旧式的民族主义，后者由极端化的权力、暴力、攻击性与煽动性（mobilization）所组成。而借由新"民族主义"向"新族性"的缓慢过渡，其中的冲突连同过渡本身不仅为新"身份"的构成提供资源，也将成为"新政治"的组成部分。这一过程也同样是"西方没落"的表现。这一历史相对论视野中的巨大进程目前正在展开，至少已经让英国人感到了轻微的"边缘化"。

"游牧"视野下的身份观念：从认同到生成

郝徐姜①

加拿大思想家、理论家马歇尔·麦克卢汉（Marshall McLuhan）在20世纪颇具前瞻性地提出，我们这个地球只不过是一个小小的村落。如今，他所预言的"地球村"（Global Village）已经成为现实。交通的便利化和媒介技术的发展改变了人对时空的感知，也重新塑造了人们的存在方式。以本文所拟探讨的身份为例，人员流动的日趋频繁和文化形态的多样化使其已不再是只困扰少数移民的焦虑，而与每一个人息息相关。可以看到，在这一大趋势的影响下，身份研究日渐成为显学，它置身于跨学科的语境下，在科际融合与碰撞中迸发出巨大的理论活力，拥有广阔的研究空间。

文学研究的身份话语始终处于不断更新过程中，霍米·巴巴（Homi K. Bhabha）提出了混杂性身份理论，斯皮瓦克（Gayatri C. Spivak）倡导"策略性本质论"②的身份立场，萨义德（Edward W. Said）深入分析了知识分子身份认同的特殊性，茱蒂丝·巴特勒（Judith Batler）认为身份是一种表演，德里达（Jacques Derrida）主张变动不息的身份认同……这些身份话语力图改变身份僵化的分界线，在身份场域内消解逻各斯中心主义，实现身

---

① 作者简介：郝徐姜，文学硕士，太原工业学院图书馆助理馆员，研究方向为身份理论与文化批评。

② 斯皮瓦克认同身份的去本质化，但反对解构派虚无主义的身份立场，认为在现实的文化政治运动和社会批判活动中，身份需要一个权宜的、出于论争需要的对某一身份的定义，为话语政治提供落脚点和发展的契机。参见 Spivak, *The Postcolonial Critic: Interviews, Strategies, Dialogues*, New York and London: Routledge, 1990, p. 51.

份的越界,但它们依然无法逃离身份认同观念的框架。在全球化的时代状况下,仅仅停留于对身份认同的补充已经无法涵盖现代人多元化的身份选择,而需要身份认同的再阐释和身份话语的更新与创造。安东尼·吉登斯(Anthony Giddens)所提出的晚期现代性下的"脱域机制"(disembedding merchanism)① 使各种文化、知识、观念脱离了具体的时空,成为抽象的系统,个体的自我认同也逐渐脱离对具体某种地域文化的依赖,而更多地依靠各种抽象体系的选择与想象。② 个人身份的建构获得了前所未有的自由,它超越了身份认同的同一性逻辑,走向了绝对差异。

法国哲学家吉尔·德勒兹(Gilles Deleuze)的游牧思想肯定差异性,强调流变性,主张多元性,与当代身份话语发展趋势相契合,以游牧思想阐释身份观念为处在身份困境中的现代人提供了一条新的身份路径。

一、德勒兹游牧思想与身份话语

吉尔·德勒兹是20世纪法国著名哲学家,同时也是哲学中的叛逆者。他通过对一些著名哲学著作的解读和重述,实现了从正统哲学史的"逃逸"。德勒兹反对黑格尔的辩证法,反对笛卡尔先验的"我思",认为西方哲学已困于自己塑造的科层化树状模式,其一脉相承的方法和体系束缚了思想的发展。德勒兹从批判西方哲学模式出发,对包括文学、政治、科学等领域中一切中心化的企图都发起了暴风骤雨式的攻击。概括德勒兹的哲学思想是困难的,他认为哲学不是探讨真理的学问,而是一个自我指涉的过程,哲学就是创造概念,并反对为自己的哲学概念下定义,而以多维度的描述代替单一的解释和界定,避开任何中心化的陷阱。正因如此,德勒

---

① 安东尼·吉登斯认为"脱域"是晚期现代性社会的一大特点,它指社会关系从地方性场景中脱离。脱域依赖于现代"脱域机制",即符号标志和专家系统。符号标志最典型的代表是货币,它使得以在不同场景自由交换,专家系统使知识独立于利用他们的具体当事人。参见 Anthony Giddens, *Modernity and Self-Identity: Self and Society in the Late Modern*, Stanford University Press, 1991.

② 参见 Anthony Giddens, *Modernity and Self-Identity: Self and Society in the Late Modern*, Stanford University Press, 1991, p. 19.

兹所创造的哲学概念才拥有了无穷生命力，具有多重解读的可能性，为身份话语的发展留下空间。

如果一定要为德勒兹的思想做出一个概括，那就是"游牧"（Nomadologie），他如千高原①上流浪的游牧民，不定居，不停留，不设立任何边界，亦不局限于任何目标。以"游牧"概括德勒兹的思想特性已在学界达成了一定的共识。德勒兹的游牧思想以其差异性、多样性、流变性、外在性、反基础、反本质、反真理、反系统、反主客对立、反宏大叙事的块茎式思维方式与传统哲学相对峙，致力于从理性主义、逻各斯中心主义中"逃逸"出去。尤金·W. 霍兰德（Eugene W. Holland）认为，一般意义上的思想是以一定的方法为基础的，而游牧思想却没有方法、没有自己的思维图式，从而无从界定："在其进程中的每一个点上，它都必须根据对这一时刻的外部运转之力所做的即刻的评估，当场选出一个前进的方向。"②游牧思想不被某种形式收纳，它涵盖了哲学、社会、政治、科学等多个维度，掀起一场反传统的思想革命。福柯曾预言 20 世纪是"德勒兹的世纪"③，强调其致力于创造新的思维空间、生成新事物的思想力量。德勒兹的思想旨趣与当今的全球化时代背景相契合，迸发出强大的生命力。

德勒兹真正的哲学之路是从对"差异"（difference）的关注开始的，他提出差异是与自身相关的差异，而非作为辩证法的同一的对立面、外在于事物的差异。德勒兹认为差异与重复共存，他在《感觉的逻辑》（*Francis Bacon-Logique De La Sensation*, 1981）中区分了两种重复（repetition）形式：一类是"柏拉图式"重复，这种重复植根于一个纯粹的原型模式，所有差异都是这一模式的摹本，仅仅是那些与自身相像的事物之间才有差异，差

---

① "千高原"既是德勒兹与瓜塔里所著的《千高原：资本主义与精神分裂症（卷2）》的标题，又指该书中呈现的独特的写作方式和阅读方式。它并不按照章节划分，而是由可以按照任意次序阅读的"高原"构成，这些"高原"连绵不绝，没有固定的分割线，其中融汇了不同学科、不同领域的内容。本文以"千高原"指代德勒兹的思想场域。

② Eugene W. Holland, *Deleuze and Guattari's 'A Thousand Plateaus': A Reader's Guide*, London: Bloomsbury Academic, 2013, p. 50.

③ Michel Foucault, "Theatrum Philosophicum", in *Dits et ecrits 1. 1954 - 1975*, Paris: Gallimard, 2001, p. 945.

异由相似产生;另一类是"尼采式"重复,它没有原始的范式,而是把事物看做"本质差异"的存在,每样事物都是独一无二的,相似由差异产生。① 德勒兹对内在差异的关注契合了当代的身份语境。身份政治是一种"差异政治"(politics of difference)②,是对少数的尊重和承认,女性、少数族裔、同性恋的边缘地位是主流思想中同一对差异的压制导致的。现代"身份认同"模式远非理想,斯图亚特·霍尔(Stuart Hall)认为身份认同不应湮没差异,"像所有重要的实践一样,身份认同是'运动的''异延的'"③。而在现实中,可以看到身份认同的边界往往是僵化的,身份认同的形成"需要承担大量零碎无章的推论工作、象征符号的边界束缚的标记以及'边界效果'的产生。它要求被遗留在外界的东西即它的本质外界去加固该过程"④。身份边界的建构是身份认同的前提,但边界无形中巩固同一性、维护主流阶级,并压制差异、排斥少数。只有打破差异与同一之间的二元对立,将差异从同一的对立面解放出来,成为德勒兹所谓的本质差异的存在,传统的身份观念才会受到质疑,被主流压制的少数才能发出声音。

"生成"(becoming)是德勒兹思想中的另一个重要概念,帕尔(Adrian Parr)认为"差异"和"生成"是德勒兹思想的两大核心要旨,"在德勒兹的本体论挑战中,这两个概念是基石,能够疗救德勒兹认为的西方传统的弊病,即对存在状态和同一性的偏执"⑤。"生成"是事物内在性差异的持续生产,事物就在不断"辖域化—解辖域化—再辖域化"(territorialisation-

---

① 参见 Gilles Deleuze, *Francis Bacon: The Logic of Sensation*, Trans. Daniel W. Smith, New York: Continuum International Publishing Group, 2003, p. 58.
② "差异政治"是西方20世纪60年代以来在后现代思潮影响下出现的政治主张,它反对启蒙理性那样的普遍政治,主张政治价值向度的多元化和多维化,尊重少数群体的权利。罗尔斯、查尔斯·泰勒、L.帕依的政治思想都具有"差异政治"色彩。
③ Stuart Hall, "Who needs identity?", in *Questions of Cultural Identity*, London: SAGE Publications, 2010, p. 3.
④ Stuart Hall, "Who needs identity?", in *Questions of Cultural Identity*, London: SAGE Publications, 2010, p. 3.
⑤ Adrian Parr, *The Deleuze Dictionary*, Edinburgh: Edinburgh University Press, 2005, p. 21.

deterritorialization-reterritorialisation)① 的过程重复中生产差异。生成并非从一物向另一物、一种状态向另一种状态的转变，而是向自身以外的异质性因素敞开自身并建立关系，生成"新我"的过程。德勒兹反对传统的主体观念，认为人并非稳定的、先验的、确定的、封闭的存在，而是处在不断生成的过程中。② 生成概念旨在消除西方人对同一性的偏执，那么建立在同一性基础之上的身份认同观念自然就成了德勒兹攻击的目标。身份认同即身份辖域的固定化和封闭化，这种观念总是力图压制人的生成，压制差异，使个人削足适履地套用一种既定的身份标准，就像德勒兹一贯反对的精神分析法，用家庭的三角模式解释社会上变化万千的精神现象，这无异于一种思维暴政。身份认同的反面不是反对某种认同，而是解构认同观，挑战同一性的绝对优势地位，在同一的霸权下释放差异。德勒兹倡导"生成女人"（becoming-woman）、"生成少数"（becoming-minoritarian）、"生成动物"（becoming-animal）、"生成不可感知"（becoming-imperceptible）。从身份的视角来看，德勒兹的"生成"就是一种身份的解放政治，德勒兹认为女人也要"生成女人"，意在成为摆脱强势群体之界定的女人，可以说是女性主义运动的另一种表达；"生成少数"是主流阶级身份边界的松动，向少数群体敞开自身的过程；"生成动物"则消解了人与动物之间的刻板划分，引发对人类身份的再思考。"生成"使身份摆脱模式化和固定化状态，它与"存在"（being）相抗衡，旨在动摇哲学存在论的霸权地位，承认身份的差异化，为身份的流动留下空间。

　　从上述德勒兹的著述中，我们发现，"游牧""差异""重复""生成"和"辖域"这些富有创造性的概念为身份理论提供了巨大的阐释空间，德勒兹对哲学史的批判转变为对传统身份认同观念的质疑。游牧思想强调身

---

　　① "辖域"（territory）指事物的固定领域，可以用于物质世界，也可以用于精神世界，比如动物保卫的自己的地盘、思想驰骋的范围等都是"辖域"。"辖域化"（territorialization）是划定边界，而"解辖域化"（deterritorialization）则是对边界的解构，"再辖域化"（reterritorialization）并非对原点的复归，而是生产差异的过程。参见吉尔·德勒兹：《千高原：资本主义与精神分裂（卷2）》，姜宇辉译，上海：上海书店出版社，2010年版。

　　② Gilles Deleuze, *Empiricism and Subjectivity: An Essay on Hume's Theory of Human Nature*, Trans. Constantin V. Boundas, New York: Columbia University Press, 1991, p. 24.

份的差异性和流变性,试图解构对身份同一性的偏执。

二、身份认同观念的解构

身份认同是指个人与特定社会文化的认同,它暗含着某种持久性、连贯性和统一性。身份认同既有名词意义,也有动词意义,它是个人身份与某种文化下的某一身份标准即文化身份同一的过程。自启蒙运动人成为万物的尺度起,个人身份与文化身份在很长一段时间内是和谐统一的,个人对社会的认同被视做理所当然的。在社会稳定、经济繁荣、文化较单一的环境中,身份认同不会出现问题,当战争、殖民带来文化碰撞,既有的稳定状态受到威胁,文化身份才进入怀疑的中心,正如科伯纳·麦尔赛(Kobena Mercer)所说:"只有面临危机,身份才成为问题。那时一向认为固定不变、连贯稳定的东西被怀疑和不确定的经历取代。"① 而在全球化背景下,国家和地区间的文化交流日益频繁,个人身份与文化身份之间的冲突也越来越明显,身份认同观念背后的权力运作和赋魅机制逐渐暴露出来。

1. 身份认同的权力运作

在霍尔的身份研究中可以看出个人身份与文化身份之间的矛盾是如何凸显的。在早期身份研究阶段,霍尔从历史文化的视角分析了牙买加黑人的文化身份建构,认为并不存在一个本质化的文化身份,身份是在历史实践中被创造的,他提出:"文化身份既是'变成',也是'是',既属于未来也属于过去。"② "变成"(becoming)与"是"(being)这两种身份观念是共存的,霍尔认为个人的身份和群体性的身份可以实现同一,身份认同一旦获得,就不会湮没差异,但身份认同又以主流群体的特质设立明确的身份边界。这样一来,同一和差异之间的矛盾就在身份认同上爆发出来:身份认同"总是要么太多,要么太少,要么过分确定,要么欠缺表达,但从

---

① Kobena Mercer, "Welcome to the Jungle: Identity and Diversity in Postmodern Politics" in *Identity: Community, Culture, Difference*, London: Lawrence & Wishart, 1990, p. 43.
② Stuart Hall, "Cultural Identity and Diaspora", in *International Migration Review* 2. Jan, 1990, p. 54.

未达到一个严格意义上的和完全意义上的合适"①。身份认同的概念处在一个尴尬的境地，它的确立建立在对差异的压制上，当承认了多种多样的差异它又消解了自身。在同一与差异的矛盾中，霍尔的文化身份研究开始关注身份认同的权力运作，实现了身份话语从德里达延异观到福柯话语理论的转向。

同为英国伯明翰文化研究中心主任的理查德·约翰逊更为清晰地阐述了个人身份与文化身份之间的关系以及内含的权力问题。他发现，身份这个概念不论是固定不变的，还是随着历史发展和社会实践不断丰富内涵的，都使人认为它只有一个被认可的版本。我们可以通过上述霍尔对牙买加黑人文化身份的研究来理解，霍尔认为这一散居族裔的文化身份没有所谓的非洲身份本源，而是一种历史的构成，是奴隶贸易、殖民统治和全球化历史过程不断建构的结果。不论说牙买加黑人的身份是本质性的还是混杂性的，这个文化身份都只有一种标准的模板，用以概括同时代所有牙买加黑人的身份认同。也就是说，霍尔对散居族裔文化身份的研究重视了时间维度上的差异性，却忽视了空间维度上的差异性。约翰逊通过区分身份的公众版本和一个国家或地区存在的大量不同的生活方式使空间上的身份差异性显露出来。在复杂的社会中存在多样化的文化实践和大量不同的生活方式，我们可以将其视做多元化的个人身份的体现，媒体、教育机构、政府部门从个人身份的集合中挑选了某些特征，而把其他特征排除在外，塑造了一种身份的公众版本。这种公众版本通过文化工业生产出大量复本，不断宣传，从而影响了个人生活方式的选择，个人身份也会再次影响身份的公众版本的确定……如此循环往复，身份的公众版本也就成为我们通常所说的文化身份。而这一公众版本的形成不是自然发生的：

> 人们可以发现一个典型的选择过程，借助这个过程，只有某些特征、符号和群体经历得到注意，其他的被排除在外。此外还存在一个评价过程，通过这个过程，某些阶级、机构或团体的价值被描绘为民族价值，其他的价值被排斥在外。这样，一个被认为有着共同价值的

---

① Stuart Hall, "Who needs identity?", in *Questions of Cultural Identity*, London: SAGE Publications, 2010, p. 3.

道德群体就形成了,其他的价值被忽略。①

所谓的群体共享理念、共同认知背后的权力运作,让身份认同带上了意识形态色彩。在文化身份形成的过程中,差异被小心地掩藏起来,给人以整一的错觉,而与身份公众版本的观念相背离的、无法掩藏的差异则被放大化,成为群体的"他者",与拥有共同文化身份的"我们"相对立,主流和边缘之分由此诞生。身份认同趋于固定的倾向亦不是自然发生的,而是某一阶级或团体为维护自身的利益进行操作的结果。

2. 身份认同的赋魅机制

针对现代文化身份日趋多元化的现象,法国社会学家格罗塞(Alfred Grosser)一针见血地指出:"身具多元属性的男性和女性退缩到某一个身份当中,这种身份有的是外部因素强加的,有的是由排他性归属感激增造成的。无论是主动追求还是被迫塑造,有限制的身份认同几乎总是建立在一种对'集体记忆'的呼唤之上。而这仅仅是把一种传递变为了一种获得。"② 这种身份的获得打断了身份一成不变的代际传递,却无法打破身份的牢笼。个人置身于新的身份标准中,按照共有的行为准则行事,人的差异性得到了暂时的表现机会,却终将淹没于对集体身份的认同中。

身份认同来源于记忆,"只有记忆才能建立起身份,即您个人的相同性"③。记忆分为个人记忆和集体记忆两种,个人记忆是不连贯的、模糊的,它随着时间逐渐消退,而集体记忆则通过教育和媒体宣传不断加强,从而强化集体身份认同。逐渐强化的集体身份认同使身份认同观念内化为人的固有观念,这种认同观逐渐侵入个人记忆领域,使个人通过写日记、写自传等对过去的重述行为维持自我认同,以叙述方式建构出个人身份的连贯感。由此观之,个人身份认同是依赖集体身份认同而存在的,一方面,个人身份认同模式来源于集体身份认同的内化;另一方面,集体身份认同所

---

① Jorge Larrain, *Ideology and Cultural Identity: Modernity and the Third World Presence*, Cambridge: Polity Press, 1994, p. 223.
② 阿尔弗雷德·格罗塞:《身份认同的困境》,王鲲译,北京:社会科学文献出版社,2010年版,第1页。
③ 伏尔泰:《哲学辞典》,王燕生译,北京:商务印书馆,1991年版,第95页。

依赖的集体记忆中的符号秩序进入了个人身份认同的构成之中,"在很大程度上,一个人、一个共同体的同一性,是由这些对各种价值、规范、观念、模式、英雄的认同造成的"①。在认同的过程中,他者性就进入了自身,被纳入性格之中,个体在个人层面上被稳定化了。从这一意义上看,个人身份认同与集体身份认同的区分仅仅停留在表层,停留在看待身份认同的视角这一维度。因谈论身份认同的侧重点不同而区分了集体和个人,这是一种话语层面上的区分。而实质上,个人身份认同的个体性是一种幻觉,它被他者性吞噬,个人身份认同是集体身份认同的一部分,或者说,它仅仅是集体身份认同在个人层面上的体现。

"家""庇护所""港湾"是身份认同的隐喻,个人只有在这个世界提供的选项中找到属于自己的一个位置,才会有归属,否则就是无家可归的流浪者。这就是身份认同叙述的逻辑,把寻求认同的行为偷换为本体意义上的生存需求,身份的游牧者被排斥到和流浪汉、疯子同等的地位。对不同的身份观念赋予不同等级的隐喻是一种"述行语"(performative language)②,它不仅仅是比喻式或象征式的陈述,更是一种行为,具有以言行事的力量,从而将身份认同观念合理化、合法化、标准化,最终实现自然化。也就是说,身份认同观在众多身份观念中的统治地位是由话语述行(performativity)所赋予的,而并非其本身具有合理属性。身份认同观念通

---

① 保罗·利科:《作为一个他者的自身》,佘碧平译,北京:商务印书馆,2013年版,第183页。

② 英国哲学家 J. L. 奥斯丁在20世纪50年代提出了言语行为理论,认为人们说话的目的不仅仅是说话,同时可以实施行为。他区分了述行语与述愿语,述愿语是用来描述事物的,述行语则不同,说出述行语就是实施一种行为,如道歉、许愿、命名等。参见 J. L. Austin, *How to Do Things with Words*, Cambridge: Harvard University Press, 1975, p. 100. 茱蒂丝·巴特勒和布迪厄发展了奥斯丁的述行语理论,将身体理论与语言学结合起来,认为话语具有把社会观点强加于人的力量,身份建构的过程就是话语述行的过程。巴特勒主要关注性别身份述行,布迪厄主要关注阶级身份述行。参见 Pierre Bourdieu, *In Other Words*, trans. M. Adamson, Cambridge: Polity Press, 1990, p. 138.

过不断述行强加于个人身上，逐渐转变为人的"习性"（habitus）①，个体的身份也就从根本上被固定化了，即使个人由于生活环境的变化而脱离了原先的身份模板，也会立即开始对新的身份模板的追寻。集体记忆对个人记忆的入侵和身份述行是身份认同观念的赋魅机制，它使这一观念呈现出合理化和自然化的表象，掩盖其建构过程的权力运作。

随着社会进步和历史发展，个人身份和文化身份之间逐渐出现了错位，进而产生了矛盾。身份认同观念试图压制差异化的个人身份，以话语述行维持其合理化的表象，将单一的文化身份标准强加于多样化的个体。而在了解了这一权力运作真相之后，被压迫的个人或群体是否有能力与主流抗衡，发出自己的声音呢？德勒兹的游牧思想以差异论和流变论撼动身份认同观念的哲学基础和主体基础，在解构旧思维方式的同时亦为个人提供了重建身份观念的可能性。

三、身份生成观念的建构

在德勒兹游牧思想的观照下，身份的越界不应只停留于从一种身份到另一种身份的转变或者杂糅多重身份这种层面，而应该怀疑身份的界限本身，追问这种界限的设置是否合理，以及设置界限的逻辑是什么。逃离身份困境同时也是对现存身份秩序的一种颠覆，这种颠覆需要一系列对传统观念的"祛魅"，包括作为身份认同哲学基础的同一性逻辑和支持身份认同主体的笛卡尔式理性主体观。

1. 从同一性到差异性

传统的身份认同观念建立在对同一性的偏执上，某一种身份的共性被置于多样化的特殊性之上，构成了同一对差异的霸权。黑格尔的辩证法建立了自我与非我之间的对立，将非我的众多因素归为一类，成为和自我相

---

① "习性"是布迪厄提出的概念。习性是个人或群体在过去积累的经验中获得的一整套性情系统，即感知、判断、行动系统，它能够引导个人进行实践活动。习性具有一定的稳定性，能够超越个人生活的具体情境产生惯性作用。参见 Pierre Bourdieu, *The Logic of Practice*, Stanford: Stanford University Press, 1990.

对照的存在。德勒兹最厌恶黑格尔的辩证法,希望人们能忘记黑格尔,他曾将自己的思想描绘为想象黑格尔并不存在的一种尝试。他认为不存在先验的同一性,自我与非我之分不应置于区分差异之前,差异是一种异质共存的状态,而不是彼此间的对立和冲突。身份认同的根基是一般性和特殊性的辩证统一,但这种一般性是以认同为基础统合的,是基于自我与非我的区分和识别,而不是从差异中萃取的。非我中的众多差异被放置在自我的对立面,作为自我的参照而存在,这种思维方式必然在自在差异中人为添加了等级性。现代认同观念的同一性逻辑是黑格尔辩证法的产物,是众多思维方式的一种。从更广阔的视域来看身份认同观念,它就远不是一种先验的、人类共有的思维模式,而是一个历史的存在,它经由笛卡尔、康德和黑格尔的发展而逐渐成熟。同时,它的产生也依赖于特定的历史条件,黑格尔所处的时代正处于资产阶级革命的高潮,启蒙运动高举"人"的大旗,认为人是万物的尺度,将人与自然对立起来,殖民活动将欧洲白人与有色人种对立起来。而在现今全球化的大背景下,黑格尔的辩证法将何去何从仍未可知,但它绝不是"历史的终结"①,基于同一性的身份认同也就被拉下了神坛,成为一种身份观念的选项。

随着社会发展,边缘化的身份观念逐渐走向中心。在吉登斯所说的晚期现代性下,"自我认同的建构过程依赖各种抽象体系的选择和想象"②,这一颇具个人色彩的建构过程就逐渐脱离了身份认同,走向了身份生成。身份生成是个人身份的差异化建构,它不存在任何模板。同时,身份生成(becoming)又是动态的过程,它不断生产差异,不断进行辖域化—解辖域化—再辖域化的运动,实现身份的游牧。如今身份的障碍"不再是如何去发现、发明、建构、装配身份,而是如何杜绝被固定。建构良好和耐久的

---

① 美国社会学家弗朗西斯·福山在《历史的终结?》一文中认为,西方民主制度是人类意识形态发展的终点,提出"历史的终结"论。福山的观点引发了各个领域的"终结"论,掀起学界热议。

② Anthony Giddens, *Modernity and Self-Identity: Self and Society in the Late Modern*, Stanford: Stanford University Press, 1991, p. 19.

身份从资产转为负债。后现代生活策略的中心不是身份建构，而是避免被定置"①。这种对流动性的强调是对身份认同"霸权"的策略性抵抗，实质上身份生成中的身份的暂时固定状态是不可避免的，也并非完全是负面的，甚至有时是必须的。

2. 从理性主体到游牧主体

从身份认同到身份生成的转变是与主体观念的转变相伴相生的。霍尔在《文化身份问题》中区分了三种主体观，即启蒙主义的主体观，社会学的主体观和后现代主义的主体观。建立在笛卡尔哲学上的启蒙主体观认为人存在一个先验的内核，它随着人的出生出现，在人的一生中，它始终能与个体保持同一，这个固有的如灵魂般存在的内核就是人的身份。笛卡尔式的身份是固定不变的，它存在于纯思的意识中，世界以个人为中心，个人的需求与社会需求相契合，个人与社会之间不存在隔阂。笛卡尔之后，洛克、康德、莱布尼兹等哲学家也认为个人与社会通过道德责任感相连。随着社会分工越来越细化，人逐渐意识到自己无法把握世界，个人仅仅是社会这个大机器上一个小小的零件。身份的认同点由个人逐渐向社会转移，出现了社会学的主体观和身份观。霍尔总结道："身份是内与外的一个桥梁，是个人与社会的桥梁。我们把自我投射到这些文化身份上，同时也把这些身份的意义和价值内化成我们自身的一部分。这样就有助于把我们的主体情感与我们在文化世界里所占有的客观的位置结合起来。"② 这种身份认同观念试图平衡个人与社会间的关系，认为身份是在个人与社会的互动中形成的，个人虽无法掌控世界，却可以实现与世界的平等对话。但这种平衡终究是一种假象，个人无法与福柯所谓的无处不在的权力相抗衡，而不得不认同"象征秩序"（symbolic order）③。在个人与社会协商构建身份的

---

① Zygmunt Bauman, "From Pilgrim to Tourist—Or A Short History of Identity", in *Questions of Cultural Identity*, London: SAGE Publications, 2010, p. 30.

② Stuart Hall, "The Question of cultural identity", in *Modernity and Its Future*, Cambridge: Polity Press, 1992, p. 274.

③ 法国精神分析学家拉康发展了弗洛伊德对个人心理结构的三层划分，提出了想象、象征、实在三大界域。这三大界域是对人类经验秩序的划分，象征界所对应的秩序就是象征秩序，指语言、文化、法律所形成的道德律令和行为规范等。

这种认同观中，个体依然保留了一部分笛卡尔式的先验内核，这个内核受到社会文化力量的影响，最终形成了社会化的身份认同，人的主体性被削弱却依然存在。但在后现代时期，这个带来个体能动性的内核和中心不存在了，人被社会的洪流裹挟，无法控制认同的方向，身份认同成为一个不断变化的过程。

拉康的主体观念可以说是后现代时期主体观念的代表，他认为人并不是作为一个先验的整体而存在，不存在可以在一生中维持自我认同的内核。相反，人对自我的认同始终是一种误认，人的自我依赖他者识别，在他者的凝视下建构，只有依赖社会的象征秩序，人才能把自我的碎片编织起来，实现自我的连贯性和持续性。阿尔都塞承接拉康对主体的探讨，认为主体并不存在，所谓的主体是被制造出来的。意识形态为个人提供了身份的多个版本，仿佛通过选择某一种身份与之相认同就可以表达真正的自我，但事实上，当选择通过身份认同来表达时，真正的自我就已经在话语之外了。阿尔都塞认为："这种意识形态的询唤所建构的主体不过是上帝以及绝对理念、存在、总体等大写的类本质的镜像复制。"① 他能控制自己的行为并为自己负责，却始终屈从于更高的权威，个体不是社会的建构者，而是建构社会的工具。

现代主体在解构主义中彻底坠入主体性危机中，而德勒兹则以抗争的姿态重建现代主体性：

> 现代主体性的构建是通过与征服的两种现代形式进行抗争来实现的，形式之一是靠权利约束使我们自身个体化，之二是将个体诱入一个既定和公认的身份中，并使之永远定格在那里。因此，主体性的抗争体现为保有差别、变异和变形的权利。②

德勒兹的主体观强调个体的差异性："人作为主体不再是固定的、单数

---

① 阿尔都塞：《列宁与哲学》，杜章智译，台北：远流出版公司，1990年版，第197页。
② Gilles Deleuze, *Foucault*, Trans. Sean Hand, Minnesota: University of Minnesota Press, 1988, p. 125.

的，而是生产性的欲望机器的一种多元联系和开放性语境生成的结晶。"[1] 德勒兹认为传统主体论来源于超验论，超验哲学错误地颠倒了认同和差异的关系，将认同放在差异之前，而德勒兹式的主体"不再相信原初的整体性，或者作为终点的一体性"[2]。研究者以"游牧主体"[3] 概括德勒兹的主体观念，"游牧主体"的概念是对以二元对立和等级制为特征的辖域化的性别、主体、身份等传统观念进行解辖域化，它保持本质的差异化状态，以不断地生成对抗将它本质化和同一化的企图。"游牧主体"的主体范式不是存在，而是流变，它以游牧的姿态将传统的主体从奴役和异化中解放出来。"游牧主体"伴随着游牧式的身份，它不是任何身份公众版本的复制，而是来源于主体的差异生产，是一种不断流变的、个人化、差异化的身份。它与解构主义提出的流动的身份不同，解构式的流动身份是被动获得，人无法控制自己的身份，在获得一种身份后就又顺着身份的能指链滑动到另一种身份上，而游牧主体的身份来源于与其他主体的主动交往，与其他事件的积极联系。正如金惠敏教授所提出的"差异即对话"[4]，游牧主体的差异化身份在理论上和实践上以对话为前提，在流变过程中不断投入新的对话，以对话为目的。

游牧主体是"一个积极参与世界而非仅仅生活在世界之内或之上的主体"[5]。它摆脱了传统主体对同一性的偏执，在实践中不断生成独特的、差异性的身份，以流变对抗身份认同将其收编的企图。在生成的状态中，主体勾勒了一幅与世界合作的图景，它与世界的联系四散开来，无法简化为一个线性的因果链，其位置也无法追溯到任何一个点上。身份认同的线性过程被打破，转变为不断生产差异的身份生成，实现了身份的重建。

---

[1] 麦永雄：《德勒兹哲性诗学：跨语境理论意义》，桂林：广西师范大学出版社，2013年版，第102页。

[2] Gilles Deleuze, *Anti-Oedipus: Capitalism and Schizophrenia*, Trans. Robert Hurley, Mark Seem and Helen R. Lane, Minnesota: University of Minnesota Press, 1983, p. 50.

[3] 德勒兹研究者汪民安、麦永雄、程党根和姜宇辉等人均以"游牧主体"概括德勒兹的主体观念。

[4] 金惠敏：《差异即对话》，北京：中国社会科学出版社，2019年版，第3页。

[5] Tamsin Lorraine, *Irigaray and Deleuze: Experiments in Visceral Philosophy*, Ithaca: Cornell University Press, 1999, p. 88.

结　语

德勒兹的游牧思想肯定身份的差异性与特殊性，以"生成"解构了统治身份话语的西方传统哲学存在观，恢复了身份的流变本质，将本质差异从同一性的霸权下解放出来，使身份认同走向了身份生成。这一身份观念重建的过程同时也是一种微观的政治抵抗。身份生成观念虽无法直接导向全球性的社会变革，却着眼于个体的思想、情感和行为的改变，引发个人对身份状态乃至生存境遇的思考。它暴露出身份认同表象背后的权力运作本质，使个人质疑宏大叙事的合理性，从而打破思想的牢笼，摆脱身份的"能指之暴政"[1]，以游牧的姿态从任何同一化的企图中逃逸出去，实现身份的创造，不断开拓生命的可能性空间。

---

[1] Steven Best and Douglas Kellner, *Postmodern Theory: Critical Interrogations*, New York: Macmillan, 1991, p. 121.

从被再现到自我建构：短视频平台中乡村群体形象的转向、呈现与文化透视
——以快手为例

陈 杨[①]

如果说社交媒体时代的语言和文字仍然牢牢地掌控在都市精英手中，短视频的出现则更像是一场意味深长的视觉"赋权"。[②] 动态的影像生产与文化消费方式推动平台向社区化转变，平台中所聚集的庞大乡村群体得以渐渐打破都市的叙事桎梏。[③] 本文通过线上参与式观察的方式对快手短视频平台及其中乡村群体的传播实践进行观察与分析，认为面对大众传媒或是城市精英视角所再现的"他者"形象及身份，以快手为代表的移动短视频应用通过特殊的传播机制为乡村群体建构了一个线上的影像与话语空间，其对乡村群体在形象生成中的主体性建构使得乡村人民能够发挥主体性，生产与建构自身身份与文化意义，传播自身的话语体系，乡村群体形象由此实现了从被再现的"他者"到自我建构的转向。

[①] 作者简介：陈杨，四川大学文学与新闻学院传播学专业硕士研究生。
[②] 刘涛：《短视频、乡村空间生产与艰难的阶层流动》，载《教育传媒研究》，2018年第6期，第13-16页。
[③] 胡泳、陈秋心：《弥合鸿沟：重思网络传播的"去区隔效应"》，载《新闻界》，2019年第6期，第30-38页。

一、乡村群体形象建构的路径与主体转向

尽管互联网的出现打破了以往大众传媒将社会话语资源分配给社会精英群体的模式，开启了大众言说的时代，但网络中话语权依然不平等，乡村仍然处于社会信息传播系统的下游。随着移动互联网的广泛普及，以广大五六线城市、乡镇及乡村群体作为目标用户的快手短视频平台，近年来已然完成乡村群体进行自主表达的"视频转向"。在长期被想象、改造与再现后，快手中的乡村用户化身言说主体，通过动态的视觉符号建构着乡村群体形象，填补了我国社会及互联网中长久以来乡村自主话语与媒介意义的空缺。

（一）快手——乡村群体形象自我建构的平台

如今，快手凭借其高达近8亿的用户量被视为中国乃至全球发展最快与影响力最大的短视频应用之一。通过特殊的传播机制，快手为广大乡村群体建构了一个线上影像与话语空间，在快手上发布乡村短视频已然成为乡村群体实现主体性表达和形象建构的重要路径。

1. 短视频辅以直播

快手平台中的内容生产方式主要是以短视频为主，直播为辅。短视频是快手平台上最主要的内容生产方式。直播则是用户与粉丝维持黏性关系与获取经济收益的重要形式。快手通过对两种具有不同特点的媒介形式的组合并发挥其各自的优势，最大限度获得与提升用户尤其是乡村用户黏性以促进内容的持续产出。相对于线性的文字，使用短视频与直播所需要的知识素养并不高，其对拍摄技巧的要求极低，平台中所自带的视频编辑与美化功能也十分简单易上手。尤其是在移动互联网时代，随着移动网络的提速降费与智能设备性能的提升，宽带网络与廉价流量包在乡村的进一步普及，曾经在主流社交媒体中被边缘化的乡村用户可以拿出手机随时随地进行简单的拍摄，并通过在线编辑功能，如添加滤镜美化画面、添加文字和音乐营造氛围等，实现影像、声音、文字的任意拼贴组合，最终完成一次短视频创作。尼古拉斯·尼葛洛庞帝（Nicholas Negroponte）曾在其著作

《数字化生存》一书中预见性地描绘了互联网时代全民参与信息生产与交换的蓬勃景象。① 可以说，在媒介技术的支持与短视频平台的蓬勃发展下，网络空间中动态影像生产与消费的动力已经主要来源于普通大众与乡村数字弱势群体，大规模的用户生产内容成为社会现实。

2. "普惠"原则与"基尼系数"算法

网络技术的发展虽然赋予了人人拥有"麦克风"进行发声的权利，但普通用户特别是数字弱势群体往往陷入发声却无人聆听的尴尬处境。快手创始人宿华将注意力资源比喻为普撒的阳光，并认为这是互联网中最关键的资源。② 快手平台的页面布局与功能设置便体现了"普惠"的原则，区别于抖音对视频单线陈列的设置，快手首页的视频基于算法推荐技术随机分发数个双线陈列的短视频，以此给予用户选择内容的更大包容性。同时，抖音等短视频平台鼓励用户通过在屏幕上不断向下滑动快速切换视频以给予用户内容与视觉刺激。快手则更注重社交属性，即在观看视频时向下滑动后呈现的是该视频的评论区。这样能够鼓励用户在观看视频后进行评论与交流，以形成一种黏性的圈层关系，也给予内容发布者更多的关注度与认同感。基尼系数是衡量国家或地区居民收入差距的国际通用指标。③ 为了将"普惠"原则落到实处，快手在社区内容生态的调节过程中引入了基尼系数这一量化指标，加大了视频依靠本身内容质量而非关注量登上热门与首页的权重，并且在进行内容分发时更注重抓取用户的即时兴趣，以将更多的流量分发给普通用户，最大限度避免注意力资源两极分化。④

（二）乡村群体——从被再现的"他者"到自我建构

在进行外部世界认知时，人类的核心活动便是"观看"。媒介通过建构

---

① 尼葛洛庞帝：《数字化生存》，胡泳、范海燕译，海口：海南出版社，1997年版，第56页。
② 王珏、李佳咪：《短视频平台发展的"快手"路径——专访快手副总裁岳富涛》，载《新闻与写作》，2019年第10期，第84-88页。
③ 闫华飞、蒋鸽：《城镇居民家庭收入差异对基尼系数的影响》，载《统计与决策》，2020年第20期，第150-153页。
④ 余敬中：《快手：普惠+基尼系数的网络社区实验》，载《传媒》，2019年第5期，第19-21页。

与再现为社会提供了观看与认识外界的路径，在"看"与"被看"的不断互动当中，人们对于自我与他者乃至世界的认知体系得以建构。① 由于媒介资源分布的不平等与媒介接近的限制等，在信息的生产、传播、接收、反馈过程中，乡村群体长久处于社会信息传播系统下游，始终是他者"想象"下被生产、改造与观看的对象。而正如欧文·戈夫曼（Erving Goffman）所认为的，传播的过程就是人们自觉或不自觉地进行表演展示符号化的"自我"的过程。② 快手为广大乡村群体释放自我表达欲和进行角色表演提供了空间，成为"三农"影像的视觉生产者和消费者。

1. 主体参与权的增加

20世纪60年代，"赋权"（empowerment）这一理论概念出现。"赋权"理论大致包括三个取向：第一，赋权是对弱势群体的增权；第二，赋权的方式是互动传播；第三，赋权以推动社会权力更加公平公正为价值取向。③ 在传统社会传播系统中，乡村群体往往由于缺少话语权与表达途径而成为被再现的对象，而被再现意味着建构者对被建构者的选择性呈现，使乡村蕴含的深层文化内涵难以自主呈现。随着时代的发展，赋权理论与新媒体技术产生了有效结合。短视频平台已经深化为能够动员大众参与社会文化创造与交往而非只是默默观看的重要路径，这种行动实际是使用者主体意识的延伸与替代。在线上线下空间不断转换及交叠中，乡民得以突破以往社会传播体系中的信息接收与发送障碍以及要求身体在场的时空与情境限制，打开手机随手一拍就可以把有价值的事情分享出去。乡村群体在自我形象与文化建构中的参与权是其一种重要的集体权利，充分保障这种参与权是避免出现交流不对等的前提之一，也是确保乡村得到相关利益保障的基础，代表着乡村群体在更广意义层面上对于社会话语权的享有。短视频的媒介性质加上快手平台的"普惠"理念与"基尼"系数算法机制，使用

---

① 韩琛、马春花：《电影与恋物：劳拉·穆尔维的影像理论》，载《文艺研究》，2013年第4期，第100-109页。
② 欧文·戈夫曼：《日常生活中的自我呈现》，冯钢译，北京：北京大学出版社，2016年版，第206页。
③ 丁未：《新媒体赋权：理论建构与个案分析——以中国稀有血型群体网络自组织为例》，载《开放时代》，2011年第1期，第124-145页。

户参与文化生产与创造的热情得到充分释放,其将变身为一种文化创造的真正参与者并持续地传达自身的主体意义。

2. 主体主导权的增加

在媒介场域的博弈中,信息结构在一定程度上代表了权力结构。互联网已成为社会最主要的公共舆论场,过去乡村往往缺位,短视频等新技术降低了内容生产与消费的门槛,不断丰富着乡村人民的线上线下交往形式与内容。正如安东尼·吉登斯(Anthony Giddens)指出,"社会交往实践的过程是一种社会行动,而参与其中的实践主体即社会行动者。社会行动者在不断参与社会交往实践的过程中来表现自身"[1]。移动媒体时代对旧有传播体系的改变乃至颠覆可谓一场改变思想与物质的社会运动,其给予乡村人民的不仅是社会交往中的参与权,从某种程度上来说更是主导权。短视频技术已深度嵌入乡村社会日常生活之中,是乡村人民参与社会传播时保障自身主体性的基础条件,极大丰富乡村人民作为社会行动者的主体性的新内涵。这种新内涵体现在传播实践中以自我以及群体价值为主导的观念的形成,乡村人民得以从自身需求出发,自主地选择媒介工具与社会交往方式,自由地选择社会交往对象与自主消费内容。快手平台从更为直接的层面向大众展示乡村群体主动释放出来的表达欲,彰显了乡村人民主体意识的觉醒与自我建构的渴望,也体现了乡村现代性的生产。由此乡村故事的书写与乡村形象的建构不再仅依赖城市,这有益于在社会中建立起更加稳定与合理的城乡认知并凝聚城乡共识。[2]

二、乡村群体自我建构的形象呈现

在主流话语所书写的乡村人民的形象流变中,他者视野下的乡村人民抑或在现代性焦虑的对照下再现为勤劳善良、韧性十足的传统乡民,抑或

---

[1] 安东尼·吉登斯:《社会的构成:结构化理论大纲》,李康、李猛译,上海:上海三联书店,1998年版,第62页。

[2] 刘娜、李云:《中国乡村题材电视剧的影像空间与社会现实》,载《新闻与传播评论》,2019年第5期,第99-107页。

在城市话语对照下成为刻意回避尖锐现实矛盾后的喜剧化与贬义化符号。如今，短视频技术的普及为相对滞后的乡村带来新的冲击，作为乡村主体的乡民得以在新旧文化的融合变迁中实现形象的自我建构。这些传播实践在线上空间不断融合，共同编织着多元化群体形象。

（一）乡土文化的继承与传播者

随着改革开放步伐的加快，在现代社会对都市文明的追求与赞美的话语氛围中，越来越多的乡村人民进入城市。由此，努力读书走出农村的思想成为大众共识，而乡村人民大量离乡也导致了乡村的"凋敝"与"空心化"。当乡土文化逐渐失去生存空间与发展土壤，其传承与发展无疑会受到消极影响。

如今在快手平台中，不少乡村用户产生与表现出了一种新的"恋土情结"。这些乡村用户或一直在乡村生活，或在经历过一段时间的城市生活后又返回乡村生活与创业，他们中的部分人甚至未必再从事传统田间耕种等农活，却都将自己视为乡土文化的继承与传播者，以作为一名乡村居民为傲，甚至有时候流露出相对于城市人的优越感和自信感。其作品中对乡村的坚守与城乡的比较被有意强化和突出，并常采用直白与带有感情色彩的话语进行表达。在"老唐梦田园"与"乡村小杰"等乡村用户的作品中，他们常在作品封面打上"你愿意留在城市打拼，还是在农村过闲适生活""我们年轻一代不能放弃农村"等字样。这些对乡村充满眷念的用户是平台中极具代表性的一类乡民形象。他们将乡村视做自己生存与生活的根基，在充满依恋与固守着这方土地的同时，将自己视为乡土文化的继承与守护者。如乡村用户"爱笑的雪莉吖"毫不掩饰在刚接触到快手短视频这样的社交软件时的自卑心理。成长环境的差异使她无法像一般网红一样通过展示唱歌跳舞等才艺来吸引粉丝，正如她对自己的称呼与定位即"大山里的女汉子"一样，对于她而言自己只是会做农活的普通山里姑娘。她在快手上发布的第一条视频就是她与父亲走在乡间路上赶牛的情景，就是这样一条展现乡村日常的视频却意外收获了许多关注，她意识到原来习以为常的生活琐事也有分享的价值，原来在封闭的大山之外有这么多人对乡村生活充满兴趣。由此，家乡的风土人情都成为她视频内容的主题。通过做完农活后家人聚在一起吃饭闲聊,她对从小身患疾病的姐姐的照顾,节日里乡亲们一起忙碌的身影等充满人情温暖与浓郁生活气息的动态乡村意象符号,关注者同她一起回到熟人社会的乡村,感受乡村田园风光及通过劳动实现自给自足的满足感……这些温情的动态场景所展现出的闲适显然不同于城市忙碌的生活节奏,让很多人回忆起了曾经或是想象中的充满烟火气息的田园生活。而她所传播出的乡土文化也吸引了许多未到过乡村的城市人甚至外国人来当地体验真实的乡村生活。像"爱笑的雪莉吖"这样的乡民用户还有很多,如生活在高原上的"迷藏卓玛",内蒙古草原上的"太平哥"等,他们虽然各自身处于不同的地域,却都努力展现与传播当地独特的乡村文化与民俗风情。在他们的作品中,乡村充满了生机与活力,乡土文化则具有鲜活的生命力。

这一部分乡村用户所记录的真实质朴的乡村日常体现了他们对乡村美好文化的坚守。他们以普通乡村人的面貌传播着乡村乐趣与人文精神,享受并挖掘乡村生活中的点滴趣味。这使很多离乡者的乡愁得以抚慰,而对于乡村有着憧憬及饱受现代性焦虑的城市受众来说,则无疑是一种更现实的田园牧歌。同时,他们也再现了一系列如乡村民俗文化流失等现实问题,并以此为出发点为乡村振兴开拓发展路径。这也有利于形成文明的乡村风气与有效的乡村治理模式,并推动社会大众对乡村公共问题进行有效与合理的探讨。①

(二)志趣各异的新农人形象

诗人李绅"锄禾日当午,汗滴禾下土"这一诗句是对所有面朝黄土背朝天,勤勤恳恳耕耘的乡间农人最贴切的写照,也是大多数人提到农民时脑子里所浮现的形象。然而即便是在过去以农业为重的古代社会,乡村也是一个存在如铁匠、木匠、屠夫、渔民、猎户等多样化职业的社会系统。而在社会流动加快,生产生活多样化的当代社会,乡村人民或许不再进行如耕种等传统的农业活动,或至少不再让农耕等作为自己唯一的谋生方式

---

① 刘楠、周小普:《乡村振兴背景下的"三农"主体话语生产与实践建构》,载《甘肃社会科学》,2019年第5期,第215-221页。

与标签。借助新媒体技术，散落在广袤大地上的乡村人民所拥有的无限创造性与志趣更可以自由地释放出来。

　　拥有千万粉丝量的快手乡村用户"本亮大叔"正是这些志趣各异的新农人中的典型代表。与展示乡间农耕生活等为主要内容的乡村用户不同，他选择在快手上展示自己的歌唱爱好。"本亮大叔"并不会包装形象，也不拘泥于表演背景和场所，无论是自家院子、玉米地里还是乡间小路或村头院落里，只需要一把吉他和简单的话筒耳机就能随心所欲地自在歌唱。村里人对他痴迷唱歌的行为感到不理解，对他们而言，农民就应该好好种地而不是做这些无益于生计的"无用之事"。如今，尽管粉丝量已经高达近两千万，由于其朴实的乡村人形象以及并不专业的歌声与吉他弹奏，在每条视频评论中仍然有"不懂为什么能有这么多粉丝""整天唱歌，我看你就不像个农民"等表示不认同的声音。正是因为他对歌唱的纯粹热爱与勇敢表达，无论是经典老歌还是流行新歌他都能自信地唱出自己的味道，如"一个农村大叔居然会弹吉他""声情并茂且又朴实无华，是我们田间的农民歌手"等表达惊讶与赞扬的评论代表了留言的人中多数人的看法。如果说"本亮大叔"的志趣是歌唱，那么被《华盛顿邮报》报道并称其为"无用的爱迪生"的快手用户"手工耿"的志趣则是发明。"手工耿"从小热爱手工，历经生活艰辛，他并未选择继续出村打工，而是在快手上发布自己异想天开的小发明。他的许多发明都源于生活，本着解决生活中的种种不便的初衷产出了不那么"实用"的小发明，再配以一本正经的解说，视频中因反差而呈现的喜剧效果使他备受欢迎。如让人啼笑皆非的"倒立洗头机"，洗头机在发动前需要使用者先倒立，再把头浸入水桶中，原本是为了解放双手，实验效果却宛如一台"刑具"，因而被戏称为"十大酷刑"。在忽略"手工耿"这些令人捧腹及看似无用的作品的实用性后，我们也可以从他丰富的想象力与对设计制作的严苛中发现艺术性。除了他们，典型用户代表还包括利用乡村元素打造时尚舞台的乡村超模，手工制作家具的"山村鲁班"，拥有摇滚梦并组建乐队的山村孩子与老师，自导自演拍摄剧情影视的乡村剧组等。

　　费孝通曾指出，在传统乡土社会中人们的欲望总要合乎生存，其总是依赖通过经验性地劳动与生产来满足生存需求。① 中国传统思想的主要特征之一就是"实用理性",即唯有解决现实问题的事物才具有价值。② 在讲究实用主义的乡村,所做的事情若不能快速转换为物质收入便会遭受不解。这些志趣各异的乡村用户,他们也许都经历过或者正在经历因为志趣"无用"而不被理解的情况。而在快手上,拥有了表达与被看见的"武器"的乡村人民尽情展示着主体性与创造性,他们"无用"的志趣因被更多的人看见而收获了"有用"的共鸣与价值。

(三) 乡土文化与都市文化融合的矛盾载体

刘易斯·芒福德(Lewis Mumford)认为城市的形成与建立是传统社区打破孤立与封闭的关键。在现代化飞速发展形势下,城市与乡村之间并非二元对立与相互孤立。当乡村以外的物质技术与文化等不断流向乡村,农民文化最终形成一种"多元复合的文化"③。今天,技术催化的文化融合比任何时候都更深入地影响着乡村。在快手中,乡村群体进入了一个可以跨越时空限制与外部世界联通及展示自我的空间。一方面,平台中大量相同的身份与趣缘圈层使他们找到归属,不因文化差异而产生认同障碍。而另一方面,无论是在社会资本获取还是阶层流动等方面乡村青年都处于弱势。两种文化的融合也使得他们在文化接受上的连续性被打破,身份的游移与悬浮使其呈现出一种文化上的认知矛盾与焦虑。

快手用户"叫我三炮"是城市化潮流下一部分返乡年轻人的缩影。经历过城市打工生活的艰辛与"身份歧视",无法完全融入城市的他们选择回乡。在短视频等新媒体技术进入乡村之际,既无法扎根城市又不愿从事农耕劳作的他们选择拍摄乡村情景剧以成为网红而实现自我价值。杀马特文化以都市潮流文化为标杆,这种文化的拥簇者即每一名"杀马特"常通过打扮及语言等营造、靠近他们理解的"都市生活",渴望成为"都市青年",

---

① 费孝通:《乡土中国》,北京:北京大学出版社,2012年版,第35页。
② 李泽厚:《历史本体论》,北京:生活·读书·新知三联书店,2002年版,第90页。
③ 罗伯特·芮德菲尔德:《农民社会与文化:人类学对文明的一种诠释》,王莹译,北京:中国社会科学出版社,2013年版,第93-95页。

但最终遭遇失败并受到嘲弄与诟病。① "杀马特"由此成为嘲讽农村及城乡接合部乃至部分小城镇青年的特定名词。"三炮"的《叛逆少年》系列在他们所拍摄的情景剧中最受欢迎,视频中他与伙伴常戴着鲜艳的假发以典型的"杀马特"造型出现。事实上,他们并非推崇这种文化,只是借这种无厘头与荒诞的形式在作品中再现自己的经历及表达自己的态度和批判:乡村少年对城市的向往与对城市青年的另类想象与模仿、工厂的压榨与工作的单调、城市人的狡诈欺骗、物质世界里金钱对爱情的侵蚀等。如视频中几位《叛逆少年》中的一员"酱爆",他在"叛逆少年"系列视频中第一次出场时伸出三根指头做手势,并将自己介绍为:天城五金厂三号车间五百八十吨冲压机操作员,从此三根手指的手势成为他的标志性动作。评论与直播中的一些观看者将其理解为刻意"耍酷",但同样有过离乡去工厂上班经历的观看者在听他们讲述自己的打工经历后,则能很快体会到他们特意设计的身体符号的隐喻:工厂机械化的工作对工人造成的身体伤害。他们借助动态的符号传递与直白粗糙的视觉呈现,通过魔幻现实主义色彩的剧情与具有强烈风格的表演方式,完成对游离在城乡之间的经验言说、情感渲染与价值传达。和他们有着相同生活经历的人奉之为"快手周星驰",而无法理解的人却视他们为新一代"杀马特"和"精神小伙"的代表。

尽管他们将自己称作"全村的希望",但作为接受过城市文化浸染且从小便对城市心怀向往的几名青年,在成为整个广西壮族自治区快手粉丝量排名第二的网红之后,"三炮"与几位团队成员也试图在如新浪微博等主流社交平台上开设账号进入主流。尽管他们在快手平台上粉丝量高达六百多万,微博粉丝量却不及在快手上粉丝量的零头。他们也曾试图改变形象以开拓其他更"高大上"的路径以进入主流平台,但当衣着打扮或背景变得"城市化",原来的众多粉丝则会觉得他们失去了作为乡村少年的初心,观看与评论量相较从前下降了许多。粉丝不断地在表达希望他们回到《叛逆少年》时期。同时,他们也无法像那些纯粹展示乡村美好田园生活并契合国家主流意识的乡村人一样,成为振兴乡村的典型人物。受制于身份定位

---

① 罗兰、周韧:《当代都市青年亚文化:从杀马特文化到戏精文化》,载《新疆社会科学》,2019年第1期,第123-129页。

与受众群体,他们难以做出更多改变。因此,在因为试图"转型"而断断续续停更并流失粉丝一段时间后,"叫我三炮"最终在快手上更新了一条视频表示粉丝所喜欢与期待的《叛逆少年》系列将重新归来。他们也重新回归"土味文化"的产出者和代言人身份。

吉登斯用"脱域"来形容现代化所带来的后果,即个人脱离与其情感经验和生命体验紧密关联的社会关系及环境,成为社会中原子化的、无根的漂浮者。① 这一类型的乡村人特别是年轻人非常常见,他们未能实现从"农民"到"城市人"身份的转化,而是作为一种"过渡"类型游离在城乡两种文化间。他们体现了处于文化中间地带的乡村群体在城市化进程中的状态:既有一定的新思想和对都市主流文化的向往,又无法完全摆脱与根除乡村生活的痕迹以及沉积而来的固有价值观念。因此,在靠近都市文化时他们有向往,也有彷徨、无奈和厌倦,在回归乡村文化时往往熟悉、亲切却又显得疏离,无法完全认同或摒弃。他们亲历与体现了乡村在现代化发展进程中所遭遇的一系列制度性和现实性的阻碍。

(四) 奇观化身体叙事下的"审丑对象"

在视觉文化领域中,"奇观是指非同一般的具有强烈视觉吸引力的影像和画面,而身体奇观主要是指人不同寻常的生理状态与行为动作"②。欧文·戈夫曼(Erving Goffman)认为身体是表演者重要的前台。③ "身体"作为一种叙事元素,其呈现与表演是重要的媒介"视觉景观"。尽管快手已出台严格的审核规则,但在以商业逻辑为主要导向的平台中,一些乡村用户看似自主的传播实践已逐渐被商业力量形塑,逐渐从"自我表达"转向了"自我营销"。④ 其游走在规则边缘,通过奇观化的身体叙事迎合当下社会中

---

① 安东尼·吉登斯:《现代性的后果》,田禾译,南京:译林出版社,2011年版,第18页。

② 周宪:《论奇观电影与视觉文化》,载《文艺研究》,2005年第3期,第18—26页。

③ 欧文·戈夫曼:《日常生活中的自我呈现》,冯钢译,北京:北京大学出版社,2016年版,第24页。

④ Andrejevic, M. The Work That Affective Economics Does. *Cultural Studies*, 25 (4-5), 2011, pp. 604-620.

的审丑心理，自主传播实践日益异化。

乡村用户"农村扛把子"拥有高达六百多万的粉丝量，拍摄短视频与直播几乎成为他们的"全职工作"。在视频里他与团队成员常常不修边幅蓬头垢面，采用极其简陋的烹饪工具如瓦片、铁桶等烹制食物，并刻意通过夸张且不卫生甚至低俗的吃播，赚取流量吸引粉丝，成为无数乡村吃播用户中的代表性"网红"。如在一条名为《今天和小伙伴们吃肉》的视频中，"农村扛把子"与同伴在树林中就地起火架起铁盘，将几块鸡肉简单冲洗后就直接扔到油腻的铁盘上，撒上大量颜色鲜艳的各类佐料，短暂烤制后和团队伙伴采用夸张的面部表情与肢体动作，来表现食物的美味以及与伙伴在一起的快乐。其在不断刺激观看者的感官的同时，也深化了农村人"脏乱差"的刻板印象。由于他们本身为农村人且以农村人自居，其不卫生的食物制作过程与夸张的形象在评论区引发诸多争议。部分人认为其生活真实而自由，如评论"让我想到了小时候，农村的生活好快乐好简单"等；而另一部分人则认为其是在抹黑农村人，如热门评论"不是所有农村人都这样不讲卫生的""请不要再给农村人抹黑了，就是你们让别人觉得农村都脏兮兮的"，等等，都在表达对"农村扛把子"所发布的内容的不满。在这样的矛盾争议中，以"农村扛把子"为代表的此类乡村用户通过迎合当下社会中对乡村的审丑心理与盛行的审丑文化，成为"审丑对象"，并由此赚取了更多的点击量而快速地实现了经济层面上的跃升。此外，在快手平台上一些"农村搞笑段子"极为常见和流行。不同于上文所提及的"叫我三炮"等乡村用户所拍摄的能够反映当下社会矛盾的视频，这一类视频内容主题往往缺乏内涵，情节简单且无逻辑，甚至常隐晦地打色情暴力的擦边球以片面追求感官刺激。而身体在成为表演工具的同时也成为内容的关键，如视频中的拍摄者往往衣着及妆容极其夸张丑陋，或不顾人身安危，通过故意摔跤、受伤等出糗、自虐的方式丑化自身形象，以此在"丑态百出"中达到视频内容所谓"爆笑"的奇观化效果，运用身体符号演出为笑而笑、为热闹而热闹的无意义"闹剧"。

不可否认，当前短视频已成为数字时代人们须臾不可离的重要文化消费形式，部分乡村群体的自我呈现在文化工业机制的运行与点击量的"绑架"下愈发奇观化。这无疑很难从更具社会意义的层面上展示当下乡村的真实状况,甚至加重乡村的负面刻板形象,进而引起城乡审美差别的激烈冲突,不利于乡村人民自身以及乡村的长远发展。

三、乡村群体形象的文化透视

自我身份的建构不可避免地将牵涉他者,在城乡文化碰撞与融合的关系场域中,现代文明与乡土文化实则互为"他者"。在很长一段时间里乡村人民在社会传播体系中都处于弱势地位,在此背景下乡村群体传播的弱沟通与交流必然也将导致群体身份与文化认同的降低甚至消失。但在快手中,乡村用户群体通过一系列"去他者化"策略对自我身份与所属群体阶层属性的定位、凸显与强调,实现了乡村群体符号边界的建构与强化,并通过不断的内容生产与话语表达推动乡村群体符号边界的再生产,促进群体身份与文化认同的形成与不断加深。这无疑在一定程度上潜移默化地影响着人们对于乡村群体形象的再判断与价值取向。

(一)群体符号边界的形成、强化与再生产

边界意味着一种差异、区隔或界限。具体而言,边界是用以区分并表明自身或所属群体与他人、他群或他物的差异的刻度或尺度。边界并非自然形成的,其形成背后往往预设了人的认知活动与社会分类或范畴化。而边界所形成的区分结果具有社会共识性。[①] 因而,"符号边界可界定为社会行动者在对人和物进行分类时所获得的概念上的区分,并且这种区分是社会共识性的。而群体符号边界,就是社会实在中有关群际差异的共识性的概念区分"[②]。社会分类比如制度性安排、职业分类与差异等是群体符号边界形成的重要认识基础。制度性的安排首先从空间格局的层面上建构起了一种城市和乡村的二元社会分类,并通过建立城乡户籍政策等实现了社会

---

① 方文:《群体符号边界如何形成?——以北京基督新教群体为例》,载《社会学研究》,2005年第1期,第25-59页。
② 方文:《群体符号边界如何形成?——以北京基督新教群体为例》,载《社会学研究》,2005年第1期,第25-59页。

类别的合法安排及社会身份的标签的意义化。① 城市和乡村由此存在一种严格分离和难以逾越的界限。"在一种先赋性的社会决定以及受其影响或制约的后致性获得的过程中"②，乡村与乡村人民的"问题性"在现代性的城市对照下，通过媒体中话语符号的不断互动而建构为一种社会共识。

对于快手与乡村用户以及其所展现城乡阶层差异的争议，可以追溯到2016年一篇名为《残酷底层物语，一个视频软件的中国农村》的微信公众号文章，其在主流社交平台上的火爆使快手在还未正式进入大众视野前就已经与乡村共同被打上了负面标签。正是部分媒体与网络意见领袖选择性地选取并传播快手乡村视频中部分奇观类内容，形成并强化了公众对于快手代表着低俗趣味、乡村代表着"贫困、无知、土气"的判断与印象，最终达成对快手中乡村用户的污名化建构。因此尽管其他主流社交平台同样也存在各类负面问题，但快手因底层用户数量的庞大与媒体早期的选择性呈现而格外突出。今天快手已经足够有名，但依然容易被视为不够"体面"，在主流社交平台中有关快手的讨论中，如"平时无聊了想欣赏'动物'就请打开快手""农村人玩快手"等带有贬抑意味的话语依然多见。群体符号边界就是在这样不断的社会比较中实现了生产与强化。③ 快手中的乡村用户，也在用户界面与上传的视频中展现了城乡二元对立长久与深刻影响下的痕迹。正如埃里克·欧林·赖特（Eric Olin Wright）提出的"主观性显著群体"（subjectively salient groups）阐发了身份与阶层间的相互作用关系，处于既定社会与文化结构中的个体往往根据自己的经历，通过自己或他人在群体中的主观定位以获得并确立身份，当某种群体身份或话语被强化和标出，对应的阶层意义上的"主观性显著群体"即某种社会类型也就此形成。④ 在微博、知乎等主流社交平台当中，用户习惯并自然地以"穿

---

① 潘泽泉：《社会分类与群体符号边界：以农民工社会分类问题为例》，载《社会》，2007年第4期，第48-67页。

② 潘泽泉：《社会分类与群体符号边界：以农民工社会分类问题为例》，载《社会》，2007年第4期，第48-67页。

③ 潘泽泉：《社会分类与群体符号边界：以农民工社会分类问题为例》，载《社会》，2007年第4期，第48-67页。

④ 埃里克·欧林·赖特：《阶级分析方法》，马磊、吴菲等译，上海：复旦大学出版社，2011年版，第221页。

搭"和"美妆"或某位明星的粉丝及个人爱好等作为突出身份的符号标签，并因其所发布与关注的内容而主动或被动归属于如美妆、科普类等不同的趣缘圈子，鲜少会有用户在自己昵称、简介或是发布内容中冠上具有地域及阶层意味的如"城市/都市"的前缀。快手平台中的乡村用户同样会主动建立自己的标签，但"乡村/农村"等具有阶层意义的词语往往会首先成为他们彼此建立联系和标示身份的前缀标签，即他们进入平台后就已经对自己有了一种强烈的自我阶层身份的定位与强调，而这种定位与强调具有相当大的普遍性，这既是他们自身经历、身份与所发布内容的一种标签，也帮发布者或观看者在共同生活经历与文化层面上迅速找到群体归属。这种现象背后实则体现的是社会分类的自我建构，即个体从最初对自我身份的感知及表达，到逐渐将自我指涉并归属为某个群体的过程。由此，个体在社会认知与社会比较的过程当中实现了"自我类别化"或"再社会化"。[1]在"自我类别化"中，群体符号边界由此建构，而在建构与内化的过程中，来自乡村的用户寻找到了一种群体性的归属并形成属于群体性的观念。如大部分乡村用户的用户名都是以"乡村/农村/山野/大山/乡野"等前缀再加上自己的昵称，同时他们常常会在自己拍摄的内容封面上加上具有一定"小人物式"煽情表达等感情色彩的文字，如："不嫌弃农村的进来""这就是农村人""你见过这样的农村吗""乡村的美食""农村不比城市差"……阶层作为一种社会分类使得乡村用户根据自身生活与情感体验进行传播实践，而这种传播实践反过来也帮助他们塑造与强化了自己的阶层身份与文化。他们对阶层身份与属性的强调实则表达了对长期以来城市话语作为社会主流话语之于乡村话语的挤压，以及乡村对城市话语对其贬抑化的情感式对抗。同时，由于平台所自带的视频编辑功能相对简单，这些视频大多呈现出一种未经修饰的真实感与粗粝感。这种草根性往往是他们寻找与赢得同属乡村阶层群体认同及支持的关键。

总之，通过社会范畴化与制度性的安排，传统传播体系中乡村与城市的群体符号边界被大众媒介建构，继而通过社会比较形成社会共识。在移

---

[1] Turner, J. C., "Towards a Cognitive Redefinition of the Social Group", in *Social Identity and Intergroup Relations*, Cambridge：Cambridge University Press, 1982.

动互联网时代,乡村用户通过独特的传播实践与话语表达使自己所建构的群体符号边界不断强化。在这一建构过程中,由其建构的形象与生产的集体记忆背后所隐含的群体身份、群体风格和群体话语体系得以源源不断地建构并且深化。它以影像化、形象化的叙述方式直接实现与表达,维持与加固了乡村人民对过去与现在生活的建构性记忆,实现与加深了乡村人民彼此的身份与文化认同,由此形成一种共同体意识。

(二)主体性身份建构中的"去他者化"努力

根据福柯的理论,权力是无处不在的。而主体是权力的产物,主体身份的认同与地位的确认往往需要通过对"他者"的建构来实现。主体通过对"他者"的话语建构区分了"我们"与"他者",体现了主体在进行权力生产时的特殊策略。同时,"我们"与"他者"之间关系并非固定的,权力具有生产性,二者之间的关系在特定的条件下可以被打破甚至实现相互转换。也正因为如此,那些被建构的"他者"可以通过特定的策略而拥有对抗与转换身份的可能性和权力,进而实现"去他者化"。[1] 以城市为代表的主流大众文化在再现乡村时往往流露出"他者化"倾向。乡村人民常常与"愚昧""老土""没前途"等含贬低性意味的词语联系在一起,并在大众中形成刻板印象。尽管随着时代发展大众媒介对于乡村群体形象的再现相较以前更加多样化,但仍存在建构视角单一的问题。而在观看乡村视频的过程中,我们可以感受到一些乡村用户有意无意表现出来的对于自我或群体身份的定义和内涵的表达。他们通过强调或对比以凸显主体身份与品质、展现主体创造力等策略来解构大众媒体文本中的"他者"形象。

在视频制作过程当中,乡村用户往往以自己的生活与劳作场景为主要拍摄内容,他们散布于全国各地,其所呈现的丰富乡村景观本身就是对传统大众传播中所呈现的类型化与单一化乡村景观的补充。同时,乡村用户制作与点赞视频代表着这些用户对技术与时代潮流的积极回应,在某种程

---

[1] 石义彬、熊慧、彭彪:《教育部人文社科重点研究基地重大项目——"数字时代的全球媒介传播与文化身份认同研究"报告 文化身份认同演变的历史与现状分析》,载《中国媒体发展研究报告》,2007年第0期,第182-204页。

度上也是乡村对外部世界的模仿与实践。但在更深层意义上，则体现的是他们对自我或背后所属文化的自主再现，对突破"他者"形象与自我形象建构的意愿。在乡村短视频中，一些剧情连续短剧极受欢迎，乡村用户常常对主流话语开展一种自我改编与融合的戏剧性创作，通过建构情境对主流话语进行反转和反击。一些主流电视剧中乡村人进入城市后往往在文化对照下呈现出思想观念落后、卫生习惯糟糕的"盲流"形象。而"爱笑的雪莉吖"所拍摄的情景剧塑造了这样一段情景：城市女孩受到乡村吸引来实地体验生活，本约定好一早起来学习做农活却睡到中午才起床。勤快的乡村姑娘雪莉已早早开始劳作，城市女孩却在化好妆打扮精致后才穿着裙子慢悠悠走向农田。当雪莉耐心教她使用锄头时，她却在一旁自顾自开始补妆并嫌弃天气炎热，甚至通过撒娇把农活扔给男生做。无疑，视频中城市女孩被塑造为一种柔弱娇气、对农活农作物无知、利用性别与外貌优势获得帮助的形象。而乡村女孩则是朴素、勤劳、不随意依附与依靠别人的"女汉子"形象。这样类型化的城乡叙事的段子在快手中并不少见，通常城市人的登场就意味着狡诈与欺骗、金钱利益优先等。通过对比的叙事模式与话语表达，他们有意识地凸出乡村身份及其美好品质，同时也实现了对主流话语中"他者化"形象的情感式抵抗。

时尚并非诞生于乡村，城市常赋予乡村"土气"的标签，而快手中的"乡村超模"却就地取材，利用篷布、编织袋、麻袋等设计衣服与制作饰品，乡间小路成为他们展示的舞台。他们因为无限创新受到关注与好评，甚至走向时尚品牌的舞台。这些视频内容或直接取材于现实的乡村生活，或以乡村元素为表现形式，或挪用城市文化元素和乡村文化元素进行基于自身理解的独特语义置换，从各个视角有力发掘并传播了乡村的内在文化魅力与生活魅力。其一系列自主传播实践建构了这样一个具有创造性与丰富性的乡村与乡民形象。

这些乡村用户大多强调自己"土生土长"的乡民身份，致力于打造田园美以期望观看者能关注到乡村美好而具有人情味的一面，更呼吁年轻一代回到乡村。他们将自己定义为挖掘乡村野趣与传递乡土民俗风情的传播者，实现乡村振兴而身体力行的推动者。其自我建构的形象凸显了自身的主体地位与阶层的优秀品质，在一定程度上为乡村群体乃至城乡之间交流互通与认同建构提供条件。需注意的是，这种强调自我和阶层身份的具有"反抗"意味的行为与"去他者化"的努力，常常只是止于情感层面的程度，并未上升到更广泛的现实实践运动中。①

（三）难以抹去的"他者"身份

虽然不断发展的新媒体技术在不同方面为这些城市话语中的"他者"进行"去他者化"提供建构自我的武器和舞台，但受制于平台内外种种规制力量的乡村用户不得不进行自觉或不自觉的自我妥协。即尽管短视频与直播使用的低门槛让用户能更自由地表达自我，但人类对于获得认同与逐利的本能与来自技术与商业的算法和运行逻辑使用户不得不迎合大众审美。最典型的现象是，基于观看者的口味，很多时候最终展现的只是一些趋同的表演或对于他者所塑造的"他者化"形象的迎合。同时亚文化似乎成功渗入并影响着主流社交平台中的文化，但实际上，主流文化对于这种亚文化的挪用与戏谑也在同时强调这种文化的"他者性"。

在这样一种自觉或不自觉的"去他者化"的过程当中，如果说如用户"手工耿""浪漫侗家七仙女"等部分乡村用户以更符合社会传统或主流价值观的方式获得了更大范围内的理解与认同，另一部分乡村用户反而常常又固化了乡村"他者"的形象。如快手红人"Giao哥"，在短视频平台出现前，他的生活也许就像大部分乡村人一样，或选择进城打工，或选择在家务农。在快手平台上，他通过夸张滑稽的动作与浓重的口音在田地里一本正经地唱着直白的"土味"说唱，被微博营销号搬运而进入主流社交软件，成为恶搞视频的常见素材与表情包。在累积一定名气后，"Giao哥"被邀请参加《中国新说唱》的新闻更是引起热烈讨论。尽管从某些方面来说审美并无高低，土味说唱在大众中也确实拥有一些"受众"，但从节目效果来看，这不过是节目制作方提升收视率的营销手段。在这样一个充满着城市符号的节目中，衣着朴素的"Giao哥"在其他穿着时尚的选手对照之下成为"他者"的存在，成为"土气"且"滑稽"的阶层符号，并在随后的比

---

① 刘涛：《短视频、乡村空间生产与艰难的阶层流动》，载《教育传媒研究》，2018年第6期，第13-16页。

赛中被迅速淘汰,这对于他进入主流无济于事。在热潮过后只能回到直播间,在与其他主播"PK"(直播中的一种形式,两位主播随机进行连麦,获得观看者打赏最多者获胜)中不断地通过类似"你是不是看不起农村人"等话语点燃观看者的情感共鸣以获取金钱收益。对于这部分乡村用户,其得以出名的方式使他们即便能获得物质层面的经济收益甚至踏上一些大众舞台,但也因此被迫不能随意改变风格,甚至需要一直保持或强化该风格以迎合观看者。这一难以摆脱的"丑角"式身份标签,使部分乡村用户在很长时间内难以走出被消费的观看结构,其想要达到如"Papi酱"等自媒体人的影响力仍然不可能。这种文化挪用与消费的表象之下是一道横亘在两个阶层之间代表着社会阶层与文化差异的鸿沟。

在乡村类型的作品中,乡村用户自我编排的情景剧也极受欢迎。这些视频里"金钱"与"爱情"往往是重要主题。除了一些"如果我是农村人,你还会爱我吗"等话语与展现乡村人自立自强如"高人在民间"的内容表达,他们常常挪用城市符号以表达对城市文化的不满及自我形象的改变。在诸多剧情中,一种典型的类型化叙事是:乡村女孩受到城市男孩的吸引,她不断数落乡村男孩"土气"与"没钱"并最终抛弃了乡村男孩,痛苦之下的乡村男孩经过奋斗后成功改头换面,并以城市人形象出现在女孩面前,而当女孩后悔不已试图挽回男孩时,男孩则通过"不要看不起农村人"等直白的话语表示对女孩的鄙夷。尽管这些乡村人试图表达对城市化潮流中物质至上思想及城市对乡村的贬抑化的不满,但实际上又陷入另一种叙事困境,即在对被"他者化"的回应与解构策略中,他们仍是以豪车、房子及时尚潮流的形象等一套消费社会中的物质及外在符号作为衡量成功与否的标准。从某种程度上来说,这样的剧情实则表现出了这样一种现实,即乡村人民能否摆脱这样一种"他者"形象,仍然取决于塑造这种"他者"形象的力量。

从拍摄到观看,再到点赞、评论,流量最终变现为名气与资本。在这一过程中,乡村个体或某群体的文化趣味进行了妥协,接受了大众文化与商业逻辑的洗礼与驯化。因此,短视频技术是否真的让人们更自由地表达了自我还是一个疑问。从媒介使用的原动力来看,乡村用户拿起手机拍摄视频,使其获得了更多存在感并得以展示自我或群体形象而进入公共视野,这种形象背后则更多地代表了其主体性与自我或更深层的群体所属意识。但在社会主流话语及观看者的群体性趣味、平台机制的三方制衡与竞赛下，这些乡村用户不免受到压力以及消费文化的影响。因此，乡村短视频的拍摄虽然传达了个体或群体的现实生活及表达欲望，然而社会结构与消费环境却使其在自觉与不自觉中迎合甚至塑造了"他者"形象。

结　语

福柯在谈到话语时指出："话语意味着一个社会团体或群体根据某些规则将其意图传达的意义传播到社会中，以此使之为其他团体所认识并最终确立社会地位。"① 由于社会结构及媒介资源分配不平衡等，乡村群体一度在社会传播场域中缺席，其进行表达与受关注的欲望处于被压制与被忽视的状态，无力参与自身话语体系的建构和传达，也无法获得相应的话语权。不对称的信息交流以及商业话语的强大影响，往往在强化大众与乡村人民对城市的认同乃至盲从的同时，也降低了乡村人民的自我身份认同，甚至导致乡村传统文化与集体记忆的失落。

而短视频等新媒介技术的蓬勃发展极大促进了话语权下放，激活了乡村人民内容生产的积极性与主体性。在成为乡村故事的叙事主体之后，乡村人民由此实现了从被再现的"他者"向自我建构的转变。② 在快手这一影像与话语空间中，他们既是内容生产者，也是消费者和传播者，并以"我"和"我们"为出发点通过对视觉符号的编码与解码建构着新时代乡村的新故事，吸引并凝结成彼此认同的"情感共同体"。同时，因平台间的流动在不断地吸引注意力资源中完成了平台之外群体互动与关系建构，并在更大程度与范围内实现了乡村群体形象的自我建构。在以乡村为本体、以乡村人民为主体的传播模式之下，这些来自乡村、展示乡村、表达乡村的三农类短视频有望改善以往主流媒体传播内容与乡村现实之间的疏离，改变乡

---

① 王治河：《福柯》，长沙：湖南教育出版社，1999年版，第89页。
② 沙垚、张思宇：《公共性视角下的媒介与乡村文化生活》，载《新闻与写作》，2019年第9期，第21—25页。

村群体单向度的被再现。但必须看到,快手这一场域与其中的乡村行动者尽管有自主性,却不可避免地受到更大场域的制约,因此短视频等媒介技术是否能让乡村人民更自由地表达自我仍然是一个疑问。乡村用户所建构的形象背后所折射的是移动媒体时代传播深度嵌入乡村社会的逻辑,以及乡村共同体与社会具有弹性的融合关系,如主流意识形态与资本力量的介入、平台规则的调整、乡村用户的自我调适等,这些无不形塑着由乡村用户所建构的乡村群体形象。

跨学科比较研究

莎士比亚与弗洛伊德精神分析的隐秘关系
——布鲁姆《西方正典》的一个解读[①]

李伟昉[②]

美国著名学者哈罗德·布鲁姆在其专著《西方正典》中对莎士比亚有着极高的评价。他认为"在认知的敏锐、语言的活力和创造的才情上",莎士比亚"都超过所有其他西方作家"而成为"经典的中心"[③];"莎士比亚位居经典核心的秘密部分地在于其非功利性",在于"不受任何意识形态的约束"[④]。由于具有这些特征,"莎士比亚仍将继续重新占据西方经典的中心"[⑤]。尽管如此,布鲁姆仍在继续深入追问:"什么是莎士比亚的特异之处,使得只有但丁、塞万提斯、托尔斯泰以及少数几个人成为他的美学同侪?提出这个问题就是在探寻文学研究的最终目的,即探寻能够超越一时社会需求及特定成见的某种价值观。"他指出:"莎士比亚作品中一个普遍的基本特质是多元文化性,它在所有语言中能被普遍地感觉到,所以也就在全球实际上构建了一种文化多元主义,这比以政治化的笨拙努力去实现

---

① 原文刊于《人文杂志》2018年第7期,此次刊载有所修改。
② 作者简介:李伟昉,河南大学文学院教授、博士生导师,《河南大学学报》哲社版主编。
③ 哈罗德·布鲁姆:《西方正典》,江宁康译,南京:译林出版社,2005年版,第33页。
④ 哈罗德·布鲁姆:《西方正典》,江宁康译,南京:译林出版社,2005年版,第41页。
⑤ 哈罗德·布鲁姆:《西方正典》,江宁康译,南京:译林出版社,2005年版,第39页。

这一理想要高明得多。"并且"莎氏独特的伟大在于对人物和个性及其变化多端的表现能力",所有这些都让莎士比亚凝结为"一种世界经典雏形的中心,而不是仅仅属于西方或东方"。[①] 在布鲁姆看来,作为经典中心的莎士比亚,不仅意味着西方文学史上高不可攀的巅峰,还在于他所具有的异常强大的辐射力与影响力。莎士比亚对弗洛伊德(1856—1939)的影响,就是20世纪跨学科领域极具代表性的案例。

在《西方正典》中,主要有两篇文章涉及弗洛伊德与莎士比亚的关系,一篇是《经典的中心:莎士比亚》,另一篇是《弗洛伊德:莎士比亚式解读》。前者提出了莎士比亚影响弗洛伊德的观点,后者则集中探讨了弗洛伊德对莎士比亚的接受。布鲁姆指出,对西方许多大家而言,莎士比亚的作品就是文化的世俗中心,寄托着人类理性荣光到来的希望,但是对作为西方心理学家、精神分析学派创始人的弗洛伊德来说却不仅如此。从某一层次上说,莎士比亚"颠覆了弗氏所宣称的:'我发明了精神分析,因为此前并无文献记载。'"[②] 布鲁姆循着弗洛伊德理论的蛛丝马迹发现,实际情况并非完全如弗洛伊德自己所说。因为,虽然此前没有被称为"精神分析"的理论,但不等于没有以精神分析或心理分析见长的文学作品,换言之,文学史上已有的以心理分析见长的文学经典,无疑也是弗洛伊德创立精神分析学的重要来源之一。莎士比亚就是善于挖掘人的灵魂,细腻展示人的复杂内心世界的最杰出的天才,在这方面很少有人能超越他。布鲁姆从弗洛伊德精神分析学中看到了莎士比亚的影子,为我们清晰地勾勒了弗洛伊德接受莎士比亚影响的基本事实,从而揭开了这个鲜为人知的秘密。

那么,布鲁姆是如何发现弗洛伊德与莎士比亚之间的这一隐秘关系的呢?

---

① 哈罗德·布鲁姆:《西方正典》,江宁康译,南京:译林出版社,2005年版,第45-46页。

② 哈罗德·布鲁姆:《西方正典》,江宁康译,南京:译林出版社,2005年版,第44页。

一、莎士比亚对弗洛伊德精神分析学的影响

弗洛伊德在自己一生的著述中曾多次谈论到莎士比亚的戏剧创作，例如《梦的解析》（1900）、《戏剧中的精神变态角色》（1905—1906）、《米开朗基罗的摩西》（1914）、《心理分析工作中遇到的一些性格类型》（1916）、《三个匣子的主题》（1913）、《陀思妥耶夫斯基与弑父者》（1928）、《精神分析纲要》（1940）等。其中，《梦的解析》《戏剧中的精神变态角色》《米开朗基罗的摩西》《陀思妥耶夫斯基与弑父者》《精神分析纲要》等，都直接论及悲剧《哈姆莱特》。他在《戏剧中的精神变态角色》一文中说："第一个这样的现代戏剧是《哈姆雷特》。这部戏剧是以这样的方法作为主题：一个人长期地处在不正常状态中，最后变成了神经症患者，这应归因于他所面对的任务的特殊性质，这个人，就是一个在他身上的一种迄今为止被成功地压抑的冲动的努力开拓使它自己变成行动的人。"① 在《精神分析纲要》中他评价道："莎士比亚笔下的哈姆雷特，即另一个戏剧性英雄之谜，按照俄狄浦斯情结多么容易就能够得到解答。因为王子遭遇的不幸超出了对别人的处罚，这与他自己的俄狄浦斯愿望相吻合。"② 在《米开朗基罗的摩西》一文中，弗洛伊德更是明确地指出："我们来研究一下莎士比亚的代表作《哈姆雷特》吧，这部剧作至今已有三百年的历史了。我一直密切地关注着精神分析文学，并接受了它的观点，即只有当悲剧素材被追溯到恋母情结这一主题思想时，莎剧的感染力之谜才能最终得以解开。"③ 上述所引都说明，弗洛伊德是把《哈姆莱特》作为精神分析性质的文学作品来看待的，是其构建精神分析理论的文学素材，并且"接受了它的观点"。显然，莎士比亚对弗洛伊德的影响是一个基本的事实存在。

---

① 弗洛伊德：《论文学与艺术》，常宏等译，北京：国际文化出版公司，2001年版，第95页。
② 车文博主编：《弗洛伊德文集（五）》，长春：长春出版社，2004年版，第233页。
③ 车文博主编：《弗洛伊德文集（七）》，长春：长春出版社，2004年版，第124-125页。

布鲁姆坚持认为，弗洛伊德后来"论述《哈姆莱特》的文章都不过是在无谓地重复俄狄浦斯情结一说"①。所以他得出结论："弗洛伊德实质上就是散文化了的莎士比亚，因为弗洛伊德对于人类心理的洞察是源于他对莎剧并非完全无意识的研读。这位精神分析学的奠基人毕生在研读英文的莎士比亚著作，并承认莎士比亚是伟大的文豪。莎士比亚一直萦绕着弗洛伊德，如同他仍萦绕着我们一样；弗洛伊德发现自己在交谈、写信和创作心理分析文学时，总是会有意无意地引用（或误引）莎士比亚。"布鲁姆由此强调弗洛伊德对莎士比亚的接受而产生的影响远比圣经要大得多，莎士比亚"是他的隐密权威，是他不愿承认的父亲"②。

> 精神分析学在许多方面都是对莎士比亚简约化的戏拟，莎士比亚的魂灵至今萦绕不去，可以认定，莎士比亚就是某种超验的精神分析学。当他笔下的人物因倾听到自己内心的声音而发生变化，或希望自己发生变化时，他们总是预示着心理分析的情形，在这样的情形中，患者不得不在向心理分析医师倾诉的同时倾听自己的声音。弗洛伊德之前，莎士比亚是关于爱欲及其变迁的主要权威，或者说深谙本能冲动变化之道；不言而喻，他至今仍是引导我们的权威，也从未停止过指导弗洛伊德。③

弗洛伊德酷爱并研究莎士比亚，并钦佩莎士比亚是伟大作家，这是接受影响的最可靠的基础。然而，莎士比亚究竟何以让弗洛伊德情有独钟呢？这种影响又是如何具体展开的呢？布鲁姆认为，正是莎士比亚对人物心理富有深度与张力的艺术描写和探索深深地吸引了弗洛伊德，并且极大地启发了他的思维与灵感。"莎士比亚通过发现心理活动而发明了精神分析"

---

① 哈罗德·布鲁姆：《西方正典》，江宁康译，南京：译林出版社，2005年版，第302页。

② 哈罗德·布鲁姆：《西方正典》，江宁康译，南京：译林出版社，2005年版，第291页。

③ 哈罗德·布鲁姆：《西方正典》，江宁康译，南京：译林出版社，2005年版，第307页。

后,"弗洛伊德才能认知和描述它"。①

布鲁姆主要从"情感与认知矛盾"或"情感矛盾"描写的角度,细致地揭示了莎士比亚对弗洛伊德的启发与影响。在研究中,布鲁姆把弗洛伊德作为一个作家,把精神分析学视为文学,认为弗洛伊德揭示人性的精妙之处,"就是他的心灵内部存在战争的见解"②。而莎士比亚对弗洛伊德的影响,起于弗洛伊德对《哈姆莱特》的解读。作为20世纪最早关注莎士比亚的杰出心理学家,弗洛伊德1900年在《梦的解析》中,首次用"俄狄浦斯情结"阐释了莎士比亚笔下悲剧人物哈姆莱特延宕的原因。他分析指出,《哈姆莱特》主要在于刻画主人公为父复仇时的重重顾虑和内在痛楚,却"并未提到这犹豫的原因或动机,而各种不同的解释也均无法令人满意"。他尤其不同意歌德所提出的颇为流行的一个观点,即哈姆莱特生性就是一个偏重智力活动的优柔寡断的性格。哈姆莱特能杀死波洛涅斯及谋害他的两个朝臣的两次果断行动,可以证明他并非天生犹豫。弗洛伊德认为,哈姆莱特之所以迟迟不能除掉他的叔叔克劳狄斯,"唯一的解释便是这件工作具有某种特殊的性质",准确地说,是因为克劳狄斯的所作所为恰恰是他自己潜意识中长年压抑着的幼年欲望的实现。哈姆莱特心中这一弑父娶母的隐秘,使他带有一种沉重的负罪感,因此他可以做任何事情,但对谋杀其父、篡其王位、娶其母亲的人却无能为力,"于是对仇人的恨意被良心的自谴所取代,因为良心告诉他,自己其实比这弑父娶母的凶手并好不了多少"③。布鲁姆认为,弗洛伊德虽然是在详细阐释《俄狄浦斯王》之后才论及《哈姆莱特》,而且指出只有追溯到俄狄浦斯主题,才能最终解开《哈姆莱特》的感染力之谜,不过,"我所怀疑的是,弗洛伊德真正关注和感兴趣的是《哈姆莱特》而非《俄狄浦斯王》,而他选用的术语却不是'哈姆莱特

---

① 哈罗德·布鲁姆:《西方正典》,江宁康译,南京:译林出版社,2005年版,第44页。
② 哈罗德·布鲁姆:《西方正典》,江宁康译,南京:译林出版社,2005年版,第295页。
③ 佛洛伊德:《梦的解析》,赖其万、符佳孝译,北京:中国民间文艺出版社,1986年版,第191页。

情结'","但事实上这是哈姆莱特情结"。① "我坚信问题不是俄狄浦斯情结,而是哈姆莱特情结"。② 因为俄狄浦斯完全是在毫不知情的情况下杀死了父亲而后又娶了母亲的,他根本没有恋母妒父甚至弑父的冲动。那么,弗洛伊德为什么要刻意回避"哈姆莱特情结"呢?从根本上说,就是因为"哈姆莱特情结会把令人畏惧的莎士比亚过近地拉进精神分析学这个母体","将俄狄浦斯嫁接到哈姆莱特身上,主要是为了掩盖自己受益于莎士比亚的事实"。"索福克勒斯笔下的俄狄浦斯可能带着稍许哈姆莱特情结(我将这种情结界定为思考不太多,但异常深刻),但那个斯特拉福小子创作的哈姆莱特绝对没有俄狄浦斯情结。"③ 不是《俄狄浦斯王》影响了弗洛伊德,而是《哈姆莱特》,《哈姆莱特》才是"弗洛伊德的专爱"。④ "哈姆莱特未曾有过俄狄浦斯情结,而弗洛伊德显然具有哈姆莱特情结,或许他的精神分析学就是某种莎士比亚情结!"⑤

因此,布鲁姆分析道,弗洛伊德自认为"俄狄浦斯情结"这一概念是他的首创,是他所谓"矛盾情感"的杰作,但是,他所首创的仅仅是"俄狄浦斯情结"这一概念本身,而这一概念的内涵却实实在在地来自哈姆莱特。可是,"究竟为何弗洛伊德会发现文学作品中情感与认知上的独特矛盾呢?"在布鲁姆看来,哈姆莱特情结意蕴丰富,在西方所有文学作品中再也找不出比这个角色更加复杂多变的人物了。四百年来,"哈姆莱特已将爱恨交织的矛盾情感呈现于欧洲及世界观众的面前,而弗洛伊德是几个世纪后才出现。弗洛伊德在解读哈姆莱特方面并未提交出一份合格的答卷;而哈

---

① 哈罗德·布鲁姆:《西方正典》,江宁康译,南京:译林出版社,2005年版,第298页。
② 哈罗德·布鲁姆:《西方正典》,江宁康译,南京:译林出版社,2005年版,第301页。
③ 哈罗德·布鲁姆:《西方正典》,江宁康译,南京:译林出版社,2005年版,第296页。
④ 哈罗德·布鲁姆:《西方正典》,江宁康译,南京:译林出版社,2005年版,第298页。
⑤ 哈罗德·布鲁姆:《西方正典》,江宁康译,南京:译林出版社,2005年版,第295页。

姆莱特却对弗洛伊德的主题做出了最好的阐释，至今无人能及"①。所以，"弗洛伊德将哈姆莱特解读作俄狄浦斯，这足以表明他对莎士比亚的抵制"②。这一事实不得不让布鲁姆感到："莎士比亚真正发明了情感与认知的矛盾反讽并使之左右了弗洛伊德。我日益吃惊地发现，莎士比亚的出现会使弗洛伊德的原创性消失。"③ 也就是说，"莎士比亚首开心理分析的先河，而弗洛伊德仅仅是编撰整理者"④。莎士比亚是一个"更具原创性的思想家"⑤。从这个角度讲，莎士比亚"极大地损伤了弗洛伊德的原创性"⑥，无疑颠覆了弗洛伊德"我发明了精神分析"的豪言。

值得一提的是，弗洛伊德虽然明确地把《哈姆莱特》看成是揭示矛盾情感的罕见的伟大作品，但是，布鲁姆从中又看到了弗洛伊德这一观点本身所存在的矛盾性。他指出，弗洛伊德一方面宣称："一切真正具有创造性的作品都不会是作者脑海中单一动机、单一冲动的产物，也不可能只有一种解释"；另一方面又明确表示，他的"单一解释"就是要直指"作者充满创造力的思想中最深层的冲动"。布鲁姆则认为，"思想中并不存在最深层"，"在每一个深层下又有一个更深层开启着"，⑦ 不可能有什么唯一解释。显然，布鲁姆不认同弗洛伊德"仅把莎剧中最具复杂性的人物简化为

---

① 哈罗德·布鲁姆：《西方正典》，江宁康译，南京：译林出版社，2005年版，第297页。
② 哈罗德·布鲁姆：《西方正典》，江宁康译，南京：译林出版社，2005年版，第304页。
③ 哈罗德·布鲁姆：《西方正典》，江宁康译，南京：译林出版社，2005年版，第55页。
④ 哈罗德·布鲁姆：《西方正典》，江宁康译，南京：译林出版社，2005年版，第292页。
⑤ 哈罗德·布鲁姆：《西方正典》，江宁康译，南京：译林出版社，2005年版，第295页。
⑥ 哈罗德·布鲁姆：《西方正典》，江宁康译，南京：译林出版社，2005年版，第44页。
⑦ 哈罗德·布鲁姆：《西方正典》，江宁康译，南京：译林出版社，2005年版，第300—301页。

俄狄浦斯情结的牺牲品"①，把"莎士比亚伟大的悲剧沦为精神分析治疗法的个案"②的做法。在布鲁姆看来，弗洛伊德一方面接受了莎士比亚创作的启发和影响，另一方面又把莎士比亚作为阐发自己理论的注解和工具，继而把哈姆莱特丰富复杂的内涵"简化为俄狄浦斯情结的牺牲品"，最终将其"沦为精神分析治疗法的个案"。这一成功的移植成就了弗洛伊德，却降低甚至遮蔽了莎士比亚作为西方经典中心的真正价值，完全误导了人们对哈姆莱特这一丰富复杂人格的多元理解。这也是他想极力回避莎士比亚的主要原因。正是这一点，弗洛伊德挑战了布鲁姆关于莎士比亚"不受任何意识形态的约束""能够超越一时社会需求及特定成见的某种价值观"以及具有"多元文化性"的价值判断，是布鲁姆所不能容忍的。所以布鲁姆说："如果矛盾情感（或者说它的表现）是莎士比亚的而不是弗洛伊德的概念，那么这个矛盾情感已事实上变成了弗洛伊德的概念，原因仅在于他对莎士比亚的体验，那么他就不得不误读或厌恨莎士比亚对这种矛盾情感的最杰出表现，即四部伟大的家庭悲剧：《哈姆莱特》《奥赛罗》《李尔王》《麦克白》。"③应该说，布鲁姆理清了莎士比亚对弗洛伊德的影响细节。

另外，布鲁姆还从"焦虑"的角度提到了莎士比亚对弗洛伊德构建焦虑理论的启发。他认为，弗洛伊德1926年出版《抑制、症状与焦虑》一书之前，相信神经性焦虑与现实性焦虑可以相互区分：现实性焦虑来自真实的危险，而神经性焦虑则产生于受阻的利比多或不成功的压抑，因而不涉及心灵的搏杀。他提出压抑先于焦虑，焦虑是压抑导致的结果。此后，弗洛伊德不再相信利比多可以转化为焦虑，焦虑反被视为先于压抑而生，是压抑的动机。"在修正后的理论中，弗洛伊德彻底抛弃了真实恐惧与神经性焦虑之间的因果区分。弗洛伊德早年的理论应用到莎士比亚的戏剧世界中如鱼得水，尤其在弗洛伊德偏爱的几部主要悲剧中，焦虑与矛盾情感一起

---

① 哈罗德·布鲁姆：《西方正典》，江宁康译，南京：译林出版社，2005年版，292页。

② 哈罗德·布鲁姆：《西方正典》，江宁康译，南京：译林出版社，2005年版，第302页。

③ 哈罗德·布鲁姆：《西方正典》，江宁康译，南京：译林出版社，2005年版，第305页。

居于首要地位。"不过,"比较弗洛伊德关于焦虑的两个理论,我认为修订后的阐述似乎比先前遭拒的假说更具有莎士比亚色彩"①。他针对莎士比亚的四大悲剧分析说:

> 哈姆莱特所处的艾尔西诺堡,伊阿古所处的威尼斯,李尔与爱德蒙所处的不列颠,以及麦克白所处的苏格兰:所有这些地方都笼罩着焦虑的气氛,这种气氛在剧中人物出场前或事件发生之前观众或读者就可以感觉到。如果哈姆莱特/俄狄浦斯情结是反映情感矛盾的杰作,那么我想把反映焦虑的杰作称为麦克白情结,因为麦克白究竟是神武盖世还是恶贯满盈,一直是莎士比亚最烦心的问题。在麦克白情结中,恐惧无法与欲望区分,想象既无懈可击又邪恶有害。对麦克白而言,幻想即意味着跨越意志的沟壑,落在夙愿得偿的彼岸。事件接二连三地发生,直到麦克白被杀,因为甚至在他篡夺权位之前,现世的不祥之兆就已在他的王国里一再变为现实。如果哈姆莱特/俄狄浦斯情结中隐藏着自立为父的焦虑,麦克白情结中则暴露出自我毁灭的欲望。②

麦克白因听信谗言以及妻子的怂恿,产生弑君称王的冲动,为此焦虑不已,又无法压抑野心的膨胀,最终嗜杀成性,走向毁灭。所以布鲁姆称之为"麦克白情结",是反映焦虑的杰作。弗洛伊德的焦虑理论无疑从中汲取了鲜活的素材与灵感。布鲁姆由此指出:

> 莎士比亚是审美自由与原创性的完美典范。弗洛伊德因莎士比亚而感到不安,因为他从莎士比亚那里了解到了焦虑,正如他在自我中了解到了矛盾情感、自恋与自我分裂一样。爱默生对待莎士比亚更自由、更具创造性,因为他从后者那里看到的是野性与陌生性。与同样经典的弗洛伊德相比,爱默生的话更适宜在这里作为结语:"现在,文学、哲学及思想都已经莎士比亚化了。莎士比亚的心灵就是地平线,

---

① 哈罗德·布鲁姆:《西方正典》,江宁康译,南京:译林出版社,2005年版,第307—308页。
② 哈罗德·布鲁姆:《西方正典》,江宁康译,南京:译林出版社,2005年版,第308页。

在地平线之外还有什么我们尚无法看到。"①

二、布鲁姆的探讨对我们的启示

在《西方正典》中,布鲁姆对弗洛伊德精神分析学的莎士比亚来源,做了精彩而富于启迪性的探讨。这一探讨不仅极具学术价值,而且颇有现实意义,其彰显出来的问题意识与哲理深度值得我们深思。

第一,善于发现问题,敢于质疑并挑战权威,是学术研究最难能可贵的品质和精神。没有质疑,就没有发展动力;没有挑战,就无法引领创新。这是学术生命得以延续的活源泉,是社会不断进步的助推器。弗洛伊德是20世纪精神分析学派的创始人,具有广泛而深刻的影响。布鲁姆敢于质疑、挑战弗洛伊德的权威,并且经过文献梳理、文本细读后,发现并揭示出了弗洛伊德与莎士比亚之间微妙的精神交往与事实联系。在对问题的梳理与研究过程中,布鲁姆坚持把严谨求实的实证方法与美学家的审美批评精神相结合,既显现了客观审慎的态度,又展示了精细阐释的情怀。胡适曾经强调,学术探究离不开大胆假设,但需要小心求证。布鲁姆的可贵之处就在于,当他做出莎士比亚让弗洛伊德精神分析理论的原创性遭到重创甚至消失的大胆假设后,不是随便找到几个证据,泛泛而论,草草做结,这样做是没有说服力的。因为要证明莎士比亚对弗洛伊德的影响,仅凭指出弗洛伊德喜爱莎士比亚、经常引用莎士比亚远远不够,必须依据具体事实,并合理地运用事实说明弗洛伊德与莎士比亚之间内在的逻辑精神关联。"在形式逻辑的每一步推理之后,都必须返回事实,从事实中取得充分的资料以决定下一步该如何进行。千万不要未予极度的警惕就从推论中得出推论。"② 布鲁姆紧紧抓住哈姆莱特的所谓"俄狄浦斯情结"名实不符这一核心问题,层层剖析,步步深入,由此既揭示出哈姆莱特/俄狄浦斯情结实乃

---

① 哈罗德·布鲁姆:《西方正典》,江宁康译,南京:译林出版社,2005年版,第309页。

② 朗松:《朗松文论选》,徐继曾译,天津:百花文艺出版社,2009年版,第23页。

具有普遍性价值的反映"情感与认知矛盾"的真正蕴含，又直指弗洛伊德刻意回避莎士比亚的内在动因："再没有人比这位精神分析学创始人更为影响的焦虑所苦，弗洛伊德始终觉得莎士比亚先他而立，他常常感到无法正视这一令他蒙羞的事实。"① 可见，质疑、挑战不能臆测随性，必须落到实处，必须有赖于文本细读与实证方法的运用。文本细读与实证方法的运用是质疑、挑战的起点，对于审美批评、提升研究结果内涵的可信度具有决定性意义。

布鲁姆的探讨涉及了比较文学影响研究中的一个敏感话题，即影响与接受的实证问题。历史上不乏这样的情况，有些作家对自己的创作所受到的影响表现得很坦诚，但有些作家不愿意公开承认或刻意回避接受影响的事实，或对接受过的影响含糊其词，不置可否。以影响研究著称的比较文学法国学派便十分强调实证是影响研究的逻辑起点，并在此基础上提出了"流传学""渊源学""媒介学"等学界广泛使用的基本研究范式。比较文学美国学派虽然以审美批评挑战法国学派实证研究，大大拓展了比较文学研究的疆域，重视无影响的平行关系研究，但其倡导的跨学科研究"无法从根本上绕过影响研究的范式及其实证方法"，"跨学科研究不仅与影响研究相互关联，而且从方法论上讲仍然是一种影响研究，或者说是一种跨学科的影响研究"②。布鲁姆的探讨既属于"渊源学"研究，又属于文学与精神分析学的跨学科研究。这就需要研究者严谨细致地采集一切可能的事实加以求证，谨防信口开河，随意推论。弗洛伊德虽然在极力小心翼翼地回避莎士比亚，但布鲁姆也极力在小心翼翼地还原弗洛伊德极力回避的事实，细腻探讨弗洛伊德精神分析学的莎士比亚来源。他认为：

> 弗洛伊德处处显露出莎士比亚的影子，尽管有时并未提及他，却比引证他时更甚。弗洛伊德将他对莎士比亚最基本的态度称为"否定"（Verneinung），这是指先前受到压抑的思想、感情或欲望只有通过被否

---

① 哈罗德·布鲁姆：《西方正典》，江宁康译，南京：译林出版社，2005年版，第306页。
② 李伟昉：《论跨学科研究与影响研究的关系——从美国比较文学定义论起》，载《汉语言文学研究》，2013年第2期。

认才能进入意识领域,只有这样,防御或压抑才能继续下去。受到压抑的东西可以从理智而非情感上被接受。弗洛伊德接受了莎士比亚的种种观念,虽然他矢口否认这一源泉。弗洛伊德自我保存的本能冲动驱使他不得不否定莎士比亚,然而,他又从未停止过将自己认同于哈姆莱特。①

布鲁姆确信:"作为研究文学影响的学者,我自认为并没有高估莎士比亚对弗洛伊德的影响。这种影响与莎士比亚对歌德、易卜生、乔伊斯以及本书论及的其他许多作家所产生的强大影响相比,仅有程度而没有类型的差异。"②

第二,作为文学理论大家、批评家的布鲁姆,重视文学经典,善于从审美层面探讨经典作家与经典作品的普遍意义。他的这一批评特色,实际上是对西方文学理论界重理论轻文本甚至脱离文本的"泛理论"倾向的无声反驳,这一点尤其值得文论界的注意与反思。自20世纪80年代后,受欧美国家文学理论界的影响,我国学界兴起一波又一波五花八门、形形色色的西方理论热潮,理论不断占据显赫的中心位置,文学却被不断边缘化。一时间,阔谈理论者变得高大上,分析文学文本者则显得低能弱智。追随西方理论,从理论到理论,最终导致为业内不少学者所诟病的两种不良结果:一是生搬硬套西方理论,即便是文学作品在场,也已经沦为佐证文学之外各种理论有效性的素材与附庸被随意搬用,出现"强制阐释"的现象,也致使一些研究者对文学文本阅读、分析与审美研究能力的下降或弱化。二是"一些理论家研究理论以文学为对象,谈的是文学理论,但其结论并不适用于文学,而是文学之外的各种学科,诸如文化学、哲学、人类学、语言学、历史学、政治学、心理学、社会学等等"③,日趋招致所谓的文学理论偏离了文学,变成了与文学无关的理论,与文学审美和价值的探讨渐

---

① 哈罗德·布鲁姆:《西方正典》,江宁康译,南京:译林出版社,2005年版,第306页。

② 哈罗德·布鲁姆:《西方正典》,江宁康译,南京:译林出版社,2005年版,第295页。

③ 蒋承勇:《"理论热"后理论的呼唤——现当代西方文论中国接受之再反思》,载《浙江大学学报(人文社会科学版)》,2018年第1期。

行渐远、南辕北辙，显得无病呻吟，缺乏明白清晰的文学问题意识。如此一来，文学理论变成了与文学脱节的纯理论自足。其实，

> 文学研究与文学批评不同于纯粹的理论研究。理论研究是一种认识性活动，其目的是将经验归纳中所涉猎的非系统的知识，遵照对象物的内部关系和联系，给出合逻辑的概括与抽象，使之成为系统的有机整体，并将其提升为一种普遍性真理。与之不同，文学研究、文学批评与文学评论是一种实践性活动，其目的是将普遍性真理（也即理论）运用于客观对象物（也即文本及各种文学现象），并在对象物中得以合规律的阐发，其方法不是演绎归纳和思辨性的，而是分析性和阐释性的。我们在借鉴西方文论展开文学研究与文学评论时，不能简单地把这种理论研究的演绎推理和思辨的方法直接套用到文学批评与文学研究中来，从而混淆理论研究和文学批评及文学鉴赏之间的区别。①

布鲁姆的批评恰好启示我们，文学批评的核心始终是文学，是文学之所以为文学的本质属性，不能把文学作品变成佐证各种理论有效性的附属品，正如不能把"莎士比亚伟大的悲剧沦为精神分析治疗法的个案"一样，而是要重新回归文学文本，重温经典品质，以深厚的理论素养、宽阔的文学史视野、娴熟的文本驾驭能力，将文学文本与有深度的理论阐释结合起来，相互生发，彼此照应，进而突显经典的价值。布鲁姆不满意弗洛伊德的地方，正在于他将莎士比亚蕴含丰富、充满张力的戏剧作品完全变成了注释自己精神分析理论的材料，从而遮蔽了莎士比亚自身的价值光辉。

第三，布鲁姆崇尚创新，尤其推崇原创性。他认为，莎士比亚之所以具有经久不衰的艺术魅力，能够成为公认的世界经典的中心，就在于他是一个"更具原创性的思想家"，他能凭借自己揭示人性深处律动与内涵的完美超绝的艺术表现手段，不断地启发、影响着后来众多著名作家的创作，堪称"是审美自由与原创性的完美典范"。原创性应该属于创新领域中的顶级指标。在前人所做工作基础上或前人虽有提及却未充分展开研究情况下所进行的新拓展，都属于创新，而原创性则注重前所未有的崭新研究，属

---

① 蒋承勇：《"理论热"后理论的呼唤——现当代西方文论中国接受之再反思》，载《浙江大学学报（人文社会科学版）》，2018年第1期。

于一个此前从无人涉及的全新领域，是被第一个"吃螃蟹"的人开拓出来的新视野，它能对未来研究提供新的启示与新的方向。因此，没有创新，特别是缺乏原创性的贡献，就不能提升，不能超越和引领，更不可能拥有完全属于自己的声音和地位。这一点，无论是对于学术研究还是目前国家文化发展的战略要求都至关重要，有着不容忽视的现实针对性。习近平总书记在全国哲学社会科学工作座谈会上的讲话中就明确提出，当下"我国哲学社会科学在国际上的声音还比较小，还处于有理说不清、说了传不开的境地"，"在学术命题、学术思想、学术观点、学术标准、学术话语上的能力和水平同我国综合国力和国际地位还不太相称"，所以提醒我们必须"着力构建中国特色哲学社会科学"，"注意加强话语体系建设"，"要善于提炼标示性概念，打造易于为国际社会所理解和接受的新概念、新范畴、新表述，引导国际学术界展开研究和讨论"[①]。这里再清楚不过地强调了构建中国特色话语新体系、引导国际学术界潮流的原创性思想的重要性，这也是中国文化、中国学术走出去战略中必须高度重视并做好做强的工作。

  当然，任何创新成就的取得都离不开继承和借鉴。汲取一切有用的材料为我所用，进而提出创新思想，这是继承创新的客观规律。弗洛伊德虽然接受了莎士比亚的影响，但也不能因此小视弗洛伊德精神分析学的开创性贡献。从某种程度上说，布鲁姆的探讨有些言辞苛刻，过多地片面强调了莎士比亚对弗洛伊德的影响，显然有失公允。这一点也需要引起我们的注意，否则就无法全面认知和评价弗洛伊德。无论如何，弗洛伊德终究还是弗洛伊德，世界上只有一个弗洛伊德，他对20世纪心理学和文学的精神分析批评流派的影响是不容低估的。客观而言，布鲁姆的研究并非要彻底解构弗洛伊德，因为他也没有否认"同样经典的弗洛伊德"，而是旨在说明一个影响的重要事实，从而凸显莎士比亚作为文艺复兴时代的巨人，也是作为世界经典中心的影响力与渗透力。

---

  ① 习近平：《在哲学社会科学工作座谈会上的讲话》，人民网，2016年5月17日。

李健吾与比较文学
——以其对萧军、曹禺、废名的批评为中心
赵渭绒　孙　一①

李健吾（1906—1982），笔名刘西渭，山西运城人，是我国20世纪文学史上重要的作家、戏剧家、文学批评家与翻译家。他一生酷爱文学艺术，佳作迭出，其作品兼及散文、戏剧、小说与翻译作品等多个领域。李健吾在文学批评上颇有建树，他以刘西渭为笔名发表文学批评，后结集为《咀华集·咀华二集》。温儒敏称其文学批评集《咀华集》的出版"应当看作是现代批评史上的一件大事：它标志着印象派批评已经具备不可忽视的实力"②。文集一出版即引起学界关注，《咀华集·咀华二集》文风轻灵跳跃、诗情满溢，海外学者司马长风对此称赞不已："常听到人说，文学批评也应是一种艺术的创作。读了刘西渭的批评文学，才相信确有其事。他写的每一篇批评，都是精致的美文。"③ 本文拟从李健吾的文学批评集《咀华集·咀华二集》中探究其比较文学思想，李健吾所处的时代正是中国比较文学的萌发时期，其时比较文学虽尚未成为独立的学科进入高校课堂、成为专门性的学科，但是早期的一些文学批评实践已经初步具有比较文学研究的方法特点。正如有学者指出："对于中国比较文学而言，20世纪30年代是

---

① 作者简介：赵渭绒，四川大学文学与新闻学院教授、硕士生导师；孙一，四川大学文学与新闻学院比较文学与世界文学专业硕士研究生。
② 温儒敏：《中国现代文学批评史》，北京：北京大学出版社，1993年，第96页。
③ 司马长风：《中国新文学史（中卷）》，香港：昭明出版社，1976年，第251页。

承前启后的重要时期，也是成果最为丰硕的时期之一，正是以梁宗岱、朱光潜、李健吾、叶公超、郑振铎等为代表的一批学者的成功实践，使得中国比较文学达到了前所未有的高度。"① 因此可以说，李健吾的早期比较文学批评实践是中国比较文学萌发过程中的具体展现，对于今天的比较文学研究来说仍然具有一定的学术价值与意义。

学界目前对李健吾的研究大致可以分为两个阶段：第一个阶段为新中国成立前，以茅盾为代表的社会主义历史批评，这种批评模式在20世纪二三十年代较为流行。而这一时期的李健吾的印象式批评则相对遇冷，1937年欧阳文辅发表了《略评刘西渭先生的〈咀华集〉——印象主义的文艺批评》的评论："印象主义的垂毙了的腐败的理论，刘西渭先生则是旧社会的支持者！是腐败理论的宣教师！"② 可以看到，由于李健吾极具风格的"印象主义"，其批评文章都被打上了"旧社会里腐败的印象主义"的标签，时下的评论家便对李健吾的批评文章进行了否定性的抨击，使得这一阶段对李健吾的文学批评并未得到有效的阐释与客观的评价。第二阶段为新中国成立后，从这一时期开始，对李健吾的文学批评才如春笋叠出，从1993年温儒敏的《中国现代文学批评史》中首度将李健吾的文学批评介绍到学界之中，到1999年韩石山为李健吾撰写了唯一的自传《李健吾传》，且随着《李健吾传》的出版与发行，学界对李健吾的文学批评热度渐起。当代以来，以文学武《徘徊在现代与传统之间——李健吾与中国现代文学批评理论的建构》、孙佳《李健吾文学批评的审美现代性》等为代表，对李健吾的文学批评从现代性、审美意识等方面进行了研究与探索。遗憾的是，学界对于李健吾的比较文学思想的关注依然不够，本文以李健吾的文学批评集《咀华集·咀华二集》为研究中心，择取其对萧军、曹禺、废名的文学批评，兼及其对其他作家与作品的批评，对其比较文学思想做初步尝试式研究，力图将其从历史遮蔽的状态中呈现出来。

---

① 文学武：《梁宗岱与中国比较文学》，载《文艺争鸣》，2013年第7期，第37页。

② 欧阳文辅：《略评刘西渭先生的〈咀华集〉——印象主义的文艺批评》，载《光明》半月刊，1937年第2卷第11期。

一、对萧军、曹禺、废名为中心的比较式批评

《咀华集》（1936）共收录 13 篇批评文章与 1 篇跋记；《咀华二集》（1942）共收录 9 篇批评文章与 1 篇跋记；从数目篇幅来看并不算丰赡，其中却蕴含着大量比较文学批评的早期实践。正如作者本人在《咀华集·咀华二集》中所说："然而，物以类聚，有时提到这个作家，这部作品，或者这个时代和地域，我们不由想到另一作家，另一作品，或者另一时代和地域。"① 李健吾将文学比较的意识带入《咀华集·咀华二集》的批评写作中，使得其批评带有鲜明的比较文学研究色彩，这些文学批评反过来也较为集中地体现了李健吾早期的比较文学思想。以今天的眼光来看，这些批评论集涉及的研究方法大多以法国学派的影响研究和美国学派的平行研究为主，较之今天的比较文学研究显得较为肤浅、粗泛，在其时却不失新意，亦能引领当时文学批评研究的学术风尚。这些尤其体现在他对萧军、曹禺、废名的批评当中，今日回过头来对其文学批评进行整理、研究与发掘依然不失学术意义。

在评述萧军的小说《八月的乡村》时，李健吾的批评思路体现出影响研究模式的特点。影响研究是由法国学派领衔并掀起的一股注重实证性研究的文学研究方法，侧重于文学比较研究中的实证性影响关系。李健吾的《咀华集·咀华二集》在研究中国现当代作家的创作风格与写作手法时，也常从影响研究的原理出发，正如他曾在文中引用法国作家纪德的话而说道："影响不是抄袭，而是一种吸引，或者犹如纪德所谓'一种显示，把我们里面所不知道的部分显示给我们自己：对于我这只是一种解释——是的，把我解释给我自己，前人已然说过：相似影响。'"② 对于萧军写作中所受到的影响，他明确指出："《毁灭》给了一个榜样。萧军先生有经验，有力量，有气概，他少的只是借镜。参照法捷耶夫的主旨和结构，他开始他的《八

---

① 李健吾：《咀华集·咀华二集》，上海：复旦大学出版社，2005 年版，第 83 页。
② 李健吾：《咀华集·咀华二集》，上海：复旦大学出版社，2005 年版，第 112 页。

月的乡村》。"正如李健吾所分析的,在小说的主旨与结构上,《八月的乡村》参照了苏联作家法捷耶夫的《毁灭》。具体来说,在主旨上,法捷耶夫的《毁灭》讲述了远东地区苏维埃士兵毫无希望地与力量高于自身的白俄罗斯和日本部队对抗,整个集体都在承受一种绝望式"毁灭",而萧军《八月的乡村》讲述的是一支东北游击队加入人民革命军队,转向对日本侵略者的公开抵抗。两部小说都以书写集体的聚合为主题,以群像式的阶级人物为主要角色,描述了革命武装部队的行进过程。其次,在结构上,《八月的乡村》与《毁灭》存在着同一时间两个场所的不同行动的叙述,甚至是诸多"分流"的小情节,如美缔克与华理亚、萧明与安娜之间的爱情故事。① 对此,可以从李健吾对《八月的乡村》评述中看到,李健吾对这部小说的评价并不是单一从其艺术特色作为出发点,而是放置到与其联系密切的《毁灭》的对比中进行比较研究阐释。由此,李健吾不仅综合阐释了《八月的乡村》在主旨与结构上所受到《毁灭》的影响之处,更是将《八月的乡村》与《毁灭》的写作艺术相对比,从而得出对于《八月的乡村》这一目标小说的评价。虽然,此时李健吾并未系统地接触比较文学,但在对文学作品的阐释思路中已经带了实证性影响研究的思路。

在评述曹禺的戏剧时,李健吾则从其戏剧《雷雨》中的人物性格及其心理角度进行分析阐释。李健吾认为,这出戏剧最完整而深刻的心理分析属于妇女。"容我乱问一句,作者隐隐有没有受到两出戏的暗示?一个是希腊的欧里庇得斯,一个是法国的拉辛的影响,二者用的全是同一的故事:后母爱上了前妻的孩子。我仅说隐隐中,因为实际在《雷雨》里面,儿子和后母相爱,发生逆伦关系,而那两出戏,写的是后母遭前妻儿子拒绝,恼羞成怒。《雷雨》写的却是后母遭前妻儿子捐弃,妒火中烧。然而我硬要派做同一气息的,就是作者同样注重妇女的心理分析,而且全要报复。"② 从李健吾的这段评价来看,他对这出戏剧进行思考的源头是对于"妇女的心理分析"。不管是欧里庇得斯的《希波吕托斯》还是拉辛的《费德尔》,

---

① 参见鲁道夫·瓦格纳:《萧军的小说〈八月的乡村〉和"普罗文学"传统》,何旻译,载《比较文学与世界文学》,2014年第2期,第93页。

② 李健吾:《咀华集·咀华二集》,上海:复旦大学出版社,2005年版,第55页。

戏剧的核心都在于故事中的妇女要进行"报复",虽然这两出戏与《雷雨》的主要情节有诸多不同,但是对于戏中的妇女要进行报复的反抗行动与心理分析,都让李健吾洞察出曹禺受到了这两位戏剧大家在创作上的细节影响。实际上,《雷雨》的创作受到了许多西方戏剧作品的影响,曹禺也借鉴了西方优秀戏剧的创作手法。李健吾作为一位专业的戏剧家,追溯曹禺作品中的西方资源并不是难事,但这样的思路已经带有了比较文学影响研究的色彩,也可视为比较文学学科萌发时期的具体显现。

  同时,对于《雷雨》这部伟大的戏剧,李健吾的批评不是以单一的实证性影响研究批评而终结的。在对《雷雨》的批评中,我们也能看到李健吾另一种比较文学研究思路,即平行研究。平行研究是美国学派所提出和强调的比较文学学科理论,在比较文学研究领域里,平行研究是对没有事实联系的不同国家的作家、作品、文学现象进行比较研究,从而总结出文学发展带有的规律性的东西。在这里,李健吾将《雷雨》中的二少爷周冲与《费加罗的婚姻》($Le\ Mariage\ de\ Figaro$)中的薛侣班(Cherubin)隔空对比:"我替周冲抱不平。所以同样的性格,作者就把周冲写失败了。法国十八世纪唯一的大戏剧家博马舍在他《费加罗的婚姻》里,就把薛侣班写活了。"李健吾承认自己对《雷雨》中的男子最感兴趣的是二少爷周冲,十分在意曹禺对于周冲的结局安排过于轻佻,让周冲在最后关头改口爱的不是四凤,用李健吾的评论来说:"那么,要他干什么?仅仅是一个陪衬吗?"① 然而,类似情况下的薛侣班,却不是一个简单的陪衬。同样作为不是主人公的角色,薛侣班却成为全剧的高潮推动者,男仆费加罗本想让少年侍从薛侣班扮成女仆苏珊娜,到花园与伯爵幽会,苏珊娜正在为薛侣班试装时,妒火中烧的伯爵闯进了罗丝娜的闺房,少年薛侣班这时急忙地跳进花园,赶来捉奸的伯爵反而由此受了一番羞辱,出尽洋相。薛侣班在博马舍的笔下活灵活现、游刃有余,是李健吾眼里同样相似的天真朝气的少年中写"活"了的代表。总的来说,李健吾将《雷雨》中的二少爷周冲与《费加罗的婚姻》中的侍从薛侣班相比较,将这两个人物隔空对比,并评述了两个人物的同中之异、异中之同,这样的研究虽然在当下学界看来属于

---

① 李健吾:《咀华集·咀华二集》,上海:复旦大学出版社,2005年版,第55页。

较为肤浅的比附式研究，但不得不承认的是，李健吾的早期文学批评中已经具有了后来美国学派所提出的比较文学平行研究模式的特点。

此外，李健吾的比较文学平行思想体现在对创作中表现手法的类型学相似研究，在谈到废名的文学创作时，李健吾将废名的创作特点"空白"与福楼拜的"空白"进行了一场跨时空跨地域的较量。"他（废名）的空白最长，也最耐人寻味。我们晓得，浦鲁斯蒂指出福楼拜的造句特长在其空白。然而，福氏的空白乃是一种删削，一种经济，一种美丽。而废名先生的空白，往往是句与句间缺乏一道明显的'桥'的结果。你可以因而体会他写作的方法。他从观念出发，每一个观念凝结成一个结晶的句子。读者不得不在这里逗留，因为它供你过长的思维。"① 在李健吾看来，废名的"空白"使废名每一个完美的句子各自成为一个完美的世界，废名的空白是丰满的，引读者来，不曾让读者离去，尽情留在废名的文字世界里。而福楼拜小说里的空白是一种及时止步，是一种简练。李健吾对于两者"空白"手法的使用都是赞赏的，却具体而微地在其中品出不同的味道，将两个跨度极大的作家作品的创作手法联系起来对比研究，可以窥见李健吾对于福楼拜研究的细腻与熟悉，同时，在这创作手法的对比之中更显示出他有着中西互证的文学视野，具有非常鲜明的比较文学平行研究的思想特点。

二、对其他作家作品的比较式研究

李健吾的比较文学思想不仅仅体现在对萧军、曹禺、废名的文学批评上，实际上，对许多现当代中国文学史上的作家作品都以比较式批评阐释了自己独特的看法。如他所说："没有一件作品会破石而出，自成一个绝缘的系统。"② 在《咀华集·咀华二集》里可以散见李健吾的这些观点。

例如，李健吾关于人物形象的类型学相似的研究也有所涉及，这里的人物形象可以指代文学史上文学作者的形象。在《咀华集·咀华二集》里，可以常读到李健吾批评作者的"气质"问题。"沈从文先生具有浪漫主义的

---

① 李健吾：《咀华集·咀华二集》，上海：复旦大学出版社，2005年版，第85页。
② 李健吾：《咀华集·咀华二集》，上海：复旦大学出版社，2005年版，第35页。

气质,同时拥有广大的同情和认识。说到这里,我们不由想起乔治桑,特别当她晚年。她把女性的品德扩展成人类的泛爱。"① "然而沈从文先生,不像卢梭,不像乔治桑,在他的忧郁和同情之外,具有精湛的艺术自觉,犹如唐传奇的作者,用故事的本身撼动,而自己从不出头露面。"② 在李健吾看来,沈从文与乔治桑的文学气质本质上都是浪漫主义的,他们的文字生来就带着同情与忧郁。不同的是,沈从文拥有一种"艺术自觉"的态度,这使得沈从文成为一名"艺术家"。为了说明关于"艺术家"的论点,李健吾还将沈从文与福楼拜、巴尔扎克的气质相比较,"为方便起见,我们甚至于可以说巴尔扎克是人的小说家,然而福楼拜,却是艺术家的小说家。前者是天真的,后者是自觉的……沈从文先生便是这样一个渐渐走向自觉的艺术家"。李健吾所认为的"艺术自觉"才是文学艺术中真正的统治者,所以福楼拜与沈从文都理应属于艺术家的行列,他们的小说不禁让人看,让人了解,更重要的是可以感觉与回味,这是艺术家独有的造诣,而小说家则难以望其项背。中西作家的形象气质对比是他比较文学思想的一个重要内容与体现。

对于李金发的诗歌创作,他客观地指出:"李金发先生却不太能把握中国的语言文字,有时甚至意象隔着一层,令人感到过分浓厚的法国象征派诗人的气息,渐渐为人厌弃。"③ 李金发是活动于20世纪20年代的新诗人,以李金发为首的诗人群被学界视为现代主义诗歌中深刻受到法国象征主义思潮影响的一派,李金发本人也被视为"中国第一位象征主义诗人"。而在西方诗歌史上,以波德莱尔、魏尔伦、兰波为代表的19世纪法国象征主义诗人一派,诗中大量使用象征的创作手法,常把一系列灰色意象引进自己的诗歌领域,例如"丑、怪、忧郁"等,并以之为美,不顾中国的文字习惯而大量使用欧化的语言与西方的意象。李金发在面对法国象征主义诗人的影响时,接受的成果显得过余,他的诗歌所使用的意象实际上让读者较为难以把握,李健吾认为其诗在接受影响时"过分浓厚"才导致他的诗歌

---

① 李健吾:《咀华集·咀华二集》,上海:复旦大学出版社,2005年版,第39页。
② 李健吾:《咀华集·咀华二集》,上海:复旦大学出版社,2005年版,第39页。
③ 李健吾:《咀华集·咀华二集》,上海:复旦大学出版社,2005年版,第59页。

"渐渐为人厌弃"。对于李金发的诗歌评价，李健吾将其与法国象征主义诗歌相联系进行比较。同时，在追溯李金发的创作风格源头这一路径上，也可以看到，李健吾已将李金发与法国象征主义诗人一派联系起来进行思考与阐释，这都是李健吾早期比较文学中影响研究方法的体现。

再者，李健吾也曾将叶紫的小说《秋收》中的通宝与契诃夫笔下《樱桃园》的费尔司同时搬上台面。"《秋收》里面的通宝是一个典型的劳而无获的老农，犹如《樱桃园》里面的费尔司，在封建社会长大，随着破灭的封建社会死去。"① 通宝与费尔司都是封建社会下的农民代表，虽处在不同的国家与地域，其人生经验与结局却是大抵相似的，《秋收》中的老农通宝因为秋收而送了命，《樱桃园》里的费尔司也随着那古老的家宅死去了，在他们悲惨的命运与阶级的局限性上，李健吾抓住了来自中国和俄罗斯两个截然不同的文化传统里老农的共通之处，将两个遥相呼应的人物形象进行平行研究式的对比阐释，这是李健吾平行研究思想特色的重要体现。

可以说，在《咀华集·咀华二集》中，我们所能看到李健吾运用比较式研究进行文学批评的成果称得上是不胜枚举：在谈论到可谓是同僚的戏剧家夏衍时，他直抒："果戈理似乎给了他不少启示。而且早已埋下了根芽。"② "果戈理把日常生活的现实的秘诀给他。"③ 他一针见血地指出夏衍的戏剧《上海屋檐下》与果戈理的戏剧《两个伊凡的吵架的故事》的气质同属一种——忧郁，如他引用果戈理所说："人生是忧郁的。"④ 在谈到普鲁斯特与福楼拜作家气质之比较时，他说："福楼拜，甚至于普鲁斯蒂，都有颓废的气质。"⑤ 将西方文学史上两位文学大家在形象上做出气质上的联系。另有林徽因的小说《九十九度中》"我所要问的是，她承受了多少现代英国小说的影响"⑥；戴望舒的诗歌"戴氏不免法国象征派与现代派的有力暗示，

---

① 李健吾：《咀华集·咀华二集》，上海：复旦大学出版社，2005年版，第130页。
② 李健吾：《咀华集·咀华二集》，上海：复旦大学出版社，2005年版，第137页。
③ 李健吾：《咀华集·咀华二集》，上海：复旦大学出版社，2005年版，第139页。
④ 李健吾：《咀华集·咀华二集》，上海：复旦大学出版社，2005年版，第146页。
⑤ 李健吾：《咀华集·咀华二集》，上海：复旦大学出版社，2005年版，第166页。
⑥ 李健吾：《咀华集·咀华二集》，上海：复旦大学出版社，2005年版，第35页。

具有影响,然而缺乏丰富的收获"①;路翎的小说"我们翻开《饥饿的郭素娥》恍如当着高揭自然主义的左拉的理论,我们不期而在远迢迢的中国为他找到一个不及门的弟子"②;等等。李健吾比较式批评的文体从小说、诗歌、戏剧到散文应有尽有,在研究时不拘泥于一类文体,更不拘泥于一种文化体系,不束缚于时下的流派纷争。从李健吾大量的比较式批评的例子来看,毋庸置疑的是,李健吾的文学批评具有鲜明的早期比较文学思想色彩与研究特点。

三、李健吾比较式批评的源流

众所周知,从事比较文学研究这一门学科本身需要一种世界性的眼光与胸怀,除此之外,从事这样一种极具跨越性的文学比较研究,更需要研究者有着渊博的文学知识与宽泛的阅读经验。所以,李健吾在评论中所显示出的比较文学思想并不是凭空而来的。在此,我们可以试着得出比较文学思想在李健吾身上生根发芽的原因。

首先,从李健吾个人的阅读经验史来看,他对中外文学广泛且深刻的阅读是他产生比较文学思想的先决条件。李健吾有着留学法国的文化背景,用温儒敏的评价来说留学法国是"得天独厚的条件"③,这为他研读西方文学,尤其是专攻法国文学提供了契机。他甚至曾翻译福楼拜的名作《包法利夫人》,李译本的《包法利夫人》(1948)至今也是最流行的版本之一。除了福楼拜,李健吾对其他法国作家的作品也如数家珍,如司汤达、博马舍、巴尔扎克、波德莱尔的作品等,在他的批评里随处可见。除了浩瀚的西方文学阅读经验,在李健吾的文学批评中,也可以看到他受到了诸多中国传统文艺思想的影响。李健吾的古典文学底蕴是厚重的,他有不少针对传统文学作品的批评文章,例如《旧小说的歧途》《曹雪芹的〈哭花词〉》《绣像飞陀全传》等。这些评论不仅见解独特而深刻,而且视野宏大,显示

---

① 李健吾:《咀华集·咀华二集》,上海:复旦大学出版社,2005年版,第60页。
② 李健吾:《咀华集·咀华二集》,上海:复旦大学出版社,2005年版,第168页。
③ 温儒敏:《"灵魂奇遇"与整体审美——论李健吾的文学批评》,载《中国现代文学研究丛刊》,1993年第2期,第54页。

了李健吾扎实的中国传统文学功底。① 总的来说，李健吾拥有广阔而丰富的阅读经验史，这些阅读经验的累积可以说为他进行比较式批评提供了最为基础的条件。

其次，李健吾拥有宽宏的国际文学视野。所谓宽宏的国际文学视野，就是以世界文学意识来看待各民族的优秀文学作品，并且把它们放到世界文学中进行比较研究。世界文学和民族文学的关系应该是"世界文学内在于民族文学，从民族文学中成长而来，由民族文学集合而成，为民族文学发展确立目标"②。李健吾善于站在世界文学的立场上来评价本民族文学。例如，李健吾认为《八月的乡村》这部小说的心理结构远远不如《毁灭》，他结合国外优秀的心理结构小说，指出小说中的心理结构薄弱是中国文学自古以来的一个重要弊病，提出了今后我国文学需要进步的一个具体方向——"心理分析是中国小说自来一个付之阙如的现象。这属于一种全人的活动的观察，而我们在传统上向来缺乏这种训练……从四面来看，成为我们今日文学造型的急切的需要。"③ 取他人之长处，咀他人之精华，这也是《咀华集》之所以为名的原因。李健吾善于学习外国文学的长处，也不吝于指出本国文学的短处，正因为李健吾有着宽宏的国际文学视野，才善于择取他国优秀文学之长处并建议发扬到我国文学的写作中，由此希望我国文学能有健康与良性的发展。这不仅是一个评论家的胸襟，更体现了评论家的信仰与使命，正如他在《跋》中自述道："一个作家为全人类服役，一个批评者亦然：他们全不结巴。"④

最后，李健吾拥有自觉的中西比较意识。实际上，比较文学在中国作为独立学科出现之前，大多数作家都可以熟稔使用比较分析的研究方法：早在中国古代的另一部印象式文学批评随笔集《诗品》中，作者钟嵘就采用了比较的研究手段对作家作品进行评价；而到现代中国，从王国维的《〈红楼梦〉评论》到鲁迅的《摩罗诗力说》等，这些评论文章都使得比较

---

① 周子钰：《论李健吾的文学批评向度》，山东师范大学，2018 年，第 28 页。
② 张敏、马海良、冯良珍：《世界文学意识——试论比较文学的学理依据》，载《文艺研究》，2001 年第 5 期，第 47 页。
③ 李健吾：《咀华集·咀华二集》，上海：复旦大学出版社，2005 年版，第 115 页。
④ 李健吾：《咀华集·咀华二集》，上海：复旦大学出版社，2005 年版，第 186 页。

文学学科具备了最为基础的比较意识；至20世纪30年代，李健吾的文学批评大量采用比较与综合的研究方法，同时，其比较研究没有局限于罗列事实影响的实证研究和平行研究，还有哲学和美学层面的对比阐释。他的批评很明确地显示出追寻中西艺术的共性和差异，例如李健吾把福楼拜与废名创作中的"空白"手法相比较，将左拉与茅盾、乔治桑与沈从文的气质相比较。以至于有的学者评价道："到了二十世纪二三十年代，中国学者在运用比较文学的方法上更多了一种自觉意识，如朱光潜、茅盾、周作人、闻一多、梁宗岱、李健吾、叶公超、吴宓等都是这一时期涌现出来的比较文学学者，他们共同为中国比较文学奠定了坚实的基础。"① 李健吾自觉的中西比较意识代表着中国比较文学萌芽期的发展，对于中国比较文学此后的发展是巨大的进步与宝贵的财富。

　　李健吾的评论文章跨越了民族、时代与文化传统，展示着文学批评的魅力。在《咀华集·咀华二集》这样一本比较意识浓厚的文学批评专著中，通过李健吾的比较研究，我们也能从他选取的比较对象中体会到不同作家各自鲜明的风格，感受不同文风带来的不同阅读体验与效果。有学者高度赞赏道："李健吾的批评文体则是一种相对自由散漫的美文文体，潇洒飘逸，偏重妙悟和鉴赏，并不追求所谓严格的理论框架。"② 可以说，李健吾鉴赏型的比较式文学批评不仅对读者来说是一场阅读的盛宴。更为重要的是，李健吾为中国比较文学的发展奠定了良好的基础，是中国早期运用比较文学思想进行创作与研究的典型代表。对李健吾及其同时代的作家批评思想转型研究，虽并未引起当下的重视，但是我们无法否认《咀华集·咀华二集》已经具有了比较研究这样一种现代科学思维方法，李健吾本人也具有早期的比较文学意识与思想，这都是李健吾的文学批评在今日仍然值得重点研究的价值与意义。

---

　　① 文学武：《梁宗岱与中国比较文学》，载《文艺争鸣》，2013年第7期，第33页。
　　② 文学武：《梁宗岱、李健吾文学批评比较论》，载《中山大学学报（社会科学版）》，2011年第51期，第61页。

《论语》"人能弘道，非道弘人"章解
——一个现象学分析的尝试

亓校盛①

《论语·卫灵公》第 29 章子曰："人能弘道，非道弘人。"对本章的解读、诠释和翻译历来众说纷纭。以下是 8 种在当代比较有影响力的释解。

释解一：人能够弘扬道，不是道能增加人的名望。

人弘扬道，是君子以天下为己任的积极作为。反之，以道弘人，目的在于装点门面，非君子所为。②

释解二：人能发扬光大道，不是道能弘大人。

这句话强调修养仁道决定于人的主观努力，大意说人只要努力便能学到道的博大内容，如果不努力，博大的道也不能使人伟大起来。③

释解三：人能够把道弘扬光大，不是道能把人发扬光大。

这一句说明人必须首先提高自身的修养，才可以把道发扬光大，而不能用道来装点门面，标榜自己。④

释解四：人能够使道发扬光大，不是道使人宏大。

---

① 作者简介：亓校盛，曲阜师范大学教育学院讲师。
② 柳恩铭：《论语心读》，北京：中华书局，2015 年版，第 366、367 页。
③ 孙钦善：《论语本解》，北京：生活·读书·新知三联书店，2013 年版，第 233 页。
④ 文若愚编：《论语全解》，北京：中国华侨出版社，2013 年版，第 406 页。

本章是孔子对道与人的关系的阐述。人只有不断地提高自己，完善自己，才能使道发扬光大，而不应该以道弘人，哗众取宠。①

释解五：人能够弘扬真理，而真理不能够弘扬人。

这是上面几段中的主干思想——人的问题。一切人事、一切历史，都是人的问题。人才能够弘扬道。所谓道，就是真理，这是一个抽象名词，呆板的，它不能弘扬人，须要人培养真理。这就是重点。所以孔子始终讲的是人文的文化。②

释解六：人可以弘扬人生理想，而不是靠人生理想来弘扬人。

人生本来就应该立志了解道、追求道，但是，人是主体，所有价值的基础在于人性。所以孔子讨论人、道关系时说，人能弘道，非道弘人。道是从人性中延伸出来的。《中庸》的第一句话讲得很好："天命之谓性，率性之谓道，修道之谓教。""率性之谓道"意思是，顺着人性的要求去走，就是人生的正路，哪怕没有老师教，只要真诚，照样可以走上人生的正路。

"人能弘道，非道弘人"八个字在那么早的年代，就明确了人具有普遍的，共同的特质，就是内心真诚就有力量由内而发，引导人走上正确的人生道路。"人能弘道，非道弘人"这句话也反映出孔子的思想非常开阔。他没有说，你们一定要听我孔子的话，你们一定要听儒家的话。③

释解七：人能弘扬道德，而不是道德弘扬人。

本章阐述的是人与道德的关系。可以把人比作火车司机，把道德比作铁轨。人要想达到理想的道德境界，就会驾驶机车沿着道德之轨迹勇往直前。是否想成为一个有道德的人，主动权在人自己手里。④

---

① 杨朝明编：《论语诠解》，济南：山东友谊出版社，2013年版，第285页。
② 南怀瑾：《论语别裁（下册）》，上海：复旦大学出版社，2009年版，第738页。
③ 傅佩荣：《论语300讲（下册）》，北京：中华书局，2011年版，第497-499页。
④ 金池编：《论语新译》，北京：人民日报出版社，2005年版，第285页。

释解八：人能够把道廓大，不是用道来廓大人。

这一章只能就字面来翻译，孔子的真意何在，又如何叫做"非道弘人"很难体会。①

除了以上 8 种诠释，针对本章的解读，还有其他一些说法，但大都和以上的某种或某几种说法大致相近，所以仔细分辨以上 8 种诠释的细微差别和可取之处甚或不足，也许能够提供出一种更有说服力的诠释。

针对论语诠释，要分辨一种诠释是否得当，一种诠释是否优于另一种诠释，必须有一个判断的标准。不同的诠释之间之所以差异明显甚至矛盾，大多数的原因在于诠释者之间各自所依据的判断标准并不一致。这种判断标准的差别，乃是有的是在字句的训诂方面有新见解，有的是在义理的分析和阐释方面提出新看法。但是针对子曰"人能弘道，非道弘人"章（以下简称弘道章），在文字的训诂方面，历代注释家的争议几乎没有，众说纷纭的争议主要集中在对本章义理的分析和阐释上面。

近年来，陆续有以论语诠释辨疑为主题的书籍出版，对论语诠释尝试提出新见解的学术论文更是不断发表。2012 年赵又春先生在岳麓书社出版了《论语名家注读辨误》，2019 年冯浩菲先生在上海古籍出版社出版了《〈论语〉辨疑研究》。这两本著作对《论语》诠释方面存在的争议和误读提出了非常多有重要价值的见解和分析。针对《论语》弘道章，两位先生都做出了非常有价值的针对性分析。除了以上对 8 种诠释的分析，赵又春和冯浩菲两位先生的辨疑研究也是本文的分析对象。本文尝试在这个基础上，针对本章引出一种新的诠释，接受方家的辩难。

一、对当今 8 种诠释的分析

对《论语》弘道章的诠释，历史上就有很多分歧。当今时代，人们提出的各种诠释大都参考了历史上的权威说法。不同的诠释者基本做到了：在已有权威诠释的基础上，甚至参照当代人的不同理解，提出自己的看法。

---

① 杨伯峻：《论语译注》，北京：中华书局，2009 年版，第 166 页。

本文前面所列的 8 种诠释，都来自《论语》诠释方面的方家，在《论语》诠释和研究方面都有很深的造诣。以上 8 种诠释，没有列入李零先生和李泽厚先生对弘道章的诠释，是因为二位先生在对《论语》的诠释方面从整体上看虽然大致代表当下《论语》诠释的最高水平，他们对弘道章的现代文翻译也非常简洁而富有深意，但是二位先生针对自己的译文并没有做进一步的深入解说。李泽厚先生虽然针对弘道章的现代文翻译，补充了"注"和"记"，但是他的"注"和"记"主要是联系历史与自己的学术见解谈弘道章背后的丰富意蕴，并没有针对给出的翻译做出进一步的诠释。在适当的地方，本文会讨论两位先生译文背后的深意，但不把他们的翻译作为当下代表性的诠释罗列出来。这种做法并不意味着两位先生给出的翻译不值得讨论，相反应该说是因为简洁翻译的背后大有深意值得深入讨论。李零先生对弘道章的翻译或解说为："道是人追求的目标，不是帮助人出名的。"① 李泽厚先生在《论语今读》中给出的译文是："人宏扬真理，不是真理宏扬人。"② 在本文的最后，结合赵又春先生《论语名家注读辨误》和冯浩菲先生《〈论语〉辨疑研究》中对弘道章的辨误和辨疑研究，我们将进一步分析李零和李泽厚两位先生简洁翻译背后的微言大义。

在释解一中，柳恩铭先生的译文："人能够弘扬道，不是道能增加人的名望。"对最关键的"道"字，选择了直接借用。这当然有一定的道理。"道"是中华文化的一个关键字，也是我们日常语言中的一个常用字。可是"道"这个字的意义太丰富，在不同的语境下，其意义差别很大。就是在《论语》中，"道"这个字也出现了上百次，仅从词性上来说，有名词性的用法，也有动词性的用法。在"人能弘道""天下有道"等说法中，"道"字显然当名词使用。在"道之以政""道之以德"等说法中，"道"字作为动词显然是引领、引导的意思。在"娓娓道来"这个词中，"道"作为动词使用，是说、讲的意思。另外，"道"作为动词，还可表示"治理"的意思。可是当"道"作名词用的时候，其意蕴就更丰富了。有时候，显然是

---

① 李零：《丧家狗——我读〈论语〉（修订版）》，太原：山西人民出版社，2007年版，第 278 页。

② 李泽厚：《论语今读》，北京：生活·读书·新知三联书店，2004 年版，第 437 页。

指好的方法、技巧，遵循这样的方法、技巧就容易把事情做成功；有时候，是指规则、原则或规律；有时候，还有感情色彩的褒贬。诸如：人要走正道，不要走歪门邪道。邪道中的"道"字，就带有消极、贬义的感情色彩。当用"道"字表述君王的治国之术时，王道与霸道的用法，显然意味着"道"字有褒义和贬义两种感情色彩，这就意味着不是所有的"道"都是好的，都是应该遵循和学习的。除了霸道，还有邪道、黑道等用法。但是有道与无道连在一起使用的时候，比如"有道之君"与"无道之君"，其中的"道"字是褒义的用法，这里所指的道都是好的，都是值得遵循和学习的。弘道章中"道"字从词性和感情色彩来说显然是表示褒义的名词性用法。

在把古代文献中的字句译成现代文来帮助人们理解时，若一个字或词的意思，在人们的日常使用中意义非常明显，可能就没有翻译的必要。"道"这个字，在现代人的日常和学术语言里，都可以说是一个常用字，但是它的意蕴很丰富，很难准确把握和领会，若是脱离了使用"道"字的具体语境，其具体所指更是难以把握和领会。在讨论中国哲学的学术语言中，也常常出现孔孟之道与老庄之道的说法，其所指差别很大。在对弘道章的翻译中，若不释解"道"字的意思，可以说原文就不需要翻译，而可直接译为：人能够弘扬道，不是道能够弘扬人。要是这样翻译，柳恩铭先生的释解就没有什么特别之处了。弘道章释读难以理解、歧义纷纭的状况就在于怎么理解"非道弘人"这下半句的意思。柳恩铭先生把下半句中的"道弘人"理解为"道能增加人的名望"。孔子说"非道弘人"，按照这种理解，也就是说"不是道能增加人的名望"。这句话至少隐含着以下两种可能的理解：一是道不能够增加人的名望，一是不能够用道来增加人的名望。柳恩铭先生在对自己的译文释读中，显然是选择了后一种理解：不能够用道来增加人的名望。柳恩铭先生说，"以道弘人，目的在于装点门面，非君子所为"[①]。他还用社会上的不良现象作为例子来帮助人们体会弘道章后半句的意思。显然，有君子人格的人是不会用"道"或一些代表知识、权力和地位的符号或头衔来炫耀自己，来证明自己成功或伟大的。

在释解二、释解三和释解四中，孙钦善、文若愚和杨朝明三位先生都

---

① 柳恩铭：《论语心读（修订版）》，北京：中华书局，2015年版，第366页。

像柳恩铭一样选择了不翻译"道"字。他们给出的译文,应该说在意思上是完全一致的。孙钦善先生的译文:"人能发扬光大道,不是道能弘大人。"文若愚先生的译文:"人能够把道弘扬光大,不是道能把人发扬光大。"杨朝明先生的译文:"人能够使道发扬光大,不是道使人宏大。"虽然三位先生的译文基本一致,表达的意思几乎没有任何差别,但是他们各自针对译文所做的释解却有差别,而且值得品味。

孙钦善先生针对译文的释解强调人的主观努力。他的释解似乎把弘道章解为孔子在告诫后生:在修养仁道方面,只要努力,就可以学到关于道的知识,不努力的话,博大的道也不能使人伟大。孙钦善先生的释解,似乎把前半句中的"弘"字的意思扩展到人和道两者上面。人能够学习和掌握道。作为道,其自身的属性是内容博大。显然"道"自身的属性并不需要用"弘"字来修饰和表达。孙钦善先生把后半句中的"弘"字解作"使……伟大"。由于弘道章的前半句和后半句实际上是一个基本对称的"是……,不是什么"类型的句式结构。两个"弘"字在词性和意思上都应该是完全一致的。所以,孙钦善先生的释解用在理解前半句的意思说得通,用在理解后半句就说不通了。弘道章前后半句在句式结构上显然也不是"弘怎么样,不弘怎么样"这样一个句义上的对比结构。

在释解三中,文若愚先生认为弘道章的意思是:"人必须首先提高自身的修养,才可以把道发扬光大,而不能用道来装点门面,标榜自己。"文若愚先生和提出释解一的柳恩铭先生对弘道章的理解其实是一样的。柳恩铭先生强调弘道是君子所为,用道来为自己装点门面、沽名钓誉,不是君子的作为。文若愚先生强调人的道德修养是能否弘道的前提条件,有德之人能弘道,无德之人用道装点自己。从孔子强调君子在生活中要直道而行这一点而言,前半句强调人有弘扬道的潜能,人只有像君子一样努力提升自身道德素养,才能够把潜能变成实际的能力。否则,人就会丢失弘道的实际能力,而只会把道作为手段,为自己谋取虚名私利。后半句,实际上是孔子对弟子及后人提出的警告,进一步从负面的、消极的后果强调君子修养仁德的重要性。这符合论语的精神。但是弘道章的意涵可能不止于此,否则就不会有那么多分歧了。

在释解四中,杨朝明先生的释解就有新意,他认为孔子在本章是在阐述道与人的关系,而且建议读者参考《中庸》所记孔子关于"道不远人"的话来理解弘道章的意思。孔子说:"道不远人。人之为道而远人,不可以为道。"①显然是在说道与人的关系,但是《中庸》中的这两句话只是点出了道并不是远离或脱离人而存在,人在为道的时候若眼中没有考虑他人和自己的具体境况就会背离道。弘道章中的"弘"字和此处的"远"字的确是在描述道和人之间的关系。但是道和人之间的关系是什么样的关系,它们之间关系的具体内涵和本质是什么?把握住这种关系的具体内涵和本质是我们能够全面准确理解弘道章意蕴的关键。另外,杨朝明先生对后半句"非道弘人"的翻译和释解并不一致。他把"非道弘人"翻译为"不是道使人宏大",释解为"人不应该以道弘人,哗众取宠"。译文和释解之间在表达的意义上既不相同或相近,也没有必然的因果关联。

在释解五中,南怀瑾先生对弘道章做了释解,但是没有给出译文。读懂了他的释解,他可能会给出的译文也就确定了。南怀瑾先生认为弘道章是前面几章思想的核心和主干,因为人事和历史都是关于人的问题。人具有主动性和创造性,道是呆板的、被动的、无为的。南怀瑾先生认为此处的"道"就是"真理"。这样看来,在南怀瑾先生的眼里,真理是无为的,甚至需要人的培养。不难看出,南怀瑾先生会把弘道章译为:人能够弘扬真理,而真理不能弘扬人。南怀瑾先生把"道"译解为真理,但是他对"真理"的解释,又让他的释解不能很好地传达孔子讲这句话的初衷:孔子是在告诫弟子及世人要直道而行。

在释解六中,傅佩荣先生直接把"道"字解释为"人生理想"。他给出的译文是:"人可以弘扬人生理想,而不是靠人生理想来弘扬人。"他认为弘道章中孔子是在讨论人与道的关系。在我们现代人的日常语言中,人生理想是一个非常中性的词。有些人的人生理想很高远、纯洁,也有些人的人生理想很低俗、卑微。傅佩荣先生实际上把"人生理想"这个词的意义,看做人之为人应该具有的"人生理想",他所说的人生理想是应然意义上的理想,而不是人们在实然意义上所做出的各种人生选择和追求。傅佩荣先生引用《中庸》中对道的规定来佐证把"道"译为"人生理想"是合适

---

① 朱熹:《四书章句集注》,北京:中华书局,1983年版,第23页。

的。"天命之谓性,率性之谓道,修道之谓教。"从《中庸》中这句话的表述来推断,其对道的规定就是——"率性"。如果接受朱熹在《四书章句集注》中对"率"字的解释——"循",那么"道"在本质上就像对"教"的规定一样是一种活动。"道"作为名词性的称谓,就是对某种活动的指称。这显然不合适。如果接受这种释解,那么孔子"朝闻道夕死可矣!"一句中的"道"字又当何解?!其实,率性之道应该是对某种理想的状态或境界的指称。天命之性的完满实现或展现,应该就是此处"道"字的直接意义,也即它的所指。傅佩荣先生是受了宋明理学把性看做理,进而在心学的影响下,把理看做良知,所以天命之性,经过理的中介,就变成了良知。傅佩荣先生实际上是把心学理解的"良知"解为"人生理想"。把"良知"解为"人生理想",还不如解为"道德"更切近"良知"的本义。但是用"道德"译解弘道章中的"道"字也不合适。

在释解七中,金池先生直接把"道"译为"道德"。金池先生的译文是:"人能弘扬道德,而不是道德弘扬人。"这个译文非常简洁,但是后半句同样难以理解。结合前半句的语义,后半句的译文"而不是道德弘扬人"只能理解为"道德不能弘扬人"或"不能用道德弘扬人"。按照生活的一般伦理,我们都应该敬慕有德之人,自己也应该努力成为一个有德之人。所以金池先生在释解中,认为弘道章在谈人与道德的关系,这种关系就像火车司机与铁轨之间的关系,人必须沿着道德之轨生活,才能达到理想的道德境界。然而是否想成为有道德的人,在于人自己的选择;是否能成为有道德的人,却在于人的努力,主动权都在人的手里。这种解释,好像弘道章的后半句,是在进一步加强前半句的意思。对一个有德之人来讲,道德是其身上内在的品质,这种品质本身就彰显或证明此人为有德之人,这种彰显或证明是否可以理解为是对此人在某种肯定意义上的弘扬?沿着这种思路理解,那么可以推断:道也能弘人,只是首先要以人弘道为前提。只有当人去弘道的时候,道才会反过来成就人。人对道的弘扬是主动的,道对人的弘扬是被动的。若弘道章表达的是这个意思,孔子说"人若弘道,道亦弘人"应该更能准确地表达上面的意思。因此,认为弘道章后半句"非道弘人"旨在强调"道无为"的释解是不对的。退一步讲,若把"道"释解为"人生理想"或"道德"是对的,那么孔子应该直接说"人能弘志,非志弘人"或"人能弘德，非德弘人"。另外，在语词的用法上，志、德与道也有差别。志与德都为人所有，可以说人是志与德的主宰。虽然人可以追求成为有道之人，却不可以说人是道的主宰。

在释解八中，杨伯峻先生的译文是："人能够把道廓大，不是用道来廓大人。"① 他选择了不翻译"道"字。对最难以把握义理的后半句，杨伯峻先生的译文"不是用道来廓大人"值得品味。译文中"不是"二字，似乎在提醒人们：不要把"人弘道"这样的事情，误以为是用道来弘人。如果这种译解成立的话，那么弘道章后半句就是对前半句的一个补充性说明：虽然人能够弘道，但是人弘道的正确方式不是把道作为工具、手段来弘人。杨伯峻先生作为《论语》诠释的大家，对弘道章的经典注疏非常熟悉。他的释解肯定是经过了深思熟虑地对弘道章的各种诠解、注疏分析之后得出的。他认为："这一章只能就字面来翻译，孔子的真意何在，又如何叫做'非道弘人'很难体会。"②

二、对当今2种辨疑辨误研究的分析

冯浩菲先生的《〈论语〉辨疑研究》③ 共辨别《论语》疑误74条，直接讨论到《论语》原文76章的内容。针对某一条疑误，冯浩菲先生的辨疑体例大体上是：根据自己的判断，先引正确解释，再引未妥解释，然后加按语，根据不同情况加以总论说明。④ 冯浩菲先生在该书前言中非常具体地说共计有69条疑误研究，采用了这种辨疑体例。在该书的第63条疑误研究中，冯浩菲先生就采用这种体例对论语弘道章进行了辨疑分析。

冯浩菲先生认为，曾流传于日本被称为"正平本"的何晏的《论语集解》和朱熹的《论语集注》对论语弘道章的解释都是正确的，而杨伯峻先生在《论语译注》中的说法是不正确的。也就是说，冯浩菲先生不认同在

---

① 杨伯峻：《论语译注》，北京：中华书局，2009年版，第166页。
② 杨伯峻：《论语译注》，北京：中华书局，2009年版，第166页。
③ 冯浩菲：《〈论语〉辨疑研究》，上海：上海古籍出版社，2019年版。
④ 冯浩菲：《〈论语〉辨疑研究》，上海：上海古籍出版社，2019年版，前言第1页。

上面的释解八中所举出的杨伯峻先生的释解。其实很多注释《论语》的著作，在对弘道章的释解上都对何晏《论语集解》和朱熹《论语集注》的说法采取不疑的态度，直接采用，但是很少给出理由。冯浩菲先生对《论语》弘道章的辨疑研究虽然只是否定杨伯峻先生的观点，再重新肯定何晏和朱熹的释解是对的，重要的是他给出了自己的理由。在辨疑研究的按语中，冯浩菲先生写道：

> 何氏和朱氏的解释是对的，人能够廓大道，道不能够廓大人。人是有做为的，能够把道廓大，也能够把道缩小。道本身只是一种客观存在，不会自我起动什么廓大之或缩小之的作用。故曰："非道弘人"，即为"不是道能够廓大人"。杨氏谓"孔子的真意何在，又如何叫做'非道弘人'，很难体会"，关键在于以往的理解在于"道能够弘人"。其实只是人能够弘道，非道能够弘人。道本身只是一种客观存在，不会产生任何作用，而其任何作用只能在人的理解下才能产生，故曰："非道弘人"。皇氏《义疏》引"蔡谟曰：道者寂然不同，行之由人。人可适道，故曰人能弘道。道不适人，故曰非道弘也。"①

可以看到，在按语中，冯浩菲先生不仅指出杨伯峻先生错在何处，而且进一步引用皇侃《论语义梳》中所引蔡谟的话来证明何晏、朱熹的释解以及冯浩菲先生自己给出的理由是对的。但问题的关键在于：冯浩菲先生自己给出的理由是否成立？皇侃《论语义梳》所引蔡谟的话是否成立？冯浩菲先生认为杨伯峻先生以及以往的很多理解错在认为"道能够弘人"。我们抛开冯浩菲先生按语中"以往的理解"一词所指不谈，仅就他对杨伯峻先生错误根源的指认而言，他认为杨伯峻先生持有"道能够弘人"的观念或看法，进而这种观念或看法导致杨伯峻先生对何晏和朱熹的释解存疑。针对《论语》弘道章的释解，冯浩菲先生对杨伯峻先生的否定是否能够成立，取决于以下两个需要进一步分析、考察的问题：一是"道能够弘人"这种观念或看法是否能够成立，二是杨伯峻先生是否持有"道能够弘人"的观念或看法。

---

① 冯浩菲：《〈论语〉辨疑研究》，上海：上海古籍出版社，2019年版，第111页。此段文中提到的杨氏即杨伯峻先生。皇氏《义梳》指称皇侃的《论语义梳》。

其实，杨伯峻先生对何晏《论语集解》和朱熹《论语集注》的存疑也是有历史依据和义理上的理由的。在《论语译注》对弘道章的"注释"中，杨伯峻先生写道：

> 这一章只能就字面来翻译，孔子的真意何在，又如何叫做"非道弘人"，很难体会。朱熹曾经强为解释，而郑浩的《论语集注述要》却说，"此章最不烦解而最可疑"，则我们也只好不加臆测。《汉书·董仲舒传》所载董仲舒的对策和《礼乐志》所载的平当对策都引此二句，都以为治乱兴废在于人的意思，但细加思考，仍未必相合。①

实际上，何晏《论语集解》和朱熹《论语集注》对《论语》弘道章的释解都强调"人心有觉，道体无为"。董仲舒和平当的对策引用弘道章"人能弘道，非道弘人"的说法，来表达"治乱兴废在于人"的思想。可以说，何晏、朱熹、董仲舒、平当对弘道章的理解是基本一致的。根据郑浩《论语集注述要》的说法，对此章的存疑在历史上就是一直存在的。杨伯峻先生的疑问也不是孤例，更不是没有深刻的质疑理由。"很难体会""但细加思考，仍未必相合"这些话的表达方式都有很强的感情色彩和深厚的意蕴。遗憾的是，针对弘道章的释解，为什么会"很难体会"，杨伯峻先生没有反思性地把自己产生这种感受的具体缘由公开表达出来。针对董仲舒和平当的对策引用弘道章来表达治乱兴废在于人的思想，杨伯峻先生为什么会有"细加思考，仍未必相合"的感受，"未必相合"之处在哪里？这些问题杨伯峻先生都没有给出明确的回答，需要后学者去揣摩、体会，给出恰当的回应。

赵又春先生在《论语名家注读辨误》一书中对李泽厚、傅佩荣、杨伯峻、李零等诸位先生对论语弘道章的翻译或释解都给出了回应。② 他认为，弘道章的"道"指的是"为人之道"，特指"主体心中的正道"。因此赵又春先生认为李泽厚译为"真理"，傅佩荣译为"人生理想"，也不能说错，杨伯峻、李零选择不译是好的选择。但针对他们给出的译文，赵又春先生认为，李泽厚和傅佩荣的译文给人的感觉都不到位，杨伯峻的译文应该算

---

① 杨伯峻：《论语译注》，北京：中华书局，2009年版，第166页。
② 赵又春：《论语名家注读辨误》，长沙：岳麓书社，2012年版，第228-232页。

是精当的翻译，李零的译文作为翻译就是误译，作为解说就是误解。前文已经提到他们四人的译文，为便于理解赵又春先生的评论，我们再把他们的译文列出来品味一下。

  李泽厚先生的译文：人宏扬真理，不是真理宏扬人。
  杨伯峻先生的译文：人能够把道廓大，不是用道来廓大人。
  傅佩荣先生的译文：人可以弘扬人生理想，而不是靠人生理想来弘扬人。
  李零先生的译文或解说：道是人追求的目标，不是帮助人出名的。

李零先生对《论语》弘道章的释读就孤零零地给出了一句话。这句话大概既可以当做李零先生给出的译文，也可以当做解说。无论当做译文还是解说，赵又春先生都认为李零先生误译或误释了弘道章。断定李零先生误译或误释了弘道章，这是需要拿出理由来进行论证的。赵又春先生自己怎么释读弘道章呢？根据他的释读能否断定李零先生就错了呢？

赵又春先生认为，弘道章在思路上与《论语·颜渊》第1章中"为仁由己，而由人乎哉！"完全一样，在意思上也相近，两种说法的重心都在前半句，后半句仅起补充、强调前半句的作用。进而赵又春先生认为，可以把"非道弘人"改成"岂道弘人乎哉"。若是可以这样改，"岂道弘人乎哉"怎么翻译就成了关键。从语气上看，"岂道弘人乎哉"有三种可能的翻译：一是"可不是道弘人啊"，二是"可不是用道弘人啊"，三是"可不是让道弘人啊"。第一种可能的翻译与李泽厚先生的译文基本一样，第二种可能的翻译与杨伯峻先生的译文基本一样，第三种可能的翻译和傅佩荣先生的译文意思比较相近。傅佩荣先生的"靠"字与第三种可能翻译中的"让"字都蕴含了"道弘人"现象的存在。只不过傅佩荣先生把"道"字解为"人生理想"，赵又春先生将其解为"人生正道"或"为人之道"。因此，可以说赵又春先生建议的改写并没有新意。

怎么理解"非道弘人"？赵又春先生的看法是："'弘人'是指个人道德人格修养的提高，'非道弘人'是说'弘人'的动力因乃在自身，不是你业已取得的成就，故而能够与前句相配，使得全章两句是一正一反地教诲、勉励人锲而不舍、死而后已地努力于道德人格修养。"① 按照赵又春先生的理解,"非道弘人"表明了"弘人"的动力因是人自身,而不是道。的确可以说"人能弘道"从正面表明了人是"弘道"的动力因,去不去"弘道"全在人为,说人是"弘道"的动力因因此是可以接受的。但就"非道弘人"来讲,可以说它从反面表明了道不是"弘人"的动力因,只是由此推论进一步说明了人也是"弘人"的动力因。这样可以说弘道章一正一反表明了人既是"弘道"的动力因,也是"弘人"的动力因。按照这种动力因说,"人能弘道,非道弘人"表达的思想实质就是:人能弘道,人亦弘人。把这个推论的意思再复原回去可以变成:人能弘道,人亦弘人,非道弘人。在弘道与弘人这两种事情上,人是动力因,道不是动力因。这与认为弘道章表明了道无为、治乱兴废在于人的传统理解没有什么实质区别。也就是说,赵又春先生期望通过辨误研究得出自己新的理解并没有实现。在辨误分析中,赵又春先生的确有一些新的见解。比如,他认为孔子在谈道同人的关系时必与"仁"的概念相联系。但是,赵又春先生在枝节处的新见解构不成对传统注解的真正颠覆,也构不成在释解上取得真正的突破性成绩。

在2005年出版的《我读论语》一书中,赵又春先生不仅对《论语》中出现的"道"字的用法和意义进行了系统梳理,也专门针对弘道章做了分析。②《我读论语》出版7年之后,赵又春先生出版了《论语名家注读辩误》,《我读论语》奠定了赵又春先生进行论语辨误研究的基础,其中的一些观点,在后书中有所修正。针对弘道章的释解,前后两书在基本观点上是一致的,只是说法稍有差异。在《我读论语》中,赵又春先生认为弘道章是在强调道德修养要靠人的自觉性和主动性,是人自己走上了正道,不是正道拉着人走。这与《论语名家注读辩误》中把人看做弘扬人生正道、提升自身道德人格修养的动力因的观点没有根本性差异。但是,在《我读论语》中,赵又春先生对"人能弘道"与"非道弘人"的通俗解释却特别有启发意义。赵又春先生在该书中写道:

> 孔子是平常人,不是思想家,在他的思想体系中,无非是说:道

---

① 赵又春:《论语名家注读辨误》,长沙:岳麓书社,2012年版,第232页。
② 赵又春:《我读论语》,长沙:岳麓书社,2005年版,第326-336页。

路是人开辟的,正如鲁迅所说,地上本没有路,走的人多了,就成了路,对已有的路,人还可以加宽、加长、加固、美化。这就是人能弘道("弘",扩大、光大义)。已经有了道,你偏不走,硬要跋山涉水,明摆着一条光明大道,你不用,偏走羊肠小道或烂泥巴路,结果自然是费力费时却难以成事,达不到目的地。这就是道不能弘人,亦即"非道弘人"。这是个比喻,把"道"看作个人为人处世之道,同样如此:个人的美德懿行英名,都是自己创造的,是人通过自我修养达到的;人行事待人的正确原则,是人自己从实践中领悟到和总结出来的,修养越到家,实践越自觉,人格也就越高尚,对道的认识也就越精深。这就是"人能弘道",用今天的话说,就是人能够发扬光大真理,还能够发现新的真理。但是道理摆在那里,榜样就在面前,你不遵照去做,不愿跟着去学,甚至偏要讲歪理,信邪教,学坏样,那也仍然修不了德,成不了事。这就是"非道弘人"。①

引文借用了鲁迅的路喻,来说明人生之路是人自己走出来的。"道路是人开辟的""世上本没有路",这两种说法都是人们可以接受并认同的。但若从人开辟了路这种意义上来把人开辟"路"的活动与弘"道"的活动相类比就犯了类比不当错误,把性质根本不同的两类事物当做性质类似的事物进行类比。从词源学的意义上看,"道"字的原初意义虽然与"路"的抽象引申义、与人开辟"路"的活动有关联,但是"道"本身的意义已经超越了"路"所有可能的抽象引申意,至少从我们不可以说"人创造了道""世上本没有道"这种语言现象中,能感受到"道"这个字及其所指在我们的语言和生活中所具有的超越性与独特性。虽然《论语》中有很多处"有道"与"无道"的说法,生活中我们也有"得道者多助,失道者寡助"等道德教诲,但这都是在抱持"道不远人"的信念下,人所可以或实际求得的具体之道,而不是作为整体的道本身。"人能弘道,非道弘人"与"朝闻道夕死可矣"两章中所指的"道"都是作为整体的道本身意义上的道。这个道具有一般性、超越性和独特性,是人不可能完全把握的,相对于人的有限理智能力而言,这个作为"道本身"意义上的"道"是一个具有独特

---

① 赵又春:《我读论语》,长沙:岳麓书社,2005年版,第329页。

完整性的无限他者。因此，可以说把"道"比作"路"就犯了类比失当的错误。但是赵又春先生对"非道弘人"的通俗解释和说法还是非常有道理的，值得进一步思考、分析和品味。在《我读论语》中，赵又春先生还认为弘道章在深层蕴含着一种个体责任伦理观，为"君子求诸己"提供了哲理依据，这种责任伦理观与法国哲学家萨特的存在主义责任观相近。① 按照存在主义责任观，人走什么样的人生道路，人成为一个什么样的人，完全是人自己选择的结果。人有选择的自由，但人要对自己的选择负责，不能把责任推给任何他人。把儒家君子的责任观与存在主义责任伦理观相会通，是否可以？赵又春先生的这个看法，也值得进一步思考。

三、对"人能弘道，非道弘人"章的现象学分析

1901年德国哲学家胡塞尔的《逻辑研究》出版，标志着现象学作为一门学问的诞生。胡塞尔的现象学旨在通过对意识活动领域的还原性分析和直观性描述工作揭示人的意识活动现象的结构与本质，从而找到知识的可能性条件，为知识的可靠性奠定牢固基础，让哲学变成一门严格的科学。德国哲学家海德格尔把胡塞尔的现象学拓展到对存在问题的探讨，使存在的意义问题成了现象学工作的主题。意识到存在的转向，似乎意味着胡塞尔曾经对海德格尔偏离甚至背离现象学道路的批评或指责是基于不可怀疑的事实，从而也是公允的、客观的。然而，胡塞尔之后的现象学发展史，却表明他对海德格尔的批评或指责是不公允的，他是囿于自己对现象学的成见才指责海德格尔的工作有哲学人类学的倾向。无论现象学作为思想潮流和运动波及的领域多么广，凡是能够真正有资格用"现象学分析"来标榜的学术研究工作，其必然贯彻着现象学一以贯之的基本精神："面向事情本身"（Zu Den Sachen Selbst）。这一现象学工作的口头禅和品牌标志是胡塞尔及其以后所有现象学家都遵循和坚持的基本原则和精神。

现象学不是神秘莫测的高深学问，却不能不说是一门很难把握的高深学问。这从现象学坚持的基本原则和精神——"面向事情本身"，就可以体

---

① 赵又春：《我读论语》，长沙：岳麓书社，2005年版，第329页。

会到、感受到。"面向事情本身"与"实事求是"在对事情真相的诉求上有什么根本区别？实际上，没有区别，甚至可以把他们作为等同的表达来方便使用。在探究事情真相的时候，回到或面向"事情本身"，做到"实事求是"地把探究活动进行到底，或者说把"实事求是"的原则要求彻底地贯彻，直到真相被揭示出来，真的浮出水面或大白于天下，是看似容易实则非常困难的工作。现象学的价值和可贵的地方就在于不仅给我们提供了一般性的基本原则和精神，也提供了具有可操作性的程序性路径和方法。现象学作为方法的工具价值，帮助现象学在人类生活的众多理论和实践领域得到应用和发展。

人类的一切知识和经验，都可看做人的意识活动的结果或成就，都作为意识现象首先在人的意识活动领域中被给予或被呈现出来。我们一般情况下所说的事物本质，首先也是作为意识现象在意识活动中被给予或被呈现出来的。因此在胡塞尔的意识现象学视域内，事物的本质也是现象，而且是在关于具体事物的意向性活动中作为纯粹的意识现象被给予或被呈现出来的。由于这个原因，胡塞尔的现象学有时被称为纯粹意识的现象学，有时也被看做关注事物本质的本质现象学。

当我们想准确全面地把握理解《论语》弘道章意蕴的时候，我们就不得不首先追问"道的本质"或"道是什么"这个问题。胡塞尔的意识现象学作为关注事物一般本质的学问，恰好可以帮到我们，指引我们去理解和回答这个关于"道本身是什么"的根本性追问。我们可以想象一个孔子和弟子们在对话中谈论"道"的场景：当孔子在与弟子的对话中，向弟子们说"人能弘道，非道弘人"的时候，孔子及其弟子对"道是什么"肯定都是心领神会的，否则他们的对话就进行不下去，就需要孔子进一步对弟子们做补充性的解释说明，帮助弟子们理解和领会"道"的内涵。

《论语》中"道"字出现了上百次[1]，赵又春先生在《我读论语》中说，作为单音词的"道"字在《论语》中共出现60次，有时作动词，大多

---

[1] 艾兰：《水之道与德之端——中国早期哲学思想的本喻（增订版）》，张海晏译，北京：商务印书馆，2010年版，第83页。

数情况是作名词。① 无论是在日常的语言对话和交流中，还是在实际的生活体验方面，孔子及其弟子，甚至今日的我们，对"道"这个字及其内涵与所指都不陌生，可以说都有丰富的语言使用经验和实际生活体验。在每一次对"道"这个字作为名词的语言使用经验中，在每一次切实地体验到"道"这个名词的内涵及其所指在实际生活中的对应物的时候，"道本身"或"道是什么"这个问题所指的"道"，作为关于"道"的本质性现象，就已经自我现身或呈现出来了，用现象学术语来说，就已经作为现象被给予或被呈现出来。胡塞尔经常用桌子的例子来描述这样一个事物本质的显现过程和机制。

当我们走进一个房间，看到房间里有一张桌子的时候，我们首先看到的甚至不是一张完整的桌子。当我们停下来站在一个固定的位置看这张桌子的时候，我们会发现：我们实际看到的可能最多只能是桌子的三个侧面，当我们观看桌子上面的时候，我们就可能看不到桌面的另一面了，即使是某个桌子腿的整个表面我们也不可能在一个时刻站立在一个位置全部看到。当我们在房间里，围绕着桌子观看的时候，桌子的各个侧面及其部分的表面依次进入我们的视野。在任何一个时刻和任何一个观看地点，完整的桌子都没有实际地进入我们的视野。这是经验性事实，是能够经得起生活经验反复验证的事实。但我们从来不说"我们没有看到一张桌子"。实际上，我们也的确看到了一张桌子。这是为什么？按照胡塞尔的说法，我们的意识具有意向性构成功能，每一个意识活动，总是意向性地指向某物，并且构造着某物或者说赋予某物以统一的意义，也即给予某物一个身份，不存在空洞的没有意向相关物的意识活动。也就是说，人的意识活动与意识活动的内容总是关联在一起的，而且在意识活动中，人的意识的意向性还发挥着构成性功能，赋予碎片化的意识内容以统一性。正因为人的意识具有意向性及其构成功能，我们才可以实际地看到一张就在现场的桌子，可以想象或谈论一张不在现场的桌子，甚至可以在梦中看到一张桌子，可以想象并谈论一张画中的桌子或在一张电影画面中出现的桌子。

就我们假设的房间里的那张桌子而言，从我们进入房间的那一刻起，

---

① 赵又春：《我读论语》，长沙：岳麓书社，2005年版，第326页。

我们就看到了这张桌子；当我们离开房间的时候，我们还可以谈论它，甚至在进入房间之前，我们若知道房间里有这样一张桌子，我们就可以在没有进入房间之前想象它的样子。在我们实际看到这张桌子，在我们离开房间谈论这张桌子，甚至在我们进入房间之前想象这张桌子的时候，桌子本身是什么或者说桌子作为桌子的一般本质，已经作为意识现象，在我们的意识活动中被给予或被呈现出来。胡塞尔现象学根据感知活动方式的不同，把这样一个被给予或被呈现的过程称为意向性的不同充实过程。对它的全面领会和准确把握，需要现象学的眼光协助，需要在现象学的本质直观方法的指引下做细致的描述分析工作。显然，从现象学的眼光看，事物的本质具有超越性或超验性，它可以不局限于或不依赖于事物的经验性在场。这样说，并不意味着事物的本质作为超越性存在只是现象学视域下的概念规定，而是事物的本质作为事物本身在根本上就是这样的超越性存在，现象学只是帮助我们发现和领悟了这个生活中的事实或真理性现象。

　　但是事物的本质作为事物本身的存在方式与具体事物的实体性存在方式并不一样。因为我们不能说在桌子的各种属性和构成桌子的各个零部件之外，还存在一张独立的桌子实体，是桌子的本质或一般性的桌子。桌子的本质或那张作为所有实际存在或可能存在的各种各样桌子的本质的一般性的桌子，它不但存在着，而且在经验中被我们不断地感受到。若没有它的存在，不但我们生活中所有桌子的存在都不可能，而且过去和未来曾经存在过的桌子的存在也不再可能。所以说，桌子本质的存在或那张作为桌子本质的一般性的桌子反而为我们能够感知、想象和谈论各种各样现实和可能存在的具体桌子提供了前提和保障，可以说是前者为后者奠基，而后者让前者不断现身在场。也就是说，我们谈论作为桌子本质的一般桌子的时候，我们的意向性虽然指向了那个作为桌子本质的一般桌子，但是在我们的思想中我们的意向性不是空洞的意向性，它已经以某种或某些方式得到了一定程度的充实。也就是说，在我们的意识活动中给出的不能单单是桌子的本质。不会有一张单纯的作为桌子本质的一般桌子孤零零地在人的意识活动中被给予或被呈现出来。当我们谈论道的时候，道的本质也像桌字的本质一样，不会孤零零地在人的意识活动中被给予或被呈现出来。就道本身或作为道的本质的一般性的道而言，它的存在不依赖于某种具体的道的有无与兴废,但是又不能脱离所有具体的道而在人的意识活动中单独在场或现身,也不能脱离所有具体的道而在人的实际生活中单独存在。生活中有夫妇之道、孝悌之道、治国之道、为人之道等具体之道存在,因此可以断定有道的本质或道本身存在。但又不能说在所有的具体之道都不存在的情况下,道的本质或道本身也可以存在。因为道的本质或道本身在人的意识活动中的在场或现身依赖于某种具体之道的一同在场或现身。这大概也是《中庸》首章子思所说"道也者,不可须臾离也;可离,非道也"所要表达的基本意思。在《中庸》第四章中,孔子非常明确地描述了道之"不行"与"不明"的状况及原因,并用饮食之味来比喻道的存在,用人们对饮食之味的认识来类比人们对道的认识。

> 子曰:"道之不行也,我知之矣:知者过之;愚者不及也。道之不明也,我知之矣:贤者过之;不肖者不及也。人莫不饮食也。鲜能知味也。"(《中庸》第四章)

即使在乱世,具体的某种道可能在世上不被世人了解和奉行,但作为一般性的道或道的本质即道本身并不是不存在。在乱世,在无道之邦,只是某种或某些具体的道缺席或不在场,但作为道的本质的道本身却不可能不存在。这就像一张具体的实木桌子,总有被用坏或朽坏的一天,被用坏或朽坏之后,这张具体的桌子的确不存在了,但是桌子作为桌子的本质也即桌子本身并不会朽坏或不存在,若没有这张作为桌子本质的一般性桌子或桌子一般,世上就不会有实体的桌子存在,连想象中的桌子的存在也不可能。若自人类诞生以来,这世上从来就没有出现过哪怕一张具体的桌子,无论是实体性的具体桌子也好,还是虚拟性想象中的桌子也好,那么那张作为桌子本质的一般性桌子或桌子一般也不会存在。

在《中庸》第十三章中,孔子所说"道不远人,人之为道而远人,不可以为道",就表明了道与人的关系。这不是在说某种具体的道与某个具体的人的关系,而是在述说那个作为道的本质的一般性的道或道本身,与作为类的人的关系。因为有人类,道本身才在人类的个体意识活动中伴随着各种具有原初性的生活现象一道被给予或被呈现出来。这正像因为有人类,桌子作为桌子本身才能在人类生活中出现和存在一样。如果不着眼于人和人类，我们来谈桌子的本质就没有任何意义。如果我们不着眼于人和人类，我们来谈道的本质或者去行道就没有任何意义。人去行道的时候，必须眼中有人。必须着眼于人去行道。在《中庸》第十三章中，子思为了更清楚地表达孔子关于人应该如何为道或行道的思想，在记述了孔子"道不远人，人之为道而远人，不可以为道"的话之后，紧接着记述了孔子引用《诗经·伐柯》中的诗句来举例说明君子如何行道的话。"'伐柯伐柯，其则不远。'执柯以伐柯，睨而视之，犹以为远。故君子以人治人，改而止。"君子为道或行道时眼中始终有人。

现象学的眼光不是天启的眼光，现象学的眼光是人的眼光。只有人存在，才可能去追问道的存在、桌子的存在等等存在问题。是人先存在还是道先存在，这样一个问题超越了现象学视野，也超越了人的视野。在现象学和人的视野中，道与人同在，"道"若不存在，一切皆无可能。人须臾不可离道。离道，人则无法生存。人若不存在，道与一切都同归于寂，都不会有任何存在的意义。因为人是唯一能够追问存在意义的发问者与存在者。对于人与道，哪一个先存在？只有在宗教或神学的视野下才可以谈论。西方基督教的圣典《新约圣经·约翰福音》在第一章第一段就对这个问题做了一个回答："太初有道，道与神同在，道就是神。这道太初与神同在。万物是借着他造的；没有他，凡被造的，没有一样能造成。在他里面有生命，这生命是人的光；光照耀着黑暗，黑暗却不领会光。"

在现象学的逻辑中，只有人先存在，道的存在或道本身的存在才能够被照亮。因为只有人存在，道本身在人的意识活动中才能被给予或被呈现出来。在宗教或神学的创世逻辑中，道的存在先于人的存在。但也只有创造出了人，道作为生命之光有了肉身，人才能以自己生命的灵性去感受道的存在，去领悟道，去为道或行道。

《论语》弘道章毫无疑问是在谈论道与人的关系，而且谈的是作为道本身的道与作为人类的人之间的一般性关系，是道与人之间的具有普遍性的关系模式。"人能弘道，非道弘人"应该就是对这种具有普遍性的道-人或人-道关系模式的凝练表达。因为其凝练，才让历代的《论语》注解大家殚精竭虑，百思不得其解。只有把这种具有普遍性的道与人之间的关系模式细致地描述出来，围绕《论语》弘道章的释解疑云才能慢慢散去，各种争议、辩难与辨误辨疑才能在"唯道是从"原则的感召下，达成一致，共襄弘道之盛举。

　　道与人之间的普遍性关系模式是一种什么样的关系模式？我们可以从孔子其他涉及道与人关系的论述中体会到这种关系模式的独特韵味："朝闻道夕死可矣。""闻道"有那么紧迫和重要吗，甚至值得以生命为代价相交换？如果这个世界上，只有一个人，恰恰这个人以保持自己的生命延续为人生中最重要的事，那么只要这个人还有清醒的理智，就应该不会拿自己的生命去交换任何其他珍贵的东西。可是这个世界上，的确生活着许许多多的除"我"之外的他人，还有很多历史上的人物虽然已经属于过去的时代，但他们的言行和活动在历史的代际传承中却作为文化影响着"我"，影响着当今时代的他人甚至未来的人，而且"我"作为时代的一份子，也会随着历史变成过去的人，或多或少地影响未来的人与事。有君子之德的人，显然不会认同自我个体生命至上的唯我主义生命伦理观。君子凡事总心怀他人，且以同理之心，由己推人，看重自身道德人格修养的提升。因此，君子重视他人的生命，看重人类在世上的生存与延续。"杀身成仁，舍身取义"的大丈夫人格形象，就生动地诠释了儒家君子"舍我其谁"的道德担当精神。按照朱熹把"德"字解为"得"的逻辑，有德之人，就是得道之人，就是遵循了人生正道之人。能够真正地配得上"君子"称号的人，就可以说正确地处理并领受了道与人之间的普遍性关系，并把这种关系看做人生的准则和行动指南。"直道而行"是对道与人之间的普遍性关系的形象描绘。人不能歪曲道、背离道。"直道"与"率天命之性"应该是同义语，是对人悟道、体道、行道或践道发出的绝对命令，是最高等级的伦理要求。面对作为伦理召唤的绝对命令和最高等级的伦理要求，人唯一正确的回应方式就是"倾听"，就是"服从"，先内化于心，后外化于行。道与人之间的普遍性关系就是"倾听"的关系，就是"服从"的关系。人要唯道是从，心甘情愿地做道的奴仆。人要自觉地接受道的掌控，主动地去适应道，不要悖逆道的掌控，让道来适应人。自觉接受道的掌控，主动去适应道，这是追求顺道而为、直道而行的正确行为。悖逆道的掌控、让道来适应人，这不仅是错误的行为，而且是人做不到也无法完成的行为。从表面上看，人可以悖逆道。但是人对道的悖逆行为，并不会让人脱离道的掌控。就像人的生活方式若是健康的，若遵循了健康之道，那么就会给自己带来健康或让自己保持在健康状态，否则人就不会得到健康或健康受损甚至失去健康。

在道与人的普遍性关系中，人要去适应道，也可以适应道，但道不会适应人也不能适应人，即使人千方百计用道去适应人，所用之道已经是被歪曲之道，已经不是真正的道。道与人之间这种倾听性的服从关系，意味着人的生存隶属于道的掌控。当人真正地做到了直道而行的时候，人面对道的心理状态就是一种心甘情愿的服从状态，时刻提醒着自己要倾听道的召唤，唯道是从，以至于甘愿做道的奴仆。但恰恰在这种看似负面的心理和认知状态中，人的实际生存状态实现了根本性的翻转。真正的道，不会让人成为它的奴仆或奴隶，真正的道会释放和捍卫人的自由、生命和尊严，让人从种种实际的束缚状态中解脱出来。面对真正的道，人实际上处在即使想做奴隶也不成的状态。因为当人在弘道的过程中，若真正变成了所弘之道的奴隶，那么所弘之道就已经背离了真道，背离了道的本质或道本身，而异化成了奴役人的歪道、邪道或魔道。古往今来，在人的生活中，以"弘道者"期许或自居，实则在奴役自己或他人的行为和现象比比皆是。第二次世界大战期间，德国纳粹和日本军国主义的许多追随者就以"弘道者"自居，以为自己是在从事伟大的事业，实则是在制造人类历史上的一个大灾难。人是能够弘扬道，但是人所弘扬的具体之道，往往是出于人的一隅之见，并不是真正的道，从而也不能够给人带来真正的益处。对这样的背离道的所谓弘道现象，我们必须警惕。如果只是单纯地知道人能够弘扬道，而不知道弘扬道既需要人具有较高的道德人格修养水平，也需要人具有实践的智慧，那也是弘扬不了道的。当孔子说出"人能弘道，非道弘人"这句话时，他肯定不是在简单地讲明一个事实：人具有弘扬道的潜质或可能性。而是在讲：弘道意味着什么？或什么样的行为才是真正的弘道行为？而要向人讲明"什么是弘道"，那就必须谈及道与人的关系。那孔子为什么不说"直道而行"或"唯道而从"这样更简洁、凝练的话，而要说"人能弘道，非道弘人"呢？

"直道而行"或"唯道是从"，作为人的行为指导原则，只有在充分领悟了道与人之间的倾听性服从关系之后，也就是说在彻底明白了道的真理性和人的自主性的基础上，充分了解到道对人的掌控性和人对道的理解的有限性之后，人才能对自己或他人的弘道行为具有辨别力，才能既有弘道的责任感、使命感，也有弘道的实践智慧。我们人是有自主性，人必须成为一个行动的主体，才能让自己的潜质或能力得到实现，但是正因为这种自主性，人很多时候可能就会出于某种考虑而不愿意就道，不愿意服从道的召唤和指引，甚至由于无知或被利益诱惑会打着弘道的名义去做背道的事情。人间正道是沧桑。孔子作为智者，肯定知道人弘道现象在现实生活中的复杂多变。"人能弘道"这前半句的确指出了人在弘道现象中的主动性、自主性。"非道弘人"这后半句与其说是在告诉我们道是无为的，不如说是在暗示道是无不为的。人不能逃离道的掌控。人的主动性、自主性只有积极顺应道的召唤和指引，才是值得肯定的积极的主动性和自主性。在道与人的关系中，人在任何时候都必须把弘道作为目的，而不能作为手段。同时由于人的局限性，人对道的理解总是不够完满和彻底的，即使当人单纯以弘道为目的的时候，若让自己或他人变成了道的奴隶，也就不是在真正地弘道，必须做出改变，改正或停止这样的行为。也可以说，在道与人之间存在着一种奇妙的辩证关系：道要求人的服从，同时给予人以自由、生命与尊严；人的主动性和自主性赋予人以弘道的潜质和能力，同时人也必须自觉地接受道的限制和掌控。

当我们明白了"人能弘道，非道弘人"背后所蕴含的道与人的关系之后，再来讨论《论语》弘道章的翻译和释解就有了一个方向和标准。翻译和释解必须能够传达出道与人的辩证关系，才能算是合格的翻译和释解。杨伯峻先生的话是很有道理的。冯浩菲先生对杨伯峻先生的简单否定是不公正的。赵又春先生简单地否定李零先生也是不对的。李零先生用"道是人追求的目标，不是帮助人出名的"一句来翻译或释解弘道章是有一定深意的。道是人生应该追求的目的，不能把道当做手段。对人生来讲，可以说李零先生清楚地点出了"道是目的不是手段"这层非常核心的意思。为什么道是目的而不能是手段？这就只能靠领会道的真理性和终极性这层意思来回答了。由于很多人并不能直接地领悟道在中国传统文化中具有指向真理的绝对性和终极性，为便于人们把握和领会道的真理性，还是在翻译中，把"道"译为"真理"更好一些。因此，李泽厚先生和南怀瑾先生把

"道"释解为"真理"是可取的。但是若拘泥于字面意思,像李泽厚先生那样直接译为"人宏扬真理,不是真理宏扬人",那么,道与人或者说真理与人之间的具有普遍性意义的辩证关系,就很难让人领悟到,孔子说这句话的初衷在译文中就传达不出来。在孔子说这句话的具体场景中,他的初衷我们应该假定是得到了充分传达并被听众领会的。如今,我们作为在时间上已经相距遥远的读者,无论怎么理解这句话,总还是不能丢了或掩盖了孔子的初衷。当我们明白了弘道章的丰富意蕴的时候,我们甚至可以说这句话比《论语》中的"仁者爱人"一句在孔子的思想系统中占据更核心的位置。我们试着对弘道章给出一个翻译:人能够传播和光大真理,但真理掌控人且不奴役人,因此不能把真理作为手段,试图掌控、利用和歪曲真理,不能沽名钓誉,也不能成为假真理的奴隶。

陈嘉映先生在多年前写有一篇文章,题目就是《真理掌控我们》。文章讨论了日本著名导演黑泽明的电影《罗生门》。有时候,真理不掌握在我们任何一个人的手里,但真理的确在时时刻刻地掌控着我们。顺天者昌,逆天者亡。这里的"天"字,与中国传统文化中的"道"字一样,有时候就是"真理"的代称。

人必须听命于真理的召唤,直道而行,才会因真理得自由,因真理得生命,因真理得成长。否则,将会受到真理的惩罚。

博物馆研究的经济学转向
——基于国内文献的分析
谢 梅 党 琼①

习近平总书记指出:"提高国家文化软实力,要努力展示中华文化独特魅力。在五千多年文明发展进程中,中华民族创造了博大精深的灿烂文化,要使中华民族最基本的文化基因与当代文化相适应、与现代社会相协调,以人们喜闻乐见、具有广泛参与性的方式推广开来,把跨越时空、超越国度、富有永恒魅力、具有当代价值的文化精神弘扬起来,把继承传统优秀文化又弘扬时代精神、立足本国又面向世界的当代中国文化创新成果传播出去。要系统梳理传统文化资源,让收藏在博物馆里的文物、陈列在广阔大地上的遗产、书写在古籍里的文字都活起来。"②习近平还强调,要坚持用这样一些新的发展理念来引领和推动中国经济发展,不断破解经济发展难题,开创经济发展新局面。从文化发展的角度来看,博物馆是人类收藏历史记忆凭证和熔铸新文化的殿堂,担负着保护、研究和展示人类历史及人类文化遗存的使命,是新时代文化领域的"青山绿水"。在社会经济及科技飞速发展的今天,最能代表历史传统文化的博物馆迎来了新的历史发展境遇。在高度弘扬中华文化保护利用和传承的21世纪,产业化的开发模式

---

① 作者简介:谢梅,电子科技大学公共管理学院教授;党琼,广西大学新闻与传播学院助理教授。
② 习近平:《不断开拓当代中国马克思主义政治经济学新境界》,载《求是》,2020年第16期。

介入博物馆资源的转化利用中,这看似脱离了博物馆的传统研究,却在一定程度上为新时期博物馆发展乃至文化产业的创新提供了一种新的研究范式和实践路径。

笔者将2004年作为收集文献资料的起点,是因为这一年博物馆被国家统计局划归到了文化产业的核心层。这表明博物馆的经济价值得到了国家认可,也意味着博物馆的经济学研究成为合理合法的新研究领域和研究课题。作为公益性文化事业最重要内容的中国博物馆,学术界对它的研究大多是从中国传统的考古学、历史学、博物馆学的立场出发,从保护文化传统和教育民众的角度来研究博物馆的文化传承和社会功能。由于学术研究的超稳定性,中国博物馆的研究长期植根于中国考古学、历史学的土壤之中,将产业化与中国博物馆相结合的研究基本没有形成主流。但通过近15年的文献追踪,我们发现了一条隐藏而极有价值的研究轨迹,即从经济学、市场营销学的角度来研究博物馆资源的转化和利用。这不仅证明了在消费和信息技术迅猛发展的当下,资本与博物馆的深度结合已日益显著,"博物馆+消费"已成为各类博物馆日常运行的基本法则,更证明了自2004年以来中国博物馆研究存在的政治经济学转向。

一、以人民为中心的文化创意产业开发:文博资源的保护与再利用

以人民为中心的治国思想是新中国成立以来中国共产党的理政核心,也是社会主义建设和发展取得辉煌成就的核心动力和坚强保障。党的十八大以来,习近平反复强调"人民对美好生活的向往就是我们的奋斗目标",据此形成了以人民为中心的发展思想。笔者认为,治国理政最根本的动力、方法和价值观在文化建设方面的体现,就是提供丰富的文化产品,满足人民群众对幸福生活的向往,实施包括文化创意创新、优化文化产品供给途径和机制在内的文化建设重大改革,以尽快解决文化产品供给的不平衡不充分等系列问题。

文博资源的开发和利用立足于优秀传统文化保护,与文化遗产传承和当代文化创新密切相关。但仅就文化产业而言,文化的传承与创新的核心

问题不仅是内容、技术的问题,更重要的是改革文化供给创新机制的问题。比如有学者就根据阿多诺的"两分法",提出了博物馆可以采取"一馆两制"即文化事业和文化产业两种方式同时运作的观点①,认为文化产品作为历史文化信息的载体,减少了文物的展出频率,提高了文物的利用率,同时它不仅具有使用性,还是政治宣传、意识形态、文化艺术、素质教育的载体,体现了一定的价值观。② 笔者认为该研究具有一定的前瞻性,它所提出的关于文化商品以及博物馆产业化发展的观点对以后的研究具有很大的启发意义。

2004年以前学术界对博物馆文化创意产业的研究处于萌芽阶段。虽然自1978年改革开放以来,国家一直强调深化文化体制改革,但是在博物馆领域,国家并未从政策层面明确博物馆的产业性质,直到2004年,国家统计局把博物馆划归为文化产业的核心层,才从国家政策层面明确了博物馆的产业属性,自此以后对博物馆的研究步入了以产业化为研究内容的阶段。笔者认为,国家统计局2004年发布的《文化及相关产业分类》(国统字〔2004〕24号)文件,意味着博物馆作为精神文化产品的生产部门已经逐渐从文化产业的边缘走到了中心地带。博物馆发展文化创意产业不仅仅是一个赚钱的问题,更是涉及衡量一个地区文化发展状况乃至提升一个地区社会经济水平的大问题,比如有学者就主张学习西方博物馆文化创意产业发展的模式(美国的市场化模式、法国的文化遗产管理模式、意大利的私人企业投资模式以及埃及博物馆和文化遗产旅游相结合的模式等)③,开发湖北省博物馆资源,认为这是湖北省博物馆文化产业面临的前所未有的机遇。④ 柯林也发表论文《博物馆发展文化创意产业的理论与实践》(2013),从新博物馆学理论、市场学理论和体验经济视角,着重研究了博物馆的"非营利"性质,研究者认同荷兰博物馆学家彼得·冯·门施对博物馆"非

---

① 李林娜:《博物馆文化产业发展的意义与原则》,载《中国博物馆》,2003年第3期,第5页。
② 李林娜:《博物馆文化产业发展的意义与原则》,载《中国博物馆》,2003年第3期,第5页。
③ 张艺军:《博物馆文化产业发展研究》,武汉大学,2005年。
④ 张艺军:《博物馆文化产业发展研究》,武汉大学,2005年。

营利"性质的阐释，即"'非营利'性应该理解为'不是以营利为目的'，并不等于不能盈利"①。学者高明也认为博物馆文化产业具有"精神属性、文化属性、经济属性"等多重属性②，他们之间的关系即"以事业带动产业，以产业促进事业，同时用经济发展带动精神文化的发展，使各方协调"是市场经济下博物馆运行的规律，这一研究与1999年学者刘洪关于博物馆与市场经济的论述一致。③ 而后，该研究以中国闽台缘博物馆为例，总结了其发展文化创意产业的基本模式即"产业聚集建设博物馆文化产业园区的模式和采用委托经营、商标授权和联合经营的模式"④。笔者认为以上研究虽然提出了博物馆文化产业可开发的种类及方式，却忽略了"博物馆研究成果及著作版权问题"和"文化产品的专利问题"这些重要问题。

从2004年到2014年这十年间，学术界对博物馆产业化的研究主要侧重于两个方面：一是学习西方博物馆资源开发利用模式，即如何以产业化的方式合理地保护和利用博物馆资源；二是对中国博物馆的"非营利"性质的反思及产业化发展的探索。虽然这一时期国家出台了与博物馆相关的政策，比如，2005年文化部发布《博物馆管理办法》，规范了博物馆管理工作；国家文物局发布《国家文物事业"十一五"发展规划（2005—2010）》，推动开展文物普查及数据库管理系统建设，基本实现了文物数据的动态管理和资源共享；2008年中宣部、文化部等四部委联合下发了《关于全国博物馆、纪念馆免费开放的通知》，旨在宣传人类文化和自然遗存等，但这些政策并未有效地推动起博物馆文化创意产业的发展。总体来说，这一时期博物馆文化产业的发展，并未引起学术界的高度关注。直到2015年国务院颁布第659号文件《博物馆条例》，才明确规定博物馆可以从事商业经营活动，挖掘藏品内涵，与文化创意、旅游等产业相结合。这一政策的出台成为博物馆发展文化创意产业的"助推器"，博物馆文化产业逐渐成

---

① 柯林：《博物馆发展文化创意产业的理论与实践：以中国闽台缘博物馆为个案》，华侨大学，2013年。
② 高明：《博物馆文化产业开发研究》，郑州大学，2013年，第25页。
③ 刘洪：《试论博物馆与市场经济接轨的最佳模式》，载《四川文物》，1999年第6期。
④ 高明：《博物馆文化产业开发研究》，郑州大学，2013年，第26页。

为业界及学术界关注的焦点,比如冯拓菲发表论文《黑龙江博物馆文化创意产业发展研究》(2017)①,该研究以黑龙江省博物馆为例,简要概括了黑龙江省博物馆的发展情况以及自身的特点,梳理了黑龙江省博物馆文化创意产业发展的历史进程,表明黑龙江省博物馆文化创意产业正逐步迈向蓬勃发展的阶段,主要原因是国家和政府的重视,但存在政策不到位、技术资金短缺和人才匮乏等问题。② 近两年为了更好地协调博物馆文化价值与经济价值之间的关系,学者们一方面借鉴西方博物馆开发利用的经验发展我国博物馆文创产业,另一方面从科技、营销及管理等跨学科视角对博物馆文创的开发和利用进行研究。比如:马英杰和吴静借鉴德国鲁尔区工业遗产博物馆的经验,提出要根据不同的开发对象采取不同的策略,切忌一刀切的开发策略。③ 罗婧运用最新的移动营销模式即4I模型[即Individual identification(分众识别),Instant message(及时信息),Interactive communication(互动沟通),I personality(我的个性化)],探讨博物馆应该如何运用先进的技术手段吸引受众,进而更好地实现博物馆文化创意产品的经济价值。④

笔者认为博物馆文化创意产业的核心价值是应用价值,包括文化价值向经济价值的转化。文化价值需要通过市场才能转换为商业价值,它一定是通过向社会提供文化产品和服务实现其消费价值和经济价值的。因此,博物馆文化创意产业的发展一定是基于其精神价值,而后体现为商品,实现其经济价值。当两者发生冲突的时候,文博资源的社会文化价值应该放在第一位。⑤ 博物馆无论采取事业方式还是产业方式运作,目的都是更好地担负起保护、展示、研究和传播历史文化遗产的责任。博物馆文化创意产业的发展实质是博物馆资源的保护和再利用。

---

① 冯拓菲:《黑龙江博物馆文化创意产业发展研究》,哈尔滨师范大学,2017年。
② 冯拓菲:《黑龙江博物馆文化创意产业发展研究》,哈尔滨师范大学,2017年。
③ 马英杰、吴静:《从德国鲁尔区博物馆看工业遗产的可持续性开发》,载《建材与饰》,2020年第20期。
④ 罗婧:《4I模型下的博物馆文创产品开发路径研究》,载《济南大学学报(社会科学版)》,2019年第6期。
⑤ 景亭、许玮:《文化产业批判理论视域下的博物馆发展》,载《新美术》,2013年第1期。

二、协调绿色共享发展理念下的文化旅游：文化参与和文化认同

党的十八届五中全会提出了创新、协调、绿色、开放、共享的发展理念，这是关系我国发展全局的一场深刻变革。创新作为首要的因素强调要寻找新动力、新空间和新体制，尤其是资源的优化配置。这就意味着要将资源的有效利用和社会的新发展密切结合起来。博物馆是历史文化资源的承载体，是社会文化的灵魂和核心，属于社会的优质资源，更是今天优化配置其他社会资源的重要引擎。在马克思看来，资源配置有两个方面的含义：一是资源配置是社会经济发展过程中所共有的一般经济规律，二是对资源进行的配置要符合社会经济发展的客观需求。今天博物馆资源的有效利用，其实质就是通过文化资源进行其他社会相关资源的整合和配置，是今天实现社会生产力再一次提升的重要选择。

吴卫国在《博物馆与旅游》（1986）一文中较早地论及了博物馆与旅游相结合的问题，认为博物馆在旅游业的经济活动中处于"无形收入"的地位，应该尽量提供免费服务；它的社会效益与经济效益是不成正比的，它预测了中国的博物馆与旅游业将会密切地合作。[1] 论文将文博资源的转化利用与旅游经济联系起来，符合当时所处的时代特征，也正确预测了博物馆在今天的发展趋势。栗中斌在文章《论博物馆资源开发》（2004）中指出了博物馆承担着文化旅游的职能，研究者较为全面地总结了博物馆旅游资源的特征："实物直观真实性、知识密集性、文化交流输出功能。"[2] 笔者认为作者适度地提出了博物馆的旅游资源开发这一命题。2008年李策发表的《历史博物馆旅游运营研究》也主张借鉴西方博物馆文化旅游的产业模式，以市场为导向，提供优质的服务和精品展览。[3] 笔者认为借鉴西方成功模式思考中国博物馆的运行管理策略，十分有利于推动中国博物馆文化创意产业的发展。

---

[1] 吴卫国：《博物馆与旅游》，载《中国博物馆》，1986年第2期。
[2] 栗中斌：《论博物馆旅游资源开发》，载《华夏星火》，2004年第6期。
[3] 李策：《历史博物馆旅游运营研究》，湘潭大学，2008年。

从2004年到2008年博物馆与文化旅游的研究一直处于探索时期，博物馆文化旅游研究的重点是博物馆旅游资源的开发以及如何吸引更多的受众参与博物馆旅游。这一情况持续到2009年才发生了较大的转变。在2009年"5·18国际博物馆日"的"博物馆与旅游"主题的驱动下，国务院以国发〔2009〕41号印发了《关于加快发展旅游业的意见》，意见指出："充分利用博物馆、纪念馆、体育场馆等设施，开展多种形式的文体旅游活动……提升文化软实力。"接着，2010年王玲发表论文《基于公共文化空间视角的上海市博物馆旅游发展研究》，从公共空间理论的视角，以上海市博物馆为案例，运用实证调研的方法进行了定量和定性分析。研究表明，博物馆公共空间的形成，使得旅游者与博物馆之间的距离消失，公众能够平等地接触并感受文化的多样性，进而催生了新的文化经济关系。[①] 笔者认为研究者提到的博物馆旅游产品开发类型不仅能够使博物馆更快地融入当地旅游产业体系，也会不断形成博物馆的规模聚集效应。博物馆的研究应该进一步拓展，从旅游学、文化学、人类学、经济学、管理学和社会学等多学科视角进行分析。

2015年国务院颁布《博物馆条例》，其中第三十四条规定："国家鼓励博物馆挖掘藏品内涵，与文化创意、旅游等产业相结合，开发衍生产品，增强博物馆发展能力。"这是博物馆与文化旅游结合的一个重要节点。此后国家出台了一系列的相关政策强调博物馆与文化旅游的结合，比如，2016年国务院印发《"十三五"旅游业发展规划》，提出"促进游与文化融合……培育以文物保护单位、博物馆……的体验旅游……扶持旅游与文化创意产品开发、数字文化产业相融合"；2018年国家旅游局和文化部合并，成立文化和旅游部，这表明国家已经意识到文化事业、文化产业和旅游产业融合发展的必要性。在政策的推动下，博物馆与文化旅游的研究进入了快速发展时期。2015年杨海红发表了《游客体验视角的博物馆文化创意旅游开发研究——以南通博物馆群为例》的文章，从受众的角度，探讨了博

---

① 王玲：《基于公共文化空间视角的上海市博物馆旅游发展研究》，复旦大学，2010年。

物馆如何满足受众文化旅游需求的问题。① 研究指出，博物馆作为社区文化的载体和文化的展示空间，承担着一个城市或者地区的文化旅游转型的使命，这将是今后研究的侧重点。

近两年随着博物馆文创产业的发展，有关博物馆与文化旅游的研究被更多的学者关注，博物馆文创的发展出现了新的现象。一方面博物馆文化旅游的相关政策法规受到关注。比如，学者陈云妮提出要从法律法规、文旅产业链构建、新技术与营销等方面促进文化旅游与博物馆相互促进、共同发展。② 另一方面博物馆文化旅游业更加关注科技在受众文化旅游体验中的应用，侯亚婧和闫胜昝就从人工智能的视角研究了博物馆的受众体验③；马伯尧和王玮从 App 的角度探究了用户体验的效果④；刘玥的《视觉文化视域下博物馆情景体验》以观众体验为核心，运用先进的技术打破传统博物馆的限制，给观众带去不一样的创新体验。⑤ 正如学者彭兆荣指出的："博物馆对现代旅游起到了任何事物都无法取代的作用，建立并发展博物馆就是表达对当地文化的认同。"⑥ 观众来到所在城市的博物馆参观，与其说观众想要得到所谓的"知识"，不如说，观众是为了来城市博物馆获取对所在社区、所在城市乃至整个世界的解释。

笔者认为博物馆与文化旅游的研究经历了三个阶段，即从最初的博物馆资源产业化利用，到关注受众的需求，再到博物馆是一个地区或国家文化的构建。博物馆文博资源的转化利用研究揭示了信息技术时代文化公共设施对文化消费的贡献，同时也揭示出公共文化与商业文化需要紧密结合

---

① 杨海红：《游客体验视角的博物馆文化创意旅游开发研究——以南通博物馆群为例》，载《南通职业大学学报》，2015年第2期。
② 陈云妮：《博物馆与文化旅游互促策略研究》，载《科技经济导刊》，2020年20期，第89页。
③ 侯亚婧、闫胜昝：《人工智能驱动下的博物馆体验设计创新策略研究》，载《设计》，2020年第13期。
④ 马伯尧、王玮：《博物馆 APP 及其用户体验现状》，载《戏剧之家》，2020年第8期。
⑤ 刘玥：《视觉文化视域下的博物馆情境体验》，载《戏剧之家》，2020年第20期。
⑥ 彭兆荣：《旅游人类学》，天津：南开大学出版社，2004年版，第275页。

的必要性和紧迫性。从文化消费的角度上讲，政府提供公共文化产品和公共文化服务是基础和前提，文化商品和文化消费将是未来社会文化意义生产以及公共文化服务重要的补充和辅助。公共性和商业性的结合将是未来文化生产的内在逻辑，也是博物馆生存发展的重要手段和法则。

三、社会主义市场经济下的文创产品传播：文博资源利用传承与创新

正如马克思所认为的物质世界是精神世界的基础，物质世界的改变（进步或落后）直接决定和影响着一个社会人们的精神产品和精神行为。习近平说"让文物说话、把历史的智慧告诉人们"，并从中获得我们前行的力量。显而易见，让文物活起来就是将各类历史传统文化资源尽可能地变成当代大众的消费品，尽可能以新的传播形式让人们日常鉴赏和把玩，让传统文化通过传播实现传承。加强文博文创产品的研发是重要的路径，较早开展博物馆文化创意产品研究的是易乐发表的《论中小型博物馆文创产品的开发与经营》①（2013）一文，重点论述了开发文创产品的方法。

到2015年，《博物馆条例》颁布，博物馆文创产品成了业界和学术界研究的热点。自此以后国家出台了一系列的政策，比如《国家文物事业发展"十三五"规划》《博物馆事业中长期发展规划纲要（2011—2020年）》《关于推动文化文物单位文化创意产品开发的若干意见》《关于推进工业文化发展的指导意见》《关于公布全国博物馆文化创意产品开发试点单位名单的通知》《关于促进文物合理利用的若干意见》等，这些政策的颁布大大促进了博物馆文化创意产品开发的快速发展。

2018年陈凌云发表论文《博物馆文化创意产品开发研究》。该研究较为全面地梳理了博物馆文创产品开发的理论基础。作者从鲍德里亚的消费理论出发，认为消费逻辑代替了生产逻辑，人们购买商品不再是出于实际需

---

① 易乐：《论中小型博物馆文创产品的开发与经营》，载《大众文艺》，2013年第18期。

求，而是由于商品所蕴含的符号意义①；博物馆文创产品天然具有符号价值和象征意义，通过对文物资源的创新性开发，消费者在日常生活中也能够学习中国的历史文化知识②。2015年张艺军发表论文《博物馆文创产品架起传播的桥梁》，认为文创产品是提升博物馆传播能力的重要载体。③ 2018年韩鑫的《博物馆文创产品的传播功能实现研究》认为博物馆对文创产品传播功能认识不到位，文创产品缺乏吸引力、传播方式单一，从品牌构建以及互联网运用等方面提出了加快博物馆文创产品传播策略。④ 而随着博物馆文化创意的发展，近几年其对外传播的价值也被广泛关注。吴雯晓从"互联网+"的政策背景出发，以杭州博物馆、低碳博物馆和中国丝绸博物馆等为例，提出博物馆应当充分利用互联网开展"文化走出去"的战略，发挥博物馆文化载体的功能，增强中国文化在国际上的自信。⑤ 李叶以陕西历史博物馆为例，从不同层面探讨了博物馆文创产业发展在对外文化传播中的深层涵义，其本质是让陕西地域文化被世界更好地了解。⑥

笔者认为博物馆文创产品研究强调了文物蕴含的文化以及博物馆文化的传播价值。文化创意在机器大规模生产和复制的时代依然可以让文物的灵韵得以保存并焕发新的生机。文物的光韵再现了历史文化背景与古人社会生活，而现代文创产品的光韵则体现了今人在承古基础上的智慧和创新。"艺术完美地融于日常生活中，大众文化也对高雅艺术呈现出一种接纳甚至是欣赏的态度。"⑦ 博物馆文创产品实现博物馆文化传承，具体体现在"观

---

① 陈凌云：《博物馆文化创意产品开发研究》，上海大学，2018年。
② 陈凌云：《博物馆文化创意产品开发研究》，上海大学，2018年。
③ 张艺军：《博物馆文创产品架起传播的桥梁》，载《中国博物馆文化产业研究》，2015年第0期。
④ 韩鑫：《博物馆文创产品的传播功能实现研究》，华东政法大学，2018年。
⑤ 吴雯晓：《"互联网+"时代我国博物馆对外传播研究》，南昌大学，2019年。
⑥ 李叶：《陕西历史博物馆在对外文化传播中的功能研究》，载《戏剧之家》，2020年第2期。
⑦ 迈克·费瑟斯通：《消费文化与后现代主义》，刘精明译，南京：译林出版社，2000年版，第11页。

众带走一件文创产品,就是博物馆文化价值的一次成功的输出"①。显而易见,以创意的理念和信息技术手段来进行文博资源的转化利用,是未来传统文化走向更加现代大众的必由之路。

四、中国博物馆资源转化利用的未来:价值适配与文化授权

马克思、恩格斯指出:"无产阶级的运动是绝大多数人的、为绝大多数人谋利益的独立的运动",在未来社会"生产将以所有的人富裕为目的"。显而易见,发展为了人民,这是马克思主义政治经济学的根本立场,我们未来的经济工作,包括政府制定相关的文化政策、经济政策以及推动经济发展都要牢牢坚持这个根本立场。马克思的价值规律理论即指商品是以交换为基础,且受价格的调控而产生变化;价值规律可以促进生产技术的飞跃、调节社会物质分配;价值的规律性,可以使劳动生产率攀升,从而促进社会生产力的前进。②

"文化授权"便是价值转化的一种有效的表达形式,它是将某种有知识产权特征的文化资源合法授予使用者的文化资源使用保障体系,也是国家文化资源得以转变的重要手段和方法。马克思告诉我们,利用好价值规律可以调节社会物质分配,促进社会生产力进步。2016年王秀文发表论文《文化创意产业视域下的博物馆文化授权研究》,详细论述了博物馆与文化授权关系的文章。研究者在总结前人研究的基础上提出,"博物馆文化授权是以具有博物馆文化内涵和特质的授权标的物的知识产权为对象的授权体系"③,论述了博物馆文化授权的理论框架和法理依据、授权的流程和保障机制、授权模式和价值链,分析了影响博物馆文化授权的因素。2018年杨毅、谌骁、张琳发的文章《博物馆文化授权:理论内涵、生成逻辑与实施路径》结合经济学、文化学、管理学等学科理论,梳理和阐释了文化授权

---

① 朱凯:《如何让博物馆商店成为博物馆最后一个展厅?》,弘博网,2015年2月10日。
② 《马克思恩格斯全集》(第23卷),北京:人民出版社,2006年版,第92页。
③ 王秀伟:《文化创意产业视域下的博物馆文化授权研究》,中国科学技术大学,2016年,第137页。

的内涵和生成逻辑，该研究提出了博物馆文化授权的类型（图像授权、出版品授权和品牌授权）、模式（直接授权、委托授权和综合授权）和风险（产权、市场和价值风险），阐释了博物馆文化授权的生成逻辑，即文化消费效用递增的理论逻辑、博物馆定位转变的历史逻辑以及文化经济逐渐兴起的现实逻辑。① 近两年有关博物馆文创产业价值发展及文化授权的研究更加具体化，比如，王月芳从品牌授权的角度研究了公共服务体系视角下的博物馆授权问题，强调了博物馆在进行一般性的商业品牌授权时，应该注重文化资源的传播和利用，提出博物馆品牌授权实质是为了平衡文化供给实现文化共享。② 其他学者，比如陈洁贞③、钟婧婧和罗易扉④、张鑫⑤及陈春蓉⑥等从价值链的视角对博物馆文化产品开发的价值适配进行了分析和研究。

尽管目前"文化授权"普遍被认为是博物馆资源转化利用的一个重要方法，是推动文化价值向经济价值转化的有效方式。但笔者认为，博物馆文化授权的学术讨论还是一个相对理想化和线性化的描述，现实中博物馆资源的文化授权面临的是一个更加复杂的问题，它涉及授权主体责任和权力、授权使用中的范围限定和控制、参与各主体的权利保护、推广模式以及运行制度等，是一个涉及理念、人员、技术、机制等多层面的综合体系，是一种文化资源转化利用体制的复合创新。2018 年笔者在《文博资源的转

---

① 杨毅、谌骁、张琳：《博物馆文化授权：理论内涵、生成逻辑与实施路径》，载《东南文化》，2018 年第 2 期，第 112-118 页。
② 王月芳：《公共文化服务体系视角下博物馆品牌授权管理研究》，载《中国管理信息化》，2020 年第 10 期，第 204-206 页。
③ 陈洁贞：《基于价值链视角的革命历史博物馆文创产品开发——以广东革命历史博物馆为例》，载《西部学刊》，2020 年第 3 期，第 75-80 页。
④ 钟婧婧、罗易扉：《博物馆文创产品开发价值链模型分析与优化》，载《大众文艺》，2018 年第 15 期，第 82-83 页。
⑤ 张鑫：《基于价值链视角的陕西历史博物馆文创产品开发研究》，西安建筑科技大学，2017。
⑥ 陈春蓉、韦燕京、李乐彬等：《价值链视角下广西民族博物馆文创产品开发》，载《现代商贸工业》，2019 年第 32 期，第 72-74 页。

化利用——以四川为例》① 一书中，首次从四川全省文博资源转化实践调查入手，搜集整理了四川省各类博物馆在利用文物和博物馆资源进行产业化的现实材料，用第一手的资料，对全国300多个案例进行了细致分析，总结发现了文博资源产业化实践的一般模式和规律性特征。研究认为，文博资源存在着"文化内涵、形态结构、空间外延"三层结构；对文博资源的转换利用，可以依据"文化内涵、形态结构、空间外延"三层结构进行分门别类的衍生开发，比如由文化内涵可衍生开发出各种博物馆文创商品、旅游景区纪念品、非遗工艺生活用品、创意礼品等；由形态结构可衍生开发出包括人工智能、AR/VR、全息成像、3D及新媒体艺术等现代科技文博旅游产品；由空间外延可衍生开发出包括微剧场、儿童游戏乐园、雕塑、创意农业景观、民宿、主题酒店等各类文创产业。研究提出，文博资源的转化利用涉及资源特性、空间结构、受众需求、传播样态、市场机制以及制度安排、技术保障等系列问题，只有从国家发展战略的层面，修订和完善相关政策，并细化具体措施，才能确保"文化授权"等策略的有效实施，从而大力推动文博资源的转化和利用。

结 语

审视当下对博物馆的研究，在博物馆功能、博物馆藏品、博物馆陈列展览、博物馆考古、博物馆历史等方面已经取得了巨大的成就。但就研究方法和视域而言，基本还局限在定性研究或者是单一学科的研究或者说纯学理性的研究，目前有一些文章虽体现出了交叉学科的特点，但是还缺乏结合实际的理论创新成果。习近平总书记在谈到发展当代中国马克思主义政治经济学时，特别强调了要立足我国国情和我国发展实践，揭示新特点新规律，提炼和总结我国经济发展实践的规律性成果，把实践经验上升为系统化的经济学说。今天从马克思主义政治经济学的角度来看，博物馆资源转化利用的研究就是新社会发展历史条件下政治经济学研究的新视域，

---

① 谢梅、王世龙：《文博资源转化与利用——以四川省为例》，北京：科学出版社，2018年版。

它既带有学科交叉的特点,更需要完全脱离博物馆学及考古的传统研究范式,从马克思生产资料与生产力关系的角度进行重新审视。中国博物馆资源的转化利用归根到底体现了马克思主义的论断,即生产关系一定要适应生产力的发展,社会的精神产品一定要与社会发展相一致。

笔者通过进一步对2004年以来数字化语境下中国博物馆资源转化利用研究文献的梳理发现,研究博物馆资源开发利用的群体不再仅仅是历史考古学的学者,而是艺术、计算机、传播、经济管理等领域的学者,而研究的范围大多归属于经济管理领域。这类研究多将经济学、产业管理学、艺术设计学、旅游学、传播学、市场营销学等领域知识纳入博物馆资源的转化利用研究,比如满意度理论、文化产业理论、工程价值理论等。这意味着自2004年国家统计局发布《文化及相关产业分类》以来,博物馆资源的转化利用已然成为马克思主义视域下文化经济学科研究的新对象和新领域,博物馆不再单纯的是文化历史考古管理等传统科学研究的对象,而是复杂环境下文化经济学、产业经济学研究的对象了。

偶像崇拜与文化输出：
英雄机器人形象的符号建构与意义解读
——作为一种科技传播的话语资源

陈振鹏①

面对"科幻电影中英雄机器人形象"这一话题，我们首先想到的是：对其研究探索究竟具有怎样的社会意义？泰洛特在《机器人生态与科幻电影》一书中对此问题进行了初步回答。首先，他将机器人形象作为一种"文化基因"（The Robot as Cluture Meme）②来看待。泰洛特认为，机器人银屏形象给予了我们探索性别、种族、阶级、权力以及各种不同形式"他者"问题的工具，也给了我们更多提出关于生命本质和意义问题的途径。而且，在其看来，机器人还作为一种"皮肤工作"（the robot as skin job）③的属性存在，因为机器人身体形象暗示了这样一种感觉，即我们自身已经在某种程度上参与了机器人化，甚至我们的身体被逐渐替代。从这个层面讲，机器人的皮肤形象（身体成分）已经成为一种重要的人类文化隐喻和投射，"这也许能够为人类自身提供一种面对、适应、接受、认识旧我和新

---

① 作者简介：陈振鹏，四川大学文学与新闻学院硕士研究生，研究方向为媒介文化与数字人文传播。

② J. P. Telotte, *Robot Ecology and the Science Fiction Film*, New York & London: Routledge, 2016, p. 17.

③ J. P. Telotte, *Robot Ecology and the Science Fiction Film*, New York & London: Routledge, 2016, p. 185.

我的有用方式"①。由此看来，英雄机器人形象作为"人类内部英雄精神与外部物理技术躯体"完美结合的化身，在体现人类文化与技术发展双重特征的同时，也成了探索、审视、反思、表达人类自我的一面镜子。

目前在全球传播视野下，无论是美国的变形金刚、钢铁侠，还是日本连环漫画中的阿童木与铁人②，抑或是印度宝莱坞神奇的机器人女友③，它们都在有意或无意地致力塑造和传播与其自身利益相关的独特的民族英雄文化或先进的机器人科技元素。反观我国，似乎缺少相对典型的机器人艺术科技形象。本文认为，倘若剔去英雄机器人形象的民族立场与价值色彩，或可将其看做一种文化，进一步来说，是一种科技传播的话语资源。④ 毫无疑问，这一开放的话语资源乃是超越了中西方二元对立思维的工具手段，是"价值星丛"理论体系的显现⑤，它既承认各国家和地区技术实力的差异与文化特征的外在特殊性，也内在镌刻了世界人民对机器（自动化）技术所持有的原始期待与偶像崇拜的心理基底，更观照了情感与技术理性博弈下的人类主体再建构问题。

一、作为英雄符号的机器人形象建构

"Hero"一词原意是英雄，一般是指普通人中能力超凡的人。例如，刘

---

① J. P. Telotte, *Robot Ecology and the Science Fiction Film*, New York & London: Routledge, 2016, p. 345.
② 1951年一个叫手冢治虫的年轻学生创作了连环画中的"铁臂阿童木"。阿童木在日本儿童家庭中尤其受到欢迎，被冠以"科学少年"的称呼。20世纪50年代，战争和核技术的创伤，使得日本民众对技术产生了深深的恐惧，而手冢治虫创作的拥有神奇本领（7种超能力以及会说60多种语言）的阿童木让人们领略了技术世界的可爱之处。参见王秀梅：《日本的科幻机器人与铁臂阿童木（上）》，载《机器人技术与应用》，1995年第5期，第2-6页。
③ 源自电影《宝莱坞机器人之恋》。
④ 参见金惠敏：《一切文化都是资源，都是话语》，载《社会科学报》，2017年第1期。
⑤ 参见金惠敏：《价值星丛——超越中西二元对立思维的一种理论出路》，载《探索与争鸣》，2015年第7期，第59-62页。

劭在《人物志·英雄》篇中写道："聪明秀出，谓之英；胆力过人，谓之雄。"① 在刘劭看来，英雄需"兼得两者所长"。此外，英雄也应具有善良宽厚的品质，否则就成了心狠手辣的"枭雄"了，小说《三国演义》中刘备和曹操便是鲜明的对比。英雄也不分男女。小说《杨门女将》中既有能征善战的穆桂英，也有爱国忠义的杨宗保。概言之，在中国古代历史中，英雄一般被当做集脑力聪明、武力高强、善良忠孝于一体的存在。西方也有类似说法。譬如，在希腊神话中丢卡利翁被公认为希腊英雄的祖先，他因为善良、怜悯获得了宙斯的赐救。② 再如，战神阿瑞斯系的英雄们也普遍既具智慧仁德，又有强大战斗能力。由此看来，中西方在英雄观上或存在着一致性。

无论如何，从机器人"英雄"形象出发，其意义建构有两个维度：一是内心精神世界的升华，如电影《人工智能》中的小男孩大卫靠着坚持与忍耐，最终寻找到了心中的"母爱"；电影《机器人管家》中的机器人安德鲁，选择自我牺牲以获得身份认可与爱情。它们因此实现了心灵的突破。二是外部社会群体的认可，如《钢铁侠》中与恐怖分子作斗争的美国英雄托尼、《变形金刚2》中保卫人类的大黄蜂等。总之，作为人类英雄气质的化身与投射，机器人英雄形象也被赋予了多重意义。

本文选择以美国"土星奖"第1届至第44届最佳科幻电影奖③、豆瓣科幻电影Top250④ 中提及的机器人电影作为样本选取对象，在此基础上，结合前文对英雄机器人的界定标准，大致筛选出12位英雄机器人形象。此外，美国著名戏剧理论专家乔治·贝克在《戏剧技巧》一书中将剧中人物

---

① 刘劭：《人物志》，上海：上海古籍出版社，1990年版，第20页。
② 郑振铎：《希腊神话与英雄传说》，北京：北京时代华文书店，2020年版，第3-9页。
③ 土星奖（Saturn Awards）始于1972年，是美国科幻奇幻及恐怖电影学院举办的年度影视奖项，旨在颁给当年科幻、恐怖类佳作，影片大多具有很大的世界轰动力，在电影领域具有很强的权威性。
④ 豆瓣榜单前250位的科幻电影，其评分均在7.0以上，具有一定典型性与代表性。参见搜狐新闻：《豆瓣科幻电影Top250》，http：//www.sohu.com/a/124242425_573502，2017年1月13日。

划分为概念化、类型化、个性化三种。① 具体来说，概念型人物应多为宏大叙事主题下的表现对象，旨在展现普遍特征，缺乏个性品质；类型化人物则更强调生活化的精神内涵，具有明显的个人性格；个性化则突出人物具有多个侧面属性，具有性格上的多变性、复杂性，迥异于周边人群。参照贝克的人物分类，本文将12名机器人英雄进一步列为三类：A. 庞大世界叙事背景下的超级英雄；B."小人物"逆袭（战胜自我）的平民英雄；C. 具有"反英雄"特征的多面英雄，整理如表1：

表1 机器人英雄的类型划分（一）

类型	特征	英雄人物/角色
概念化人物（6个）	庞大世界叙事体系中的超级英雄	大黄蜂　T850　阿丽塔　素子　瓦力　史宾
类型化人物（3个）	"小人物"逆袭的平民英雄	安德鲁　大卫　星美451
多面型人物（3个）	具有"反英雄"特征的多面英雄	墨菲　爱德华　钢铁侠

（1）概念化人物的塑造：庞大世界叙事下的超级英雄。

科幻电影中更偏向概念化人物塑造的是：大黄蜂、T850、瓦力、阿丽塔、素子、史宾。这几人的共同特点是：在电影中都承担了拯救世界的使命，具有一定超能力，人物性格较为完美，行动做事相对机械固化。以大黄蜂、T850为例做简要分析。这两个机器人分别出自《变形金刚》《终结者》系列电影。该两类系列电影均是在遭遇地球危机或宇宙危机的宏大背景下铺开的。作为无敌机甲战士的汽车人大黄蜂，在剧中的职责是寻找失落"火种"，保护男主角山姆，并与邪恶的"威震天"反派们战斗。与弱小人类相比，拥有高大身躯的大黄蜂充分展现了"救世主"的英雄属性。同样是"救世主"，拥有合金骨架的杀手T850，角色定位十分刻板，其行动始终都是围绕保护未来人类首领的母亲莎拉进行的。

（2）类型化人物打造：小人物"逆袭"的平民英雄。

在贝克看来，类型化人物性格特征鲜明清晰，并且我们可以对其特征

---

① 乔治·贝克：《戏剧技巧》，余上沅译，北京：中国戏曲出版社，2004年版，第76页。

进行高度的抽象概括。① 与动辄飞天入地的超级英雄不同，科幻电影中的类型化机器人形象具有普遍共性特点——他们多出身普通，没有超凡能力，有些甚至还曾饱受同类质疑。但在不断成长进化中，他们冲破层层障碍，最终实现自我心灵的突破而成为平民英雄。本文将以上这种类型化人物称为小人物"逆袭"的平民英雄。在戏剧中，"小人物"多指处于社会底层的穷困人民。而对机器人来说，"小人物"则意味着那些出场身份普通甚至卑微的角色。在已梳理的科幻电影中，共有四位平民化的英雄形象：a. 大白，出现在电影《超能陆战队》（2014）中；b. 大卫，在《人工智能》中登场；c. 安德鲁，《机器管家》中仆人角色；d. 星美451，电影《云图》（2012）中的女性奴隶角色。

表2　机器人英雄的类型划分（二）

人物	大白　　大卫　　安德鲁　　星美451
个人身份	医疗机器人　机器人小男孩　机器仆人　复制人
生存状况	出身普通　身材矮小　被当做仆人　被奴役　长相肥胖　经常被欺负　被人类屠杀
性格特征	善良包容　善良聪明　独立勇敢　敢于反抗　温柔正义　坚持不懈　坚守爱情　心地善良
人生目标	陪伴朋友　渴望得到母爱　获得爱情　赢得独立

从表2可概括这类平民英雄的共同特点：它们多为周围人类疏远排斥，呈现出人类平凡的一面；虽不具超强的能力，却十分渴望得到人类情感认同，为此他们选择持续坚持与反抗，从而表现出美好珍贵的生命品质。平凡普通的"小人物"靠不断努力做出超越"常人"之举动，是这类英雄的特殊魅力所在。

（3）个性化人物的挖掘：具有"反英雄"特质的多面型英雄。

如果说"小人物"机器人要逆袭成英雄需突破"外在环境"壁垒，那么具有"反英雄"特质的机器人英雄则更需要"挑战自我"，以此拨开内心

---

① 乔治·贝克：《戏剧技巧》，余上沅译，北京：中国戏曲出版社，2004年版，第75页。

繁杂的藩篱束缚。① 反英雄，并非反面人物形象，它是对传统英雄完美形象的解构。这类人物往往具有十分显著的性别缺点，同时也拥有鲜明多变的个性。② 与传统英雄把自我意识消融在宏大使命叙事中不同，反英雄强调自我个性的张扬；面对持续压抑与痛苦的外界环境，在感到失落、孤独与愤怒的同时，他们也往往会表现出强烈的反抗意识。科幻电影中属于这类人群的机器人有：爱德华、墨菲、托尼。它们一般具有较明显的性格裂痕，多在挣扎中做出艰难伟大的选择。

以钢铁侠托尼为例。钢铁侠托尼·史塔克有着复杂的心理和身份背景。首先，他是美国武器专家的儿子，是高冷的天才物理科学家，是上层社会的精英。其次，他也是浪荡的花花公子，公开表示自己曾与"十二位封面女郎"有过一夜情，行为放荡、言语戏谑。而当被恐怖分子俘虏后，托尼又成为战士，他利用简陋材料制作出战甲并顺利逃生。从此，托尼开始利用钢铁侠身份打击罪恶，守护正义。然而矛盾的是，他一面公开逃避英雄身份，另一方面又不断与邪恶作斗争。按照弗洛伊德的理论，"本我"源于"潜意识"本能，完全根据本能行动。这种本能会主动寻求逃避社会道德约束，以达到满足自身快乐欲望的目的。③ 而"自我"是理性与谨慎的我，既要受欲望驱使，同时也要受"现实制度"约束。"超我"则使得"自我"道德完美化。影片中的托尼没有双亲，亲情意识淡漠，行为随意自由，这体现了其"本我"的个性。而之后的"复仇"也是"本我"欲望的彰显。他对英雄角色的逃避，也是出于本能的表达。但社会公众的"目光"与期待，使得托尼逐渐形成与展示了"自我"：一个充满正义感的英雄，而不只是享受"复仇快感"的枭雄。而在美国对英雄期待的迫切社会氛围中，托尼被迫承认了自己"钢铁侠"的身份，这也隐喻着他从后台的"自我"走

---

① 美国评论家伊阿布·哈桑认为，随着浪漫主义和现实主义时代的到来，希腊神话中的英雄形象出现溃败，反英雄（anti-hero）由此诞生，其最先被视做西方现代小说中的产物。参见赖干坚：《反英雄——后现代主义小说的重要角色》，载《当代外国文学》，1995年第1期，第140-146页。

② 付星、赵莹：《美国影片中的英雄主义与"反英雄"人物》，载《电影文学》，2015年第19期，第38-40页。

③ 西格蒙德·弗洛伊德：《精神分析引论》，高觉敷译，北京：商务印书馆，1986年版，第205-220页。

向了前台的"超我"。

二、偶像崇拜：社会集体的技术与文化想象

在现代汉语词典中，偶像往往指用木头等东西刻制的人像，表达了对迷信主义的讽刺。[①] 作为一种象征符号，它体现了人们对某种对象的崇拜心理。有学者研究圣经时发现，圣经中对偶像（idol）的解释是这样的："匠人铸造，银匠为其铸造银链，包裹金皮。穷乏之人无法供养此物，就寻巧匠，以坚硬木枝代替。"[②] 对蓝天白云、动物植物、大地山河、日月星辰等非人造物的自然物的敬拜也被视做偶像崇拜。从中西方对"偶像"一词的解释中，可总结出以下几点：一是偶像既是人造物，也可以是自然物；二是偶像具有一定的宗教信仰寓意；三是因为偶像的象征意义与物质存在是人为的，是虚假观念的产物，所以它也是可以被打碎的。因此，在希伯来人看来，偶像的这种可支配性、人为性、可毁性，揭示了偶像崇拜现象的背后所隐含的人性异化心理。然而在雷吉斯·德布雷眼中，偶像作为一种早期图像媒介的存在，体现了人类对死亡的敬畏。"面对死亡的解体，我们以图像重塑来抗争吧。"[③] 按照德布雷的说法，为死者再造化身（图像）以维持生命希望，本质上是一种身体偶像的建立，表征对死亡的敬畏与恐惧。英雄也有此含义。美国学者恩斯特·贝克尔在《拒斥死亡》一书中把英雄看做人类逃避死亡、拒斥死亡的表现。[④] 他认为，人类一方面虽是万物之长俯视众生，但本质上仍是被造物，最终也会成为虫蚁的"食粮"。这种二元对立的冲突使得人类处于一种压抑的状态，进而引发了我们内心本能的英雄主义冲动。此冲动首先源于人类对死亡的恐惧，为了拒斥毁灭，人试图

---

① 欧少亭：《新编现代汉语词典下卷》，北京：北大青鸟电子出版社，2002年版，第638页。
② 黄增喜：《偶像崇拜、物质主义与科技神话——圣经中的人性体察及其生态意蕴发微》，载《基督教学术》，2018年第1期，第72-83页、第339页。
③ 雷吉斯·德布雷：《图像的生与死：西方观图史》，黄迅余、黄建华等译，上海：华东师范大学出版社，2014年版，第13-14页。
④ 厄内斯特·贝克尔：《拒斥死亡》，林和生译，北京：华夏出版社，2000年版，第18-20页。

利用文化工具去努力营造或幻想某种"不朽"的存在，以抚平内心的不安与悸动。说到底，英雄本质上反映了人类面临困境下的积极进取的生命意志。对此，国内学者周泽雄认为，从精神分析角度来看，"英雄是一种原欲"，其折射了人们心底最深处的渴望，作为一种原始的欲望表达，英雄是不灭的。① 于是，英雄崇拜与偶像崇拜便具有天然联系。以下对两者进行总结，对比如表3：

表3　偶像与英雄两组概念的简单对比

	偶像	英雄
对象	人或物的崇拜	人的崇拜
产生背景	基于文化心理，宗教或死亡	拒斥死亡，追求进取
特点	心理投射的结果，可随时被打破	原始欲求，具相对稳定性

从表3看来，两者具有一定联系，主要表现为两方面：首先，此两者都作为人类心理投射的结晶，反映对某物或某事的崇拜心理；其次，作为人类自我幻想的产物，两者都在一定文化背景中产生，表达对生存意义的思考。偶像因易碎、可打破，而具有更多批评意味。本文正是在此语境下，将机器人英雄形象看做大众集体认同下的偶像崇拜的结果。实际上，人们对机器人英雄形象的偶像崇拜，最早可以追溯到古代希腊神话时期。在电影《钢铁侠》中，"盔甲"是托尼英雄身份的核心标志。这里，盔甲成为一种"能力升华"与"英雄存在"的符号象征。无独有偶，在《荷马史诗》第18卷中也有类似记载。当匠神赫菲斯托斯同意了女神忒提斯的请求后，便开始为女神的儿子战神阿基琉斯制造神圣的武器：

> 赫菲斯托斯为阿基琉斯造出比火光还闪亮的胸甲，再给他造出与头型相适合的坚固头盔，美丽、精巧，盔脊用光闪闪的黄金制成，最后用坚韧的锡给他制作了一副胫甲。②

---

① 李启军：《英雄崇拜与电影叙事中的"英雄情结"》，载《北京电影学院学报》，2004年第3期，第1-8、23-105页。

② 荷马：《荷马史诗·伊利亚特》，罗念生、汪焕生等译，北京：人民文学出版社，1994年版，第493-520页。

铠甲放在面前，敌人无不感到恐惧。从上述这段话可看出，铠甲本身除了作为战斗的工具，还被赋予了崇高的英雄色彩。而在影片《钢铁侠》中，被困在山洞的托尼用简陋的铁锤工具同样造出一副高科技钢铁的战甲，其既有闪光胸甲，也有坚固头盔。穿上战甲的托尼，如同天神下凡，所向披靡。此处，铠甲成为"英雄"诞生的标志。拥有铠甲的托尼既具有匠神般的手艺精巧，又似战神阿基琉斯的无敌武力。因此，与其说我们崇拜英雄，倒不如说崇拜拥有"技术与武器"的英雄。由此，英雄与技术工具的关系更加紧密了。甚至可以说，对机器人英雄的偶像崇拜，从某种程度上正反映了我们对技术亘古已久的崇拜与迷恋。

作为人类身体投射的媒介符号，英雄机器人既反映了我们对自身身体的想象，也折射了人类渴望利用技术改造与拯救世界的公共幻想。例如，进入21世纪后，美国遭受到了接二连三的打击——2001年的"9·11恐怖袭击事件"、十年金融危机（2003-2012），让美国民众陷入慌乱、焦虑、不安和恐惧情绪中。《钢铁侠》正是在此背景下问世的。剧情以美国作为背景发生地铺开，凭借钢铁侠托尼个人复仇故事实现深度隐喻叙事。其看似是对恐怖主义展开的个人英雄式复仇，实质是表达美国人民对恐怖组织强烈的憎恨心理。幻想的一大本质在于暂时搁置创伤与痛苦，掩藏失败与焦虑，并创造一种可替代的弥补。作为美国高科技技术表征的钢铁侠托尼，本质上就是一种公共的乌托邦幻想，目的是使人们重拾对政府和民族的信心。而且，利用神话情节的影像再现方式，也易唤起美国民众对民族的认同感，提升民族凝聚力。无论如何，对技术的偶像崇拜也伴随着对技术恐慌的复杂矛盾心理。人类过度追求权力意志，以致我们的世界随时有决堤的风险，我们身处于洲际导弹和核武器的威胁之下，稍不注意或将遭受灭顶之灾。① 正如叔本华所担忧的，因技术产生的问题正接踵而来：城市犯罪、恐怖组织、地球污染等，这在机器人科幻电影中或多或少都有所体现。于是，我们不由得再次把希望寄托于机器人英雄（技术）的出现，这无疑是个巨大的讽刺。

---

① 叔本华：《作为意志和表象的世界》，石冲白译，北京：商务印书馆，2018年版。

英雄机器人形象也折射了大众渴望成为英雄的原始欲望。拉康说过，人的欲望总是他者的欲望。① 也即，我们总是希望得到无法得到的东西。当我们倾向于欣赏机器人英雄无所不能的表现时，实际上或许并非喜欢机器人英雄本身，而是将其转换成"如果我要是这样该多好"的心理欲望想象。从传播受众角度说，电影观众通过移情心理机制，想象拥有机器人英雄的神奇能力，以此实现成为机器战警等超人英雄的伟大梦想。为何我们会有如此欲望想象呢？或源于对媒介技术的原始崇拜。在麦克卢汉看来，媒介技术不单纯是工具，它还为人类建立新的生存"尺度"，为延伸自我、突破环境桎梏提供了可能和根本条件。② 比如，普罗米修斯为人类偷来的火种。这种火媒介就为人类创造有别于其他动物的生活方式提供了可能。有学者就此认为，人类是先天没有本质的动物，技术的出现刚好弥补了这一缺憾，也即技术源于人类自身的需求。英雄机器人形象正是反映了人类内心对技术根深蒂固的依赖和憧憬。

对此，我们可以在古希腊神话中发现英雄与技术之间的脉络联系。而在当代社会中，机器人英雄形象还承担了社会的公共幻想，成为身体政治叙事的符号载体存在，并旨在抚慰大众不安与恐惧的社会心理，以此提升民族认同感。最后，就人类个体进化而言，其又反映了我们自身渴望假借工具以实现自我突破的原始欲望。

三、文化输出：美国精神与科技文化霸权的符号隐喻

前面提到，我们把科幻电影中的英雄机器人形象当做一种集体偶像崇拜现象来看待，此视角首先为我们引入了一种揭露与批判好莱坞机器人英雄偶像形象的尺度。尽管英雄机器人提供了叹为观止的未来科技奇观审美，满足了大众对技术与英雄身体的欲望遐想，但我们不得不警惕这种总是以美国为主角或中心的英雄叙事畅想。无论是超级英雄、平民英雄抑或是反

---

① 爱德华·凯西、麦尔文·伍、吴琼：《拉康与黑格尔——欲望的辩证法》，载《外国文学》，2002年第1期，第72-77页。

② 别君华、许志强：《媒介智能化与智能网络社会转型》，载《海南大学学报（人文社会科学版）》，2019年第5期，第68-74页。

英雄，它们均或隐晦或直接体现了美国主流精神与科技文化。实际上，英雄机器人形象已经成为一种全新的符号隐喻，即充当反映美国特殊意识形态的符号载体。回到电影媒介本身也容易理解。阿尔都塞说过："大众媒介、法庭、学校等等，是一种强制性的国家机器，其要靠国家暴力才能发挥作用。"① 这说明电影作为大众媒介的典型代表，在一定程度上反映了国家与民族意志。虽然从国际传播角度来说，电影是一门可以沟通民族情感、增进文化交流的独特语言符号，但作为特定社会文化的铭文符号，电影文化也与一个国家民族的文化价值观息息相关。随着第二次世界大战结束，美国在技术文化领域一日千里，好莱坞电影于是趁机将"美国梦"文化打包对外输送，从而牢牢把控文化输出与话语引导的主动权，而英雄机器人形象作为一种承载着人类自我想象、科技实力彰显、民族文化表达的多重意义符号载体，自然成为美国好莱坞眼中的"香饽饽"——或成为其进行意识形态输出的工具。"意识形态"作为传播批判研究的典型术语，曾被有关学者解读为"一套骗人的说辞与思想"；阿尔都塞直接将其定为"一种支配个人、社会心理观念和表象体系"②。无论如何，美国意识形态与其文化价值观紧密相连，是美国种族优越、天定使命、生活方式优越等理念的综合呈现。毋庸置疑，美国意识形态的核心理念或在于坚持其他国家是待哺乳的"婴儿"，美国才是滋养全球成长的救世主"母亲"。③

以上，我们初步明确了机器人英雄形象与美国意识形态和文化霸权输出之间可能存在的紧密联系。接下来我们将尝试对此关联做进一步分析论述。在此之前，我们有必要先从文化角度做具体分类。根据目前学术界流行的文化三分法，即物质文化、行为文化、精神文化④，我们将其细分为三种向度：科技物质文化、"救世主"与"世界警察"的行为文化、英雄精神

---

① 路易·阿尔都塞：《意识形态与意识形态国家机器（续）》，李迅译，载《当代艺术》，1987年第4期，第102页。

② 路易·阿尔都塞：《意识形态与意识形态国家机器（续）》，李迅译，载《当代艺术》，1987年第4期，第31页。

③ 高琛琛：《从奥斯卡最佳影片看美国文化霸权》，武汉：华中师范大学，2010年。

④ 吴瑛：《文化对外传播：理论与战略》，上海：上交通大学出版社，2009年版，第41页。

文化。首先是从精神文化输出方面,机器人英雄成为美国精神与文化的象征载体。这主要体现在三个层面:超级英雄的身体隐喻、平民英雄的"美国梦"、反英雄的美国价值观。其一,超级英雄的身体隐喻。相比其他英雄类型,超级英雄往往与生俱来就拥有强悍的外形、超人的能力、非凡的智慧等。比如,《终结者2》(1991)中由好莱坞巨星阿诺德·施瓦辛格扮演了T800机器人,其在剧中将终结者形象演绎得淋漓尽致:作为人类的拯救者,它果断、勇敢、战斗力强、目标坚定。T800形象实际上与当时美国倡导的总统形象有关。"20世纪80年代的美国科幻浸透了罗纳德·里根总统的影响力,它们以美国价值,特别是雄性力量为核,而且,这些男性特征被概括为:勇敢战斗、深具父性权威与标准的雄性活力形象。"[1] 作为80年代到90年代的电影人物,终结者形象与之完美契合;也是作为超级英雄的机器人身体形象,通过隐喻与反衬美国权威的爱国公众人物,从而达到了身体政治的目标。其二,平民英雄的"美国梦"。所谓的"自由"与"民主"是美国梦的灵魂,也是美国精神文化的内核。好莱坞电影导演将两大特质移植嫁接到机器人英雄身上,从而以此实现"美国梦"理念的传递。在影片《超能陆战队》中机器人大白作为"超能陆战队"的一员,在消灭城市犯罪的过程中展现出来了友爱、温柔、正义的一面,比如当小宏哥哥意外去世后,大白总是小心呵护与陪伴着主人公小宏,即便在低电量导致意识模糊时仍然对其念念不忘。大白还承载了兄长对弟弟的亲情,并且成为鼓励小宏完成"英雄蜕变"与实现梦想的导师。如果说剧情前半部分,大白还在智能机器人或人类小人物角色的边缘徘徊,那么在剧中最后,机器人大白彻底成为英雄的存在:在时空隧道中大白主动牺牲,掩盖了所有的犯罪、暴力、冲突以及复仇,其闪耀的英雄光芒成为最高贵的人性品质。[2] 电影通过塑造机器人大白的英雄形象,生动展现了追求梦想、守护正义、充满友爱、善良无私以及放下复仇以获得救赎的文化价值观。再如,影片《钢铁侠》中的主角"托尼",其身份首先是美国武器专家的儿子,其

---

[1] 凯斯·M.约翰斯顿:《科幻电影导论》,夏彤译,北京:世界图书出版社,2016年版,第32页。

[2] 刘洋:《〈超能陆战队〉中"大白"形象解读》,载《时代文学(上半月)》,2015年第12期,第182页。

次是帮助美国政府复仇恐怖组织的"冲锋战士",最后才是我们眼中的"英雄"。其三,围绕机器人大白所构建的影像世界还深刻体现了包容开放精神。首先,大白圆滚滚的形状以及雪白简洁的身体线条其实是在日本传统铃铛上的猫形图案的启发下设计出来的。而影片的发生地是在"旧京山",从字面可以看出,"旧京山"乃是"旧金山"和"东京"的合称,影片不仅出现了美国旧金山城市的典型标志景观如金门大桥、旧金山港口等,还有如日本神社、满街的樱花、戴着面具的艺伎等日本文化元素。① 最后是反英雄衬托下的美国价值观。我们此前已探讨过"反英雄"的概念,在电影中反英雄角色不仅要对抗地下暗黑势力,同时还要与上层社会为敌。在经历反差后反英雄的内心一般比较纠结,但最终会凭借自身的超能力将所有"邪恶分子"一网打尽。比如,影片《机器战警》中的墨菲首先是美国底特律城市的一名警察,其完全符合美国倡导的"美国精神"形象:智勇双全、行侠扶弱、乐于助人、敢于牺牲、不惧邪恶。但不同的是,当墨菲开始发现自己拼命打击的地下罪犯,竟然是上层军队走私军火、徇私枉法的"走狗"时,复仇开始了。他用个人的方式完成了"扫荡",结局当然"大快人心"。但是,如此故事情节纵然脑洞再大,恐怕在现实中也根本无法展开。换句话说,反英雄的角色反而成为美国上流社会"粉饰太平"的手段,它意在隐喻讽刺:在美国不会存在上流社会的犯罪,即便是存在,个人也可凭借自身努力将其推翻。这显然有些可笑。

机器人英雄形象不只深深烙上了美国独特的精神文化印记,从科技物质文化来说,英雄机器人及其所处的生态世界也处处暗示了美国强大的科技霸权实力。机器人媒介符号的建构,往往隐喻与衬托了一个更宏大的未来科技世界,勾勒了一个架构在科技理念基础上的乌托邦生活愿景。然而,此全新世界在哪呢?这自然指向了美国。在电影《超能陆战队》中,我们看到了一幅具有高科技体验的现代都市形象元素:高空中呼啸而过的列车、灯红酒绿又和谐自由的城市街景、漂浮的微型飞船、高智能的物理实验室,等等。但这无疑主要是在美国"旧金山"的背景下设计呈现的,旨在反映

---

① 李静:《〈超能陆战队〉中的美国文化探析》,载《电影文学》,2017年第17期,第123-125页。

美国现代开放与科技文明的国家形象。而且，在电影《变形金刚》中也到处可见美国军事实力与理念的宣传色彩。一方面，拥有巨无霸体型的汽车人或机甲战士作为美国好莱坞独有的艺术科技形象，其本身就承载超强现代武器的符号象征意义；另一方面，剧中各种战斗似乎总是离不开美国军方的影子：当汽车人刚来到地球时，我们首先看到的是美国大兵在基地训练的场景，然后到处都是具有美国标志的无人机、重型坦克、先进雷达干扰系统等，无不彰显了美国传统的军事科技帝国形象。

最后，从行为文化角度来说，机器人英雄还体现了美国渴望成为"救世主"与"世界警察"的狂热想象。美国学者玛特莱斯克就曾说过："美国电影善于抓住了世界的想象力，它们主要向世界出口娱乐和战争元素，而当两者打包组合起来，就成为战争电影。"[1] 如美国好莱坞曾上映的《认识你的敌人——日本》《战争序曲》《为什么是越南》等战争电影，既直接回应当时的军事历史背景，又将美国的意识形态如爱国主义、英雄主义等隐蔽渗透其中。这些电影充分展示了"自由世界"与"奴隶世界"、"文明对抗野蛮"以及"善良对抗邪恶"的鲜明愿景。因此，有人曾把好莱坞电影业当做美国政府有形和无形的"沉默伙伴"。[2] 随着20世纪50年代以后，电影文化形态更加开放，机器人技术不断发展，美国好莱坞中以表现战争冲突为主题的电影逐渐走向虚构化，"科幻+战争+机器人"的类型成为一大主题。褪去科幻营造的视觉奇观外衣，我们见到的是美国将称霸全球的野心诉诸机器人这一形象载体上，并通过"科幻+战争"的隐蔽叙事方式，达到"救世主"与"世界警察"的意识形态输出的目标。首先是"救世主"角色。我们继续以《变形金刚》（2017）为例。影片中看似是以汽车人（机器人）之间争夺"火种魔方"的原始能源为核心线索，实则是隐喻美国在2003年到2010年开展的"伊拉克战争"。影片中的机器人分为两方：一方是代表邪恶、肆意伤害人类的威震天军团，另一方是象征正义、爱好和平以及守护人类的擎天柱军团。显然，在影片中，与人类保持友谊和平、为

---

[1] Michael. S. Shull, "War and film in america: historical and critical essays (review)", *Film & History*, Vol. 34, 2004, pp. 85–86.

[2] Michael. S. Shull, "War and film in america: historical and critical essays (review)", *Film & History*, Vol. 34, 2004, pp. 85–86.

自由与和平而战斗的擎天柱军团成为美国天使形象的象征物，而伊拉克国家似乎被好莱坞导演有意刻画为渴望拿到"火种魔方"并以此实现统治全宇宙的魔鬼。这里的"火种魔方"，毫无疑问所指向的正是伊拉克丰富的石油资源。在影片最后，大黄蜂选择留在地球，默默保护人类，再次将美国的"救世主"理念完全表露出来。弱小的人类仿佛成了待宰的羔羊，原地等待拥有更高科技文明的美国"救世主"。其次是作为世界警察的暴力执法。在此，我们且举另一部电影《地球停转之日》为例。虽然剧中的机器人戈特没有心智，并非英雄机器人形象，但它凭借横扫地球武器的强大战斗力，被导演刻意塑造成了"绝对实力"的代名词，从而为美国在战争叙事中实现"世界警察"的梦想，提供科技武器助力。

> 应为所有的人保障安全，否则没人是安全的，这不是要反放弃自由，而是放弃不负责任的自由。为了保障自由，我们星球雇佣警察。为了彻底消除这种抵抗权威的威胁，我们制造了机器人作为警察，并赋予它们无法消除的超人的能力。他们的职责是驾驶飞船，巡逻整个星球。结果是，我们生活在和平中，保证我们免于侵略，可以更自由地投资。我们认为你们如果继续使用武器规模扩张，你们的行为将带来毁灭。①

电影通过外星人居高临下而又极具威胁的口吻传达了美国担当"世界警察"的野心。以上无不指向一个可能事实：英雄机器人形象实际是披着美国"文化霸权"外衣的。从媒介传播学视角看，电视电影导演、科幻作家等媒介内容生产者基于一定的"框架"，将自身感受到的信息融入媒介文本中，从而用以展示所关注对象的价值与意义。在此基础上，媒介能够为人们建构出一个"拟态环境"。美国新闻传播学家沃尔特·李普曼曾说过，我们对生活环境的描述或多或少是由人类自己决定的，但神话和符号帮助我们创造了精神上的刻板印象。② 受众在这种被人为制造的符号环境中逐渐形成对一个国家科技与文化形象的整体认知。例如，《变形金刚》等美国机器人科幻电影则一贯沿袭了美国救世主理念以及人类中心主义的思想，在

---

① 引自电影《地球停转之日》。
② W. Lippmann. *Public Opinion*. New York：Macmillan, 1922, p. XVIII.

传播中致力于形成全世界对美国文化认同的共识。因此不难看出,机器人英雄形象的背后显然携带了大量文化霸权的成分。

麦克卢汉说:"在电力霸权的时代里,一切媒介都可以看作武器。"① 而在数字化时代下,具有浓重国家意识形态的英雄机器人媒介符号,可以在潜移默化中实现科技霸权意识渗透,从而为帝国主义精神殖民扩张提供重磅武器。也即,当沉浸于宏大场景中的视觉震撼以及错综复杂的人物命运时,便很难注意到背后的国家意识形态。就像我们为《变形金刚》中的正义方胜利欢呼雀跃时,却可能会在头脑中潜移默化地接受了美国的文化救世主观念。在电影中人类社会被自然地隐喻为渺小的大众市民社会,当大众默认了汽车人的存在,也便间接性地承认了美国作为拯救者的世界地位。在葛兰西那里,文化霸权主要指的是文化意识形态的垄断控制,它是在潜移默化中实现意识输出与文化渗透的。② 而在法兰克福学派看来,文化霸权侧重于批判科学技术的政治意识形态。首先是理性启蒙。他们认为,启蒙饱含着野蛮的基因,也即,启蒙运动之灯塔原本是要破除神话与迷信之浓雾的,但它过于耀眼的光芒却被赋予了更多强调对人与自然过度征服与统治的色彩,从而构建了新的霸权主义神话。③ 在资产阶级的启蒙神话中,科学技术充当了人对自然、人对人暴政统治的"刽子手"角色。从神话世界走出,尚存一丝温存与期待;走入技术逻辑符号的殿堂,人似乎变得软弱无力不再挣扎,一味等待机器供养。④ 对此,哈贝马斯在论述了资产阶级必然出现的关于意识形态的"合法性危机"后,明确提出了"科学艺术即意识形态"的观点,他认为科学技术对大众生活的改善与推动,让经济基础

---

① 马歇尔·麦克卢汉:《理解媒介:论文的延伸》,何道宽译,南京:译林出版社,2011年版,第449页。
② 刘亚斌:《葛兰西"文化霸权"的建构》,载《河北大学学报(哲学社会科学版)》,2005年第2期,第88-91页。
③ 孙晶:《文化霸权理论研究》,北京:社会科学文献出版社,2004年版,第43-44页。
④ 俞吾金、陈学明:《国外马克思主义哲学流派》,上海:复旦大学出版社,1990年版,第138页。

与上层建筑的区隔变得模糊，两者对抗色彩也逐步被抹去。① 由此看来，以"英雄"建构为始发点，以"科技"为原始物质基底的机器人英雄形象，本应具有科技启迪、精神熏陶的启蒙效果。但实际上，按照霍克海默和阿多诺的说法，这种启蒙显然又旨在构建一个新的科技与文化霸权神话。在电影《机器管家》中，作为人类眼中的绝对他者，机器仆人安德鲁最终凭借坚定不移的信念，实现了追求爱情和幸福的自由。其追求变人并顺利成为人类的过程，看似表达了崇尚自由与幸福，坚信通过个人努力后成功终将到来的美国精神，但其实我们应当注意到，作为与人类物种迥异的区隔"他者"，机器人安德鲁受到歧视也彰显了美国主流社会对待外来种族的态度。进一步来说，安德鲁最终"变人"其实是通过了电影中美国式法庭程序的层层的申辩。也就是说，所谓的认同其实是美国程序上的认同，所谓的"自由"也是美国给予的"自由"，所谓"个人梦想的实现"不过是"美国梦"的幌子而已。安德鲁最初身份是"机器仆人"，然而如此小人物最终靠着勇敢与坚韧，迎娶了白富美并出入上流社会。这一前后反差实际在提示观众：只要在遵守美国法律程序的基础上，靠着个人努力奋斗，不论出身多差都可能逆袭成"人生赢家"。

其次是大众文化工业。对此，阿多诺认为，当今技术的合理性意味着统治的合理性，它带有相对隐蔽又强力的社会强制色彩。阿多诺认为，当技术合理化之后，资本主义社会便可以大肆对产品进行统一生产、加工、再造、传播等，文化工业中的产品因此都成为千篇一律的存在，创新性便无从谈起了。由此，"文化工业的每一个运动，都不可避免地把人们再现为整个社会所需要呈现的"②。然而，大众精神感觉的再生产却止步于此，资产阶级的"文化霸权"正式建立，整个世界都将通过文化工业这个过滤器实现彻底重构。③ 在一味强调重复与模仿的文化工业生产语境下，大量看似

---

① 尤尔根·哈贝马斯：《作为"意识形态"的技术与科学》，李黎、郭官义等译，上海：学林出版社，1999年版，第44-46页。

② 马克斯·霍克海默、特奥多·威·阿多尔诺：《启蒙辩证法 哲学片断》，洪佩郁、蔺月峰译，重庆：重庆出版社，1990年版，第119页。

③ 马克斯·霍克海默、特奥多·威·阿多尔诺：《启蒙辩证法 哲学片断》，洪佩郁、蔺月峰译，重庆：重庆出版社，1990年版，第113-117页。

表达英雄主义的机器人科幻电影,实际上都或多或少在传递美国文化霸权的信息,这对于受众来说,是否会形成一种新的文化景观?从文化研究的角度来说,霍尔在《电视话语的编码与解码》一书中曾经提出了对抗、协商、主导等多种解码类型的方式。这也说明了文化的接受与输入行为本质上是一个关于社会差异不断博弈与斗争的结果。① 也就是说,电影受众未必会对如此英雄形象"奉若神明"。比如,在传统的美国英雄电影中,如《阿甘正传》《肖申克的救赎》等等,都在以英雄的口吻传递输出美国的文化价值观,我们在观看中的确也会受到"精神熏陶"。但这种表层的文化形象很容易被充满民族爱国情怀的异域读者识破,而将其抛诸脑后。然而我们需要警惕的是,倘若在科幻的叙事视角下,导演对科技与文明元素予以科幻或虚拟化处理,并将其转化为一种新的隐蔽的原型叙事模式,我们或许便很难察觉到这种文化意识形态了。毕竟,这种看似娱乐且远离政治的表达方式,看似将我们的注意力扯开,其实背地里却又偷偷将其重新聚焦并放置到对"美国梦"的膜拜上来。

  无论如何,脱去英雄外衣,机器人形象本质上更突出了以美国民族精神与强大科技实力为核心呈现要素的国家霸权形象。连同其相关的未来世界想象,英雄机器人在展现现代化人类科技文明与英雄精神的同时,也把美国自身的民族精神符号植入其中,从而致力于实现潜移默化的民族文化认同。久而久之,围绕机器人英雄形象的审美,最终或许会形成一种独特的文化霸权景观。所谓的漫威迷、金刚粉等粉丝文化,便是对美国好莱坞科技电影乃至美国文化的接受结果。我们并不反对走向文化的开放,但我们需明白一件事:在已经建构出的文化霸权景观中,我国科技文化的落后与封闭似乎也被放大凸显出来。

四、文明对话:作为科技传播话语符号的英雄机器人形象

  在科技传播的话语领域,英雄机器人形象已经正日渐成为展示人工智

---

① 黄典林:《重读〈电视话语的编码与解码〉——兼评斯图亚特·霍尔对传媒文化研究的方法论贡献》,载《新闻与传播研究》,2016年第5期,第58—72页、第127页。

能技术实力以及民族文化价值观的载体工具。在好莱坞科幻电影中,具有美国特色文化的"机器人形象"往往代表着正义与和平的守护者等身份,当沉浸在科幻电影精彩炫技的打斗中时,或为帅气的机器人形象惊叹不已时,我们已在潜移默化中接受了美国科技先进大国的文化价值内涵。随着机器人逐步深入人类生活世界,欧美国家早已经通过各种科幻作品及现实技术建构了特色机器人形象,如日本机器猫,俄罗斯的机器娃娃,美国的巨型战甲,等等。面对美国钢铁侠、变形金刚等经典科幻机器人形象时,我国则几乎处于失语状态。由此看来,打造属于中国的机器人形象IP或许也是当下要考虑的问题。实际上,中国也有极具特色的机器人形象思想,比如首支中国风机器人乐队"墨甲"便将中国古老的机甲文化风格彰显无遗,也向全世界传播和展现了隐藏在中华历史中厚重的科技光辉。[①] 但这短暂亮相的一瞥远不足以形成中国特色。《诗经·大雅·文王》中提到"周虽旧邦,其命维新"。如今在全球科技传播话语体系中,中国仍然处于被动乃至"失语"的状态,这从科幻电影或科幻小说中机器人形象的建构与传播中可见一斑。无论如何,通过挖掘并打造中国机器人媒介形象内部潜在的文化印记与民族特色,在某种程度上将有助于提升我国文化自信,改善我国在西方长期的"科技落后"国家形象,为促进走向全球对话、超越科技文化帝国主义寻求可能路径。

实际上,对机器人形象进行充分品牌叙事也不失为一种凸显国家综合实力的上佳策略。毕竟,从全球传播来看,由西方机器人技术等科技媒介形象建构的科技强权话语、人类中心话语体系似乎已经形成了世界主流科技话语的垄断。根据英国文化研究的视角审视,就机器人媒介形象而言,西方发达国家在全球机器人媒介形象编码上的"文化个体"垄断,在某种程度上自然地排除了其他民族编码的可能性,从而造就了"科技文化帝国主义"的产生。在强调全球对话的新时代,全球与地域文化交叉融合,透过普遍的机器人形象,应当既有人类与技术博弈互动的命运共同体观照,

---

[①] 清华大学在108周年校庆之际,推出机器人音乐舞台剧《墨家幻音》。其中,项目取名为"墨甲",源于主创团队对中国墨家思想和中国古老的机关木甲术的致敬。参见:清华大学官网:《"墨甲"完成首演!清华中国风机器人乐队提升后全新亮相》,https://news.tsinghua.edu.cn/info/1013/68544.htm,2019年12月27日。

又有各自地域民族文化特色的表达。然而所谓的"科技文化帝国主义"话语显然正在逐渐蚕食其他发展中国家的科技话语阵地,并以其文化意识强权笼罩于他者之上。英雄机器人作为一种科技传播下的文化话语资源,应当引起我国对外传播以及国家形象建构的重视。对美国科幻电影中机器人媒介形象的意义剖析,也将有助于揭露隐藏在主流科技话语与形象背后的权力问题,为打破文化与科技霸权的话语垄断,提升文化自觉与自信,寻求全球文明差异与对话提供路径。①

结　语

　　至此,本文的论述还未完。之所以审视与关注"英雄机器人形象",实则还有一层深意,也即,借此探讨人的主体性问题。在尼采的老师叔本华看来,受苦是不可避免的,快乐是消极的,纵使欲望得到满足也无法长久,人生总在痛苦和厌倦间无限徘徊。② 无论如何,尼采反驳了叔本华的观点,他认为"超人"意味着否定上帝的存在,肯定在世的意义,实现对自我主体精神的超越。③ 由此看来,英雄机器人形象暗含了"超人"的意味,其似乎从根本上隐喻了人类对于自身伦理道德品质与精神不断实现超越的渴望。本文借用尼采的"超人"概念来理解机器人英雄形象有两层含义:一是对机器人来说,其寓意是否定人类造物主的存在。作为技术主宰与始作俑者,人类一向以俯视态度对待机器人,然如今,以人类为蓝本设计的机器宝宝们逐渐展现出与人类分庭抗礼的态势,作为"他者"客体的机器人形象正翘首以待地跃居"主宰者"位置。二是若如此人类何以面对未来之自身生存? 如今,人工智能等高科技技术日新月异,人与机器人之间的关系或如同麦克卢汉在《机器新娘·木偶麦肯锡篇》中所提到的查理-伯根戏剧的实

---

① 参见人民论坛·学术前沿:《论文化自信与新的全球化时代》,https://doi.org/10.16619/j.cnki.rmltxsqy.2020.30.034,2021年1月20日。
② 叔本华:《作为意志和表象的世界》,石冲白译,北京:商务印书馆,2018年版。
③ 尼采:《查拉图斯特拉如是说》,余鸿荣译,哈尔滨:哈尔滨工业出版社,2016年版,第1、7页。

质一样——"真正的权威与自由的灵魂之间的博弈"①。问题来了,谁才是权威呢?正如美国学者唐·伊德所说:"所有人类与技术的关系都是双向关系。就我使用一项技术而言,我也为该技术所使用。"② 在电影中,我们既使用、操纵、奴役机器人,与此同时,我们也经常处于被机器人征服、统治甚至杀戮的危险境地。不过,仔细想想,电影中英雄机器人这一特殊艺术符号,显然已超越了传统技术与人的二元对立思维,其将技术神话化的同时,也暗含了对人与技术关系协调发展的乌托邦肯定。

---

① 马歇尔·麦克卢汉:《机器新娘》,何道宽译,北京:中国人民大学出版社,2014年版,第28页。
② Done Ihde, *Bodies in Technology*. University of Minnesota Press, 2001, p. 79.

理论与批评

世界を創り

电力的延伸性与20世纪平面化社会的形成

易晓明①

20世纪技术社会形态完全不同于之前的阶级社会，社会转型的根基在于作为基础的电力技术的延伸性，带来生产的规模化、管理的系统化以及市场的国际化，进而带动了社会各个维度的对应改变，形成非等级的平面化社会。

著名历史学家埃里克·霍布斯鲍姆的《工业与帝国》一书，将19世纪最后几十年称为"第二次"工业革命，这是因为电力兴起并开始大规模应用于生产。"工业化新阶段中有两个主要的成长型行业，那就是电气和化工行业"，而且"实业家、技术人员、专业科学家、科学机构间建立日益密切的不断联系"②。电气行业，尤其是电力应用带来生产力的提高与生产规模的扩大，不仅兴起很多新型行业，也增加了大量非生产性的管理职位，社会日渐进入技术专家、官僚、管理者协同，技术发挥核心作用的高度组织化社会。科学管理"既成为一项纲领，也成为一种现实。故此，及至1900年，现代大规模工业的基础已经奠定"③。20世纪进入工业体制社会，电气特别是以电为动力的技术的广泛应用，成为新社会形态的基础性推动力。

---

① 作者简介：易晓明，文学博士，首都师范大学文学院比较文学教授、博士生导师，跨文化跨媒介研究中心主任。
② 埃里克·霍布斯鲍姆：《工业与帝国：英国的现代化历程》，梅俊杰译，北京：中央编译出版社，2016年版，第172页。
③ 埃里克·霍布斯鲍姆：《工业与帝国：英国的现代化历程》，梅俊杰译，北京：中央编译出版社，2016年版，第174页。

电的延伸性带来技术的延伸性、市场的延伸性，推动了20世纪平面化社会的到来。

一、"平面化概念"及其社会描绘

"平面化"概念已在多个领域使用。文学批评领域有弗·詹姆逊对后现代作品无深度特征的"平面化"的提法，他借用阿多诺论新音乐的术语"混成模仿"（pastiche）[1]，以"平面化"指向后现代作品拼贴组合而丧失主体性与个性的无深度特征，形成了对后现代文学艺术无深度表征的一个表达。

而政治学领域，则有劳伦斯·弗雷德曼（Lawrence M. Friedman）1999年题名为《平面化社会》（Horizontal Society）的书。"Horizontal"一词，其本义是水平面的，即"平面化"的意思，在此强调的是20世纪的横向社会形态，区分于19世纪垂直的等级社会，聚焦在20世纪政治领域的名人身份问题。该书将20世纪政治家的政治影响力归结到名人身份的名人文化（celebrity culture），区分于过去居于社会垂直等级权力顶端的政治人物，靠固化层级权威与中心性政治身份施加影响力，实际是凭阶级身份与政治身份起作用。而在技术社会，政治名流需要借助吸粉与扩粉，以名人效应来实现政治或宗教的影响，呈现的是新的名人身份政治。[2] 政治身份转到名人身份之下，呈现的是圈粉与扩粉的横向性形态。基于名人文化的转型，弗雷德曼将20世纪概括为（政治的）平面化社会，聚焦的是政治维度。

无论是詹姆逊对20世纪艺术的拼贴而言的平面化，还是弗雷德曼总结20世纪身份政治提出的平面化，都是平面化社会诸多维度中的现象，背后助推平面化的根本力量是电及其技术应用的延伸性。技术作为最基础层面的横向延伸，影响到市场、货币，也影响社会各个层面与各个维度的横向延伸，使社会呈现平面化的格局。

---

[1] 詹明信：《晚期资本主义的文化逻辑》，张旭东编，北京：生活·读书·新知三联书店，1997年版，第59页。

[2] Lawrence M. Friedman, *Horizontal Society*, New Heven and London: Yale University Press, 1999, p. 117 & p. 241.

电媒技术寻求扩大应用的延伸性与连接性，形成空间卷入形态，技术本身也存在各种转换，导致技术大规模运行于社会的生产、管理与市场交换，形成人力与活动的聚集，从而聚合为20世纪的超大城市——大都市。社会对应地在管理、市场与制度、权力等方面需要各种配套，带动了各个领域相匹配的延扩。除了交通方面电缆、飞机等的连接，技术产品将市场从国内扩大到国外，出现跨国实体公司，扩大了商业的横向延伸。一直居于主导的宝塔形的等级社会形态就被削弱，社会观念价值也进入大众的民主形式。技术的强大推动力，有如雅克·埃吕尔在《技术社会》中所说的："技术已成为自主的，它已经塑造了一个技术无孔不入的世界，这个世界遵从技术自身的规律，并已抛弃了所有的传统。"[1] 强大的技术延伸性，带来社会各个维度的延伸性。但对社会的多维度，很难用一个具体概念概括。卡尔·雅斯贝斯（Karl Theodor Jaspers）就说过："这个世界的非精神化以及它之服从于先进技术的统治这一点，尚不足以概括我们这一世纪的全新特点和那些一旦完成，就将使我们的世纪同以往的世纪截然区别的变化。"[2] 新的社会的内核是技术，技术的延伸是形成延伸的平面社会的根本动能。

20世纪西方进入技术社会，传统信仰、道德及观念化的典章文化衰落，社会发生前所未有的转型。对于20世纪的社会转型，有技术社会、民主社会、个体社会、大众社会、市场社会、商业社会、都市社会、物质社会、消费社会、垄断资本主义社会或帝国主义社会等诸多表述。但任何一种，都不足以概括它的所有方面。因为任何一个已有概括，都立足于一个领域而遗失其他方面。比如都市社会的概括就难以涵盖个体社会维度，技术社会的概括也难以涵盖消费社会的维度。这是因为民主社会是政治维度，大众社会是社会维度，市场社会是经济维度，商业社会与消费社会是生产与消费维度。

后来，一个相对综合的新概念被发明出来，那就是"现代性"。"现代性"不只是用于针对20世纪的概念，但即使针对20世纪而言的"现代

---

[1] Jacques Ellul, *The Technological Society*, tran. John Wilkinson, New York：Alfred A. Knopf, 1964, p. 14.

[2] 卡尔·雅斯贝斯：《时代的精神状况》，王德峰译，上海：上海译文出版社，2005年，第16页。

性",同样存在遗失的方面,那就是它不能囊括文学艺术。这样就又兴起一个相关的补充概念,即"审美现代性"。再有,现代性不仅表意宽泛,而且它更多指向的是一整套制度,或者一个阶段,对社会本身概括的针对性并不强。

从政治视角概括传统社会,足以具有概括力。而关于20世纪则出现了技术社会、民主社会、个体社会等各种不同的表达。很显然是因为任何一种表达,都不足以概括社会的所有方面。如之前所说,民主社会是政治维度,大众社会是社会维度,市场社会是经济维度,商业社会与消费社会是生产与消费维度。但这些概括有着一个共同特性,它们表达了20世纪社会的非等级化,反映了这个社会具有的延伸性。而社会延伸性的基础来自技术与技术产品的延伸性特质,因而,平面化社会本质上是平面化技术社会与平面化市场社会。

针对20世纪所转入的新的技术社会形态,避开单一概括的最好方式,是以形象性的修辞语言予以概括。"平面化技术社会"这一非定性的描绘,涵盖面广泛,可调和各种悖论而不会陷入排斥性困境。由于现代性文化本身是悖论性的,各种表述构成的排斥性也十分明显,例如,说它是民主社会,也有托克维尔提出,民主是多数人的暴政;说它是个体社会,有勒庞的《乌合之众》认为,20世纪进入了群体社会;说它是理性发达的技术理性社会,又有弗洛伊德揭示它为充满无意识的非理性社会。那么,图式化的"平面化社会"的表达,能覆盖社会的所有维度,也能规避出现二元的对抗性,还能表达技术的迁移与扩大应用的本质,也对应20世纪社会的延伸性、平等性等民主形态,呈现工业社会废黜神圣精神的大众形态,表现电子媒介传输的空间延伸与对人的感官延伸,当然还有商业的跨国托拉斯等经济、市场的国际化等。20世纪技术的延伸性塑造了技术社会的平面化。

技术延伸是平面化社会的根基,技术与物质成为社会的基础,带有潜在塑造力、统治性,并与占主导地位的社会模式,以及物质、技术、艺术、文化的混合形态,构成一种新的社会秩序与社会形态。由于技术与技术产品应用的横向延伸性,即技术的空间卷入性形态,它的扩大应用,也需各种配套。技术大规模运行于社会生产、管理与交换,整个社会围绕技术进行社会安排。技术统治的社会被描述为开放、延伸的社会,它取代了精神与观念占统治地位的宝塔形的等级社会。这是雅克·埃吕尔在《技术社会》所说的"技术已成为自主的，它已经塑造了一个技术无孔不入的世界，这个世界遵从技术自身的规律，并已抛弃了所有的传统"①。不仅是抛弃，还表现出与传统社会的敌对，因为社会组织的根基被改变了，强大的技术延伸性，带来社会各个维度的延伸性，共同形成了技术社会的"平面化"。

二、技术延伸造就行业化平行管理与市场延伸

电力技术对内兴起行业化系统管理，对外形成横向的国际化市场，三者成为20世纪平面化社会的塑造力量。就像我们无法选取社会的一个维度来全面概括20世纪社会形态，我们也无法排他性地使用三大力量中的任何一种。

上一个世纪之交的技术，就是指新兴的电力技术。19世纪末电力应用到生产，形成工业发展动能，在英国改变了第一次工业革命的原始状态，遂被称为第二次工业革命。工业与科技大规模结合，实现技术的系统化，社会进入专业化。英国在原有煤炭业、纺织业等传统工业产业基础上，于19世纪末发展出自动化机电行业、化工行业、金融业等新的专业领域，社会由平行的专业系统组成。

科技史界认为，科学一开始以认知方式或世界观而获得影响力，而19世纪末，技术成为实际的操控手段与组织社会的工具，科学和技术实现结合，两者结合的大多数成果则产生在20世纪。② 技术的平等性与互助协同性及其扩大应用的延伸本质，是20世纪平面化社会形态的基础。兰登·温纳在《自主性技术》中指出："在一个日益相互依存的技术社会或技术世界体系中，所有部分都同等程度地需要彼此。这被视为现代社会关系的特

---

① Jacques Ellul, *The Technological Society*, tran. John Wilkinson, New York: Alfred A. Knopf, 1964, p. 14.

② T. K. Derry and Trevor I. Williams, *A Short History of Technology*, London: Oxford University Press, 1970, pp. 702-703.

征",而"一个完全相互依存的技术社会将是一个没有等级或阶级的社会"①。技术自主运行以及被应用,都是技术的本质,无关乎谁使用。温纳还提到《技术社会》的作者埃吕尔的看法:"技术社会并不是通过一个单一理性计划而达成,也不是凭借任何核心力量对生活加以系统组织而形成的。相反,它是完全离散的行动所产生的结果。"② 技术的延伸,应合于这种离散,塑造了平行的专业系统的社会管理形态。技术自身的配套需求带来进一步的延伸,导致技术产品市场的扩大,伴生国际化市场。它也涉及国家领域。"技术结构的手臂延伸到了国家领域,不是由于某种自私的谋划,而是由于必须要满足庞大的新技术系统的要求。"③

电力技术的延伸,塑造了众多平行的专业系统的新型社会管理,也塑造了国际化市场与平等的社会意识。

技术带来丰富的商品,扩大了交易公平的市场原则。齐美尔论及货币的平等性,也适宜市场的平等性,他说:"货币具有一种特别的能力,它能把最高的和最低的价值都同等地化约为一种价值形式并因此而把它们都置于同一水平之上……"④ 货币作为交换中介物,无关交换者身份尊卑,将交换双方置于同一水平上,是平等交换的强大中介。产品、劳动力、符号等全部成为可交换的商品。正是"货币使一切形形色色的东西得到平衡,通过价格多少的差别来表示事物之间的一切质的区别。货币是不带任何色彩的,是中立的,所以,货币便以一切价值的公分母自居,成了最严厉的调解者。……事物都以相同的比重在滚滚向前的货币洪流中漂流,全都处于同一个水平,仅仅是以一个个的大小不同"⑤。

---

① 兰登·温纳:《自主性技术:作为政治思想主题的失控技术》,杨海燕译,北京:北京大学出版社,2014年版,第158-159页。
② 兰登·温纳:《自主性技术:作为政治思想主题的失控技术》,杨海燕译,北京:北京大学出版社,2014年版,第106页。
③ 兰登·温纳:《自主性技术:作为政治思想主题的失控技术》,杨海燕译,北京:北京大学出版社,2014年版,第141页。
④ 西美尔:《货币哲学》,陈戎女等译,北京:华夏出版社,2002年版,第185页。
⑤ 乔治·齐美尔:《桥与门——齐美尔随笔集》,涯鸿、宇声等译,上海:上海三联书店,1991年版,第265-266页。

技术的延伸扩大了市场，而市场交换的平等原则，带来社会的平等意识。可见，市场甚至比政治发挥了更大的作用。商业交换的等价性与等值性，甚至被扩大为社会公平原则，促使平等的民主理念固化下来。哈贝马斯认为，体制、管理者与大众通过技术获利的一致性，使技术统治在现代社会的合法化是"从下"，即"从社会劳动的根基上"获得的，不是"从上"，通过一个阶级对另一个阶级的统治获得的。① 市场利益与共的属性，使技术统治的社会较之以前从上而建立的阶级统治的社会更具稳定性。

电力技术带来交通便捷，实现市场对接，市场延伸冲击了民族国家边界。库珀在《现代主义与市场社会的文化》中指出："市场形式已经变成——不管一个人是否喜欢它——历史的引擎，忘记了阶级斗争，忘记了选票箱，忘记了代表的政府，市场现在是历史进程的驱动轴。"② 市场成为引擎，超越了经济的范围，它使资本脱离政治，成为主宰。如库珀所强调的："我们中许多人认为，市场是一种组织经济生活的简单方式，但它事实上已经完全转换了我们生存的基本形式。"③

技术与市场都具有追逐利润的本质，这决定了它们的延伸性质。尼贝格说："科学和技术本质上与道德无关。"④ 逐利使之成为打破民族国家边界的非政治化力量。技术愈发达，社会愈开放，工业主义模式与可复制的技术日渐实现了国际化市场。维尔纳·海森堡在《物理学与哲学》一书中指出："自然科学与技术科学相结合所导致的巨大成功，使得此类兴盛发达的民族、国家或社会，占据了牢固的优势地位。作为一个自然的结果，甚至那些传统上并不倾向于自然科学与技术科学的民族，也不得不开始从事此类活动。通信和交通的现代方式，最终完成了技术文明的这一扩张过程。"⑤

---

① 哈贝马斯：《作为"意识形态"的技术与科学》，李黎等译，上海：学林出版社，2002年版，序第4页。

② John Xiros Cooper, *Modernism and the Culture of Market Society*, New York：Cambridge University Press, 2004, p. 11.

③ John Xiros Cooper, *Modernism and the Culture of Market Society*, New York：Cambridge University Press, 2004, p. 11.

④ H. L. Nieberg, *In the Name of Science*, Chicago：Quadrangle, 1966. p. V.

⑤ Werner Heisenberg, *Physics and Philosophy*, New York：Harper & Row, 1958, p. 189.

技术是一股新兴的无法完全被政治版图限制的历史力量，也是突破国家边界的国际化力量，在社会内部，技术就上升为社会的组织形式与管理形式，它兴起很多新兴行业，形成平行的行业系统管理技术社会形态。这些行业管理卷入一切关系，又塑造了政治、教育等非生产维度的对应延伸与扩展，延伸成为社会结构与文化逻辑。别尔嘉耶夫说："技术原则是民主原则，技术时代是民主和社会化时代。"① 技术不仅塑造了国内政治的民主，而且在国际关系上，20世纪民族-国家平等的国际政治新格局，取代了19世纪帝国-殖民体系；在社会关系上体现出市场主导的民主形态，专业化规约与量化指标管理的非精神化，使社会世俗化，神圣精神被贬黜，社会丧失了以彼岸与未来世界为追求的信仰与精神的深度。还有电力电讯等电子媒介兴起媒介景观以及对人的感官的塑造，同时创造大众影像产品，其娱乐性，即使被划为精英文学的现代主义，也接受了电子媒介的景观化，形成感官表象的审美。电的延伸性，给生产行业、生产规模以及各个社会维度与文化维度，都带来延伸特质的影响。

三、电力技术延伸带来英国社会结构的变化

从社会生产结构看，19世纪末20世纪初，率先工业化的英国，在技术基础上出现经济角色的专门化、经济活动单元化，带动生产、消费与市场的系统化与规模化发展。市场寻求商品、劳动力与金钱的扩大，越来越多的人从过去的家庭公司、小工厂与地方市场，进入大公司、联合企业与行业市场。社会上涌现了很多新的职位，其中一部分是公共类型的，也就是社会管理化应合于社会生产的扩大。埃尔森塔特（S. N. Elsenstadt）分析现代化进程产生的类型时说：

> 一种是作为代表的或公共的类型，在其中分配的原则是通过选民各种类型的"代表"的公开商议而建立的。政治代表、志愿者协会与行业组织是这类机制最重要的样本。第二种是各种非个人的市场系统，

---

① 别尔嘉耶夫：《人和机器——技术的社会学和形而上学问题》，载《世界哲学》，2002年第6期，第50页。

诸如劳动力市场或专用于金钱与商品的市场。第三种主要类型是官僚政治的类型，以"专家"管制，或以其某些专门知识为主要资格的人的管制，或以一般的管理或者更具体的职业或技术知识为特征。这些专家依次在某种程度上被政治的、经济的或商业的权力持有者所监管。①

应该说，扩大的市场系统形成了广泛的阶层群体，形成了庞大的中产阶级，促使民主社会到来。而专业细分与专家类型的存在，导致精英群体与精英化方向出现，体现了社会职业领域的细分，其中有哲学家、经济学家、社会学家、艺术家、传记作家、批评家、艺术设计与艺术活动的组织者。可见20世纪初期社会的专业系统化在精英团体的构成中也得到了体现。

新的技术带来新职业岗位，呈现众多的行业，新的组织形式、团体、协会与行业群落的增加，出现了大量公共的或民间的机构与团体，这些非归属化的职位与组织，削弱了过去自然经济阶段归属化的隶属关系，打破了固化的社会结构。埃尔森塔特指明"现代社会组织发展的最一般特征，是归属的与直接的分配与管制的持续减弱，非归属与不直接的分配的各种机制得到发展"②。随着教育法案的出台，义务教育使识字的人迅速增多，人们比较容易通过教育或培训的渠道，改变自己的职业与阶层身份，从而形成了职位的开放性与社会的流动性。技术与专业的扩大带来社会分化，阶级逐渐被瓦解。管理衍生出内部分层，权力的区分始终是存在的，但层级权力已不同于前现代的统治与被统治的二元固化的阶级关系。鲍曼1982年的《阶级的记忆》一书，说阶级与记忆联系在一起，这说明阶级与阶级社会成为一桩往事。

专业系统与行业化的社会组织管理是平面技术社会的组成部分，也是它的体现。专业系统的精英化，这种变革比阶级间的权力更替或政权更迭的变革意义更为深远。以前阶级结构社会，是政治居于中心的社会。而20

---

① S. N. Elsenstadt, *Modernization: Protest and Change*, London: Prentice - Hall Inc., Englewood Cliffs, N. J. 1966, p. 9.

② S. N. Elsenstadt, *Modernization: Protest and Change*, London: Prentice-Hall Inc., Englewood Cliffs, N. J. 1966, p. 9.

世纪经济取代政治成为社会中心，专业化组织形式使不同等级融合到同一个市场平面上，瓦解了传统的阶级等级。威廉斯说："我们很难想象出20世纪初期大都市富有成效的杂交的方式；大批生产是'平民的'，技术扫除了退化的封建残余"；"城市现代性的两个'阶层'在这里以我们无法想象的方式富有活力地融合在一起"。① 技术的专业化生产带来丰富的物质，市场对所有人开放，原来的对立的阶级关系有所改变，对立双方慢慢成为生产利益密切相关的同一条船上的伙伴。

电力技术的延伸带来社会的工业体系化，带来交通、通信、军事、教育、卫生、体育等领域系统化，这种延伸继而还扩展到生活世界。交通与通信技术的新发明，飞机、电报等产品使日常生活改变为新的电媒文化形态。威廉斯指出："19世纪晚期，是文化媒介中所曾见过的各种最大变化的时刻。摄影，电影，收音机，电视，复制和记录，全都在这个被认定的现代主义时期取得了自己决定性的进展。"② 就文化领域而言，媒介的电讯化，如电话、电报、无线电、广播、留声机、唱片等，催生出大众心理与大众文化，充任现代社会的黏合剂。大众文化靠电子技术产品支撑，不再是阅读文化，它主要以电媒技术为载体。威廉斯道出了技术如何兴起了大众文化，也道出了大都市超地方与超国家的意义。他说："19世纪下半叶和20世纪上半叶的大都市，变成了一个全新的文化维度。……它是新的社会关系、经济关系和文化关系开始形成的场所，超出了城市和国家较老的意义。"③ 大都市急剧扩张也是在19世纪末20世纪初。

关于19世纪与20世纪之交都市规模的变化，恰尔兹给出了具体的数据，"1900年，在地球上有11个城市拥有100万以上的人口，伦敦与纽约超过了500万，而巴黎有300万居民，而柏林有200万。"④ 斯蒂文·马修

---

① 雷蒙德·威廉斯：《现代主义的政治——反对新国教派》，阎嘉译，北京：商务印书馆，2002年版，25-26页。

② 雷蒙德·威廉斯：《现代主义的政治——反对新国教派》，阎嘉译，北京：商务印书馆，2002年版，第50页。

③ 雷蒙德·威廉斯：《现代主义的政治——反对新国教派》，阎嘉译，北京：商务印书馆，2002年版，第65页。

④ Peter Childs, *Modernism*, London and New York: Routledge, 2008, p. 22.

斯（Steven Matthews）的《现代主义》一书，对西方都市化进程进行了对比性表述："在1800年，欧洲与美国一起，只有17个欧洲城市容纳超过10万人，到1890年，达到103个城市。19世纪早期，伦敦是欧洲最大的城市；到19世纪末，巴黎、维也纳与柏林与之一起成为几百万人口的城市。欧洲与美国急剧地变得很少依赖乡村经济，其后果是，所有的主要工业国家当时正经历一个新的现象：一个明显无根的都市劳动阶层变成人口的大多数。"① 进入20世纪，大都市依然在快速发展："20世纪早期大都市的各种条件关系，在很多方面已经强化，并大大地扩展了。在最简单的意义上，大都市的聚集，各个城市继续发展为巨大的集合城市，依然在成倍性的增长。"② 都市是工业化带来的，而工业化又是技术带来的。

技术生产的规模化带来社会结构的变化，这从最早发生工业革命的英国得到充分体现。1780年英国开启第一次工业革命，而1850年，特别是1870年到1895年，被认为进入所谓第二次工业革命。威尔森指出："19世纪末，英国已经是一个绝大多数人口都居住在都市的国家（1901年达到78%），在那里技术已经开始塑造大多数人的生活。"③ 亨利·贝林的《现代英格兰，1885—1995》中的具体数据显示，在19—20世纪之交英国社会发生了急剧转型。该书指出："1885年形成了一个研究现代英国的不逊色于其他时间的好的起点。"④ 19世纪最后15年，英国社会法律的理性化进程是急速的，快速告别了统治达48年的维多利亚时期所强化的等级社会轨道，从贵族化的等级社会向劳工为主体的大众社会变迁。这些年不断有新的法案与政策出台，皇家工业与贸易委员会成立；依据1884年的改革法案与1885年的席位分配法案，男性获得了政治投票权。当然，之前有1875年废止主人与仆人的法案，后来才出现使用合同的法律。19世纪后期连续出台法案，标志着体制的建制过程启动。男性获得了选举权，英国被划分为人

---

① Steven Matthews *Modernism*, London: Arnold, 2004, p. 33.
② 雷蒙德·威廉斯:《现代主义的政治——反对新国教派》，阎嘉译，北京：商务印书馆，2002年版，第54页。
③ Leigh Wilson, *Modernism*, London: Continuum, 2007, p. 43.
④ Henry Pelling, *Modern Britain*, 1985-1955, New York: The Norton Library, 1966, p. 1.

数大致相同的数个选区，选区体制是工业化体制的配套制。平等以法律与政治制度的形式被固定下来。选举将大众带入社会的政治中心领域，这是平面化社会实现的重要步骤。19世纪末期技术工人的机会、地位快速增加和提高，弥合了"受尊敬的"人与手工劳动者之间的鸿沟，淡化了英国社会的等级分野。这是因为英国贸易急剧发展，经济增长，对工人的需求旺盛，煤炭工业、钢铁工业、机械工业的工人人数大幅增长。伦敦在19世纪最后25年城市规模扩大了一倍，而像曼彻斯特、伯明翰、谢菲尔德与利兹等工业城市甚至以更快的速度增长。加上殖民地的开拓，技术劳工的需求大增，庞大的产业工人队伍逐渐形成。劳威尔（John Lovell）指出："行业联合会员人数从19世纪70年代早期，在英国，也在欧洲，获得了增长。在英国1874年会员超过100万，随后的几年有所下降，1889—1891年间则双倍增长。"[1] 贝林提供的英国的煤矿工人数量的变化显示，从1851年的21.6万上升到1881年的38.2万。[2] 产业工人队伍造就了庞大的中产阶级，瓦解了贵族、平民的二元社会结构，改变了英国社会的构成，也改变了社会形态。20世纪初，英国煤矿领域、铁路工业、棉花产业等行业工人相继罢工。继1911年运输工人罢工后，1912年又发生了煤矿工人因为最低工资而发动的最大规模的总罢工。这些罢工运动，依赖于行业分工、协会、工会等现代工业社会的组织形式。这些组织形式与斗争形式，本身都是现代体制的产物，它们加速了维多利亚时代的"主人与仆人"的传统社会关系的崩溃。平等意识的普及，引发了妇女投票权、养老金、救济金等一系列法规在抗议后出台，完成了工业体制的各种配套体制。1800年选举还是身份的象征，是极少数人的特权。到19世纪80年代男性获得普选权，1919年部分女性（年满30岁）获得普选权，所有成年女性获得普选权则在1929年。英国1870年开始建立国家教育体系，1891年对12岁以内儿童普及免费教育。初级教育的普及，带来高等教育需求的扩大，牛津与剑桥等老牌贵族大学不够用，英国开始兴建大学。1880年维多利亚大学在曼彻斯特成立，1893年

---

[1] John Lovell: "British Trade Unions 1875-1993", in L. A. Clarkson (ed.), *British Trade Union and Labour History*, London: Macmillan, 1990, pp. 71-136.

[2] Henry Pelling, *Modern Britain*, 1985-1955, New York: The Norton Library, 1966, p. 2.

威尔士大学创立,1900年伯明翰大学建成。女性在20世纪初开始进入大学。① 义务教育的普及,是继选举权将大众拉向社会中心之后,又一个将大众拉向社会中心的领域。选举权、教育权逐渐走向全民化,免费的图书馆、美术馆加强了大众的文化教育。社会的中心领域实现了分权,也使不同阶层的人被拉到同一平面上。在行为方式上,虽然仍然存在对"受教育阶级"的区分,沿袭维多利亚时期风雅的贵族传统,但工人内部有了越来越多的技师或技术工人,他们开始阅读一些小报的专栏文章,对政治感兴趣,上升为技术层,成为整个工人阶级的导引,也成为大众社会取代贵族趣味的新向导。越来越壮大的中产阶级,建立起其自身的非正式的、比较不昂贵的趣味,中产阶级日益定下英国社会的主调。有技术与有文化的人,推动了生产的发展,使社会制度的重心从政治关系变成生产关系,出身等级被技术等级代替。工业生产的程序化与可复制性扩大了生产,带来丰富的物资商品。现代通信带来信息共享的平等,壮大的中产阶级崛起。

新的社会由庞大的中产阶级支撑,出现了大众消费的新形式。1885年,自行车成为大众组成的平面化社会到来的标志性产品。② "缝纫机在1890年代售价为4英镑,而且首开分期付款的先例。自行车几乎立即进入大众视野。"③ 自行车在工业化的流水作业下,可以无限量地生产以满足市场的广阔需求。它不仅替代了少数贵族享用的马车,还与同时出现的有轨电车一起打破了马车时代的阶级结构。过去马车生产受限,物质产品有限,只能让少数人享用,等级社会与生产力直接相关。而在电力技术的支持下生产可以不断扩大,这样能降低成本,生产出大多数人都能买得起的自行车,使其成为普遍性的运输工具。由于国内与殖民地的工业生产对技术工人的需求巨大,资产阶级与产业工人之间的距离也在抗议浪潮中缩小,工人开始有了最低工资与权利保障。技术生产带来大量大众消费得起的商品,市

---

① Henry Pelling, *Modern Britain*, 1885–1995, New York: W. W. Norton & Company, INC. 1960, pp. 1–36.

② Henry Pelling, *Modern Britain*, 1885–1995, New York: W. W. Norton & Company, 1960, pp. 1–36.

③ 埃里克·霍布斯鲍姆:《工业与帝国:英国的现代化历程》,梅俊杰译,北京:中央编译出版社,2016年版,第160页。

场确立的"等价"原则被延伸到社会领域,平等在多重制度中被固定下来,女性开始获得同等的选举权与受教育的权利。

技术化、专业化的延伸需要新的制度支撑。在政治领域、教育领域,都有相应的选举权制度与义务教育的普及制度,还有免费图书馆、博物馆等文化普及制度。而大学的广泛兴建,使高等教育在一定程度上得到普及。这些保障制度,使英国完善成新的公民权、教育权配套的社会。阶级界限、城乡界限、生产流通领域与非生产性领域的界限被打破。哈贝马斯将现代社会区分为系统与非系统两大部分,系统部分包括经济组织与管理组织,非系统部分包括教育、文化和家庭生活等。现代化过程的初期两大系统是分离的,而进入20世纪,生产、管理的系统化延伸到非系统的文化生活领域,文化、教育、精神领域都演变为专业,而精神信仰在专业体系中全面失落。现代人在现代各种制度中获得较为平等的权利,价值尺度发生改变,一个开放的、没有固化阶级的非等级社会形态形成。威尔森说:"英国是第一个工业化的国家,从人口统计到饮食,从建筑到政治权力,从时间概念到心理概念,依次改变了社会的整个组织与构成。"[1] 这些都全方位地促进社会进入民主化、大众化、都市化的新型社会阶段,各个社会维度相应形成延伸性、卷入性的开放性平等。

四、各个社会维度的开放平等

技术的延伸、市场的延伸以及行业化管理,带来社会各维度相应的改变。

首先,电力电讯应用于生产,技术职位流动打破了阶级固化,快速扩大了生产规模,造就大量技术工人的需求,教育也必须满足市场需要,实现扩大与延伸,形成教育平等,对阶级特权构成冲击。可见,技术是巨大的平等力量,兴起各个维度的权力平等。

政治投票权与受教育权是公民获得平等的核心权利。从政治角度看,据托克维尔说,最早是罗亚·科拉尔在一次演讲中首提民主社会,对"民

---

[1] Leigh Wilson, *Modernism*, London: Continuum, 2007, p. 56.

主社会"予以三重概括,其一是法律面前的平等;其二则是社会结构的"夷平",社会不再有庞大的占统治地位的贵族阶级与平民阶级的等级结构;其三是原子化的个人组织成的"大社会"。① 所谓"大社会",就是个体组成的民主社会。如果说18世纪民主社会形态还是一种观念理想的话,到20世纪,社会结构"夷平"固化的社会等级,民主就进入了实践。

20世纪初西方进入原子化个人组成的大社会。技术的脱域,消解人被地方固定的可能,个体直接成为社会的流动单位,个体以职业身份获得自由变换工作的权利,形成国家之下直接是个体的社会结构。罗贝尔·勒格罗在《个体在艺术中诞生》一书指出:"任何社会都是由个体构成的。……然而,现代社会则由新型个体构成。"② 个体指具有独立选择权的个体。个体社会并不等于没有阶级或阶层,只是没有了固化的阶级,严密的等级被瓦解,形成开放性,阶级斗争的目标与形式相应发生了改变。

20世纪初西方的协会、工会等行业组织出现,游行与罢工等和平抗议代替了19世纪的劳工骚乱或捣毁机器的暴力反抗。以英国为例,"全国铁路工人工会"成立于1913年,多数行业都在20年代成立了工会组织,行业斗争适应于民主社会体制系统。而到20世纪中后期,个体分化程度加深,工会的集体形式与行业式的游行抗议的势力与规模都遭到弱化。鲍曼说:

> 把社会中的成员转变为个体是现代社会的特征。然而,这一转变并不像上帝的创造那样是一种一劳永逸的行为,而是周而复始的重复活动,现代社会的存在无时不在进行着"分化"活动,个体的活动也日复一日地重新塑造和审察个体的相互盘结所构成的被称为"社会"的网络。任何一方都不会长期地固定不变,因而"分化"的持续改变,不断呈现出崭新的形态。③

个体化的过程就是分化的过程,而这个过程一直没有停止,分化使得

---

① 《思想与社会》编委会编:《托克维尔:民主的政治科学》,上海:上海三联书店,2006年版,第167页。

② 茨维坦·托多洛夫、罗贝尔·勒格罗、贝尔纳·福克鲁尔:《个体在艺术中诞生》,鲁京明译,北京:中国人民大学出版社,2007年版,第95页。

③ 齐格蒙特·鲍曼:《个体化社会》,范祥涛译,上海:上海三联书店,2002年版,第43-44页。

对团体的依赖大大降低,导致工会等后来被边缘化。对个体本身而言,不停止地分化加剧了个体与外界的不稳定关系,个体的反抗转弱,甚至仅仅出现在个体心理层面,反抗失去了具体目标指向。高度组织化的技术社会的同质化,造成社会失去了辩证反抗的空间。与此相应,现代主义文学文化都受个体分化的影响而形成退避个体内心的心理化走向。

五、精神为技术平面化所夷平

20世纪90年代,泰勒(F. W. Taylor)发明科学管理生产体系,被称为泰勒制。它以人体与机器结合的流水线作业,确保机器使用的最大效率,由于最初在亨利·福特的汽车工厂应用,又被称为福特制。1911年泰勒的《科学管理原则》(*The Principles of Scientific Management*)一书出版,这一管理理论被进一步推广到包括人文、教育甚至家庭与慈善机构等非生产领域,成为"科学管理"的范式,社会实现了全面的工业体制化管理。剑桥大学1917年创办第一个英语系,是文学领域的专业化的开始。1919年韦伯的《以学术为业》,描述了"学术达到了空前专业化阶段",大学变成了"大型的资本主义式的大学企业"。他批评"听课者的多寡,对能力高下做统计数字的检验"的数据方式,对教授能力进行评估。[①] 这表明泰勒制效能体系、量化管理在20世纪初变成了通则,包括学术的所有领域都追求产出最大化。指标化的高效管理就抑制了无法量化的思想与精神,使之遭遇量化而取消了其自身的深度价值。

技术具有反观念的本质,它使观念典章文化及其价值体系在20世纪失去了它曾有的效用,人文理性与人文价值消退。于18世纪确立的启蒙理想,在技术主导的20世纪又悖论性地使启蒙思想终结了理想性。这应了这句名言,"一种伟大的制度是其创建者的坟墓",即"大多数组织之所以要建立,似乎是为了让其创建者的思想无痛苦地死亡"[②]。20世纪制度化的技术理性

[①] 马克斯·韦伯:《学术与政治:韦伯的两篇演说》,冯克利译,北京:生活·读书·新知三联书店,2005年版,第23、20、22页。

[②] Albert Léon CUÉRARD, *Literature and Society*, Boston: Lothrop, Lee & Shepard, 1935, p. 286.

取代了人本理性，主体性失落。文艺复兴确立了包括莎士比亚的人文理性与培根的"知识就是力量"的科技理性，两者汇合为强大的文艺复兴时期的理性崇尚。而培根确立的实验科学，及其《新亚特兰岛》(*The New Atlantis*) 作为一部机器乌托邦作品，表达了对科学发明与专业化的信念。18 世纪启蒙时代，科学与民主成为两大口号。19 世纪进入科学时代，科学领跑时代的知识。而 20 世纪进入技术时代，自由、平等、人权等启蒙理想以制度形式固定下来，看似实现了启蒙理想——人的自由、平等，却又悖论性地体现为启蒙理想的终结点。启蒙理想在达到了最高点的同时进入终结点，因为被体制固定的东西，就已经消解了目标与理想的价值与意义。

在工业体制社会，从表面上看个体获得了相对大的自由，但技术理性的制度化形式以其严密专业与学科系统，全面管制自然、社会。在韦伯看来，现代社会具有隐在的强制性，严密得像铁笼一样，人自身遭到技术体制的压迫。霍克海默与阿多诺指出："随着支配自然的力量一步步地增长，制度支配人的权力也在同步增长。这种荒谬的处境，彻底揭示出理性社会中的合理性已经不合时宜。"① 这一洞见表明技术理性成为统治力量，它终结的是之前的人文理性与政治理性，导致主体性的失落，客观上背离了人文主义与启蒙理想的正面品质。这是因为严密的专业管理不再有社会理想的空间，因而终结了社会总体观念理想。作为信仰的上帝死了之后，出现了"人死了"的延续。技术体制终结的不只是人文主义与启蒙主义理性，也终结了 19 世纪作为社会总体性的历史理性，甚至任何新的社会总体观念产生的位置都不复存在。以前观念统治社会中的价值被贬黜为虚幻。

韦伯将技术科层管理的社会称为合理化社会。福柯认为这一社会中的系统话语的权力不同于"政府"（government）与"统治"（governance），而将之称为"政府性"（governmentality），也就是权力形式由集中变为分散，体现在社会机构的"技术化"中，进而体现在微观结构的日常生活中，体现在个体的自我控制中。② 技术引发的社会分化造成权力的分散形式，权

---

① 马克斯·霍克海姆、西奥多·阿道尔诺：《启蒙辩证法：哲学断片》，瞿敬东等译，上海：上海人民出版社，2006 年版，第 31 页。

② Anthony Elliott and Larry Ray (eds), *Key Contemporary Social Theorists*, Chichester: Blackwell Publishing Ltd., 2003, p. 124.

力不集中在政治领域，它结构性地分布到全社会，达到了与大众相匹配的社会控制状态。相对于传统等级的宝塔形式社会，20世纪技术社会具有非等级、非深度的技术化、市场化的平面延伸性，其开放性、流动性与权力分散的结构性分布相匹配，政治上又因普选权制而被称为民主社会。大都市人口聚集，也被称为都市社会与大众社会，各个维度都体现延伸性与卷入性。

技术社会颠覆了观念社会所建构的信仰、道德以及根植于它的文化传统，传统形而上学价值体系失去了效力，精神领域遭遇技术与市场带来的精神世俗化，过去的精神价值被夷平，体现了精神的平面化。尼采所说最高精神价值被贬黜，宗教与政治等高级精神领域都演变为专业内部的事情，不再有绝对的统治色彩与普遍影响力。贝尔指出："在英美方面，在威廉·詹姆斯的实用主义，在伯特兰·罗素的数理逻辑里，在维特根斯坦将哲学事业限制在语言使用的分析方面，我们均可以见到理想主义的灭亡。"① 文学与哲学也不再具有社会良知或大众向导的威力，日益专业化。德里斯科尔（Catherine Driscoll）说："哈贝马斯看到了审美的专业化（如在超现实主义中），同时看到了哲学或理论的专业化（如在福柯中）。"② 技术在生产方面获得巨大的效能，技术系统化，管理指标化，科技与效率成为新的上帝。人文价值失去影响力，文学艺术转向审美，甚至呈现出反人文主义倾向。迈克尔·贝尔说："维多利亚时代人试图把人文主义的价值建立在科学上，如伦理与批评，这一点延续到20世纪，但是现代主义岁月则开始颠倒这种关系。"③

机器片面化地需求人的功能，人的功能被夸大性地需要，而人性部分遭遇贬值。社会尺度被简化为专业技术的尺度，人因此失去了中心地位。技术扩大了社会实践。"现代社会的实践威力已经从自身中脱离出来，而且

---

① 迈克尔·贝尔：《现代主义形而上学》，见迈克尔·莱文森：《现代主义》，田智译，沈阳：辽宁教育出版社，2002年版，第24页。

② Catherine Driscoll, *Modernist Cultural Studies*, Gainesville: The University Press of Florida, 2010. p. 167.

③ 迈克尔·贝尔：《现代主义形而上学》，见迈克尔·莱文森：《现代主义》，田智译，沈阳：辽宁教育出版社，2002年版，第17页。

在景观中建立起一个独立帝国……这个强大的实践继续缺乏其凝聚性。"①也就是说，社会失去了精神信仰，失去了统一的价值，在重新发现"人"的文艺复兴的"人的时代"过去几百年后，人又在技术这一新权威下，再次失去主导地位。不仅社会成为一盘散沙，人也成为非完整人性的人、失去远大理想的人。

在市场中签署短期聘用合同，短暂契约获得价值，大大降低了社会对忠诚与信仰的要求。技术快速更新，一切发生得快，消失得也快，清除了社会的历史特征。人们在物质商品层面获得满足，无需现实界面以外的遥远的远大理想，新兴的时尚成为人们追赶的新目标。过去备受推崇的共同理想与精神信仰失去光环，人的精神空间被强制性压缩。电子媒介的虚拟场景，能带给人极大的暂时性满足。以英国为例，"无线电和电影院在1918年后一举走红"；"1930年代末人们大量购买的收音机已经无处不在"；而电视"首先于1936年在英国开播"。② 广告业在两次世界大战之间成熟，报业崛起。影像营造的梦幻文化、广告文化、商业文化，形成新文化合力，满足人们的文化需求，也导致了理想与信仰的贬值。如詹姆逊所总结的，"在以往任何文明中的重大的形而上学关注，存在和生命含义的基本问题，从来没有显得这么极为模糊和不切题旨"③。这也就是商品形成了人的精神满足，因而在精神领域呈现出平面化特征。

---

① 居伊·德波：《景观社会》，张新木译，南京：南京大学出版社，2017年版，第10页。

② 弗埃里克·霍布斯鲍姆：《工业与帝国：英国的现代化历程》，梅俊杰译，北京：中央编译出版社，2016年版，第218、219、220页。

③ 弗雷德里克·詹姆逊：《语言的牢笼 马克思主义与形式》，钱佼汝、李自修译，南昌：百花洲文艺出版社，1997年版，第8页。

临界状态下形式与真实的交换
——从小说《受活》看阎连科的主体性缺位的艺术世界

李先游①

现代社会中,我们越来越意识到人面对自身是困难的。是唯一性还是特性,是稳定性还是可能性,是理性的客观性还是信仰的主观性,都成为开启个人主体性认知的基本话题。而当我们论及艺术世界,情况就变得颇为复杂。尽管德国浪漫派曾盛赞艺术家,将审美行为视为统摄一切理念的理性的最高行为,"当艺术家把过去与将来结合在当代里时,人类便靠着艺术家变成了一个个体"②。但越来越多的声音表现出对理性之于艺术自由的形式化表达的不认可。"在艺术的领域中,我们这个时代大多倾向于反对。"③ 批评家反对博物馆,反对美学,反对艺术变化,反对形式,反对艺术家,反对作者的概念,甚至反对艺术品本身。当然,有意取消艺术身份的也大有人在。这不由得激起我们的反思:作为心智的艺术或机智的艺术,如果脱离了称颂或批判的标的,那我们该如何解读艺术表达?是不是在主体-作品背后就没有作品-主体的价值?是不是在主观性与客观性、必要性与自由、本能与意愿的交接之间不存在形构个性风格的可能?我们认为,

---

① 作者简介:李先游,中国人民大学比较文学与世界文学专业博士,新疆大学中国语言文学学院讲师,主要从事当代西方文论和比较文学研究。
② 菲利普·拉库-拉巴尔特、让-吕克·南希:《文学的绝对》,张小鲁等译,南京:译林出版社,2012年版,第170页。
③ 具体论述参见瓦迪斯卡夫·塔塔尔凯维奇:《西方六大美学观念史》,刘文潭译,上海:上海译文出版社,2013年版,第50-51页。

当代作家阎连科的小说创作为这些问题的解答提供了积极且成功的阐发样本。他无意于编织精致的故事或意义鲜明的世界。消解稳定的主体性的阐发，打散价值和意义赖以存在的真实性基础，成就了作家的艺术魅力。

阎连科的作品内容怪诞新奇，他称自己的文学创作为"神实主义"①，以此强调对现实主义写作的弃绝。不同于陌生化的审美形式改变，阎连科更有意于回避现实真实和传统美学意义下的艺术真实。在他看来，小说的虚构和经验不能看做现实真实的对等物，作品也不应负载解释生活、确立意义或生成理想的宏大责任。现实主义写作意在"控构真实"，这是我们当下必须直视的问题。作家是那个敏感而机警的人，要以精神性的创作冲破控构真实。②

显然，与"控构"相对立的是创造，是自由，而在"控构真实"背后的意义结构指向现实与艺术、虚构同实在共同的话语基础：作家对"无"和"有"、价值和意义、现实与幻觉等问题的处理。以《受活》为例，该作品的话语层面包含着主体的不完备性、世界的不确定性，以及目的与愿望之间普遍的背道而驰这几个核心要素，它们共同勾勒出一项注定以残酷和无序作为终结的荒诞图景。透过作家讽喻式的叙述，可能的主体性的讨论都退居作家视野的边缘，在那里一切对真理和意义的追求都散射为多个恐怖而扭曲的断裂性的个体事件。基于此，文本的意义不再来自社会性的关联，而恰恰是建立在社会性关系瓦解的基础上。从这个角度讲，小说《受活》不但是当代中国小说界当之无愧的一部奇书，也是阎连科实践自己独到的主体缺位艺术观的一次卓有成效的尝试。

---

① 这种由作家基于个人创作经验所产生的原生性的理论创新目前在国内学界具有一定的学术影响力。以"阎连科神实主义"为关键词在知网检索，我们看到从2011年至今就有128条结果，其中包含43篇硕士学位论文。

② "到了今天，要打破控构真实这有如空气和水精心建造的楼厦器物，举手反对的不仅仅是权力和社会意识，更可怕的还有那些用时间和无数作品培养的读者和作家。……所幸的是，今天的中国文学，不但有人为控构真实而写作，而同时也可以为世俗真实、生命真实和灵魂探求的真实而写作。"参见阎连科：《发现小说》，天津：南开大学出版社，2011年版，第11-12页。

一 主体意识向世界回撤

如果说,"艺术的本质便是新奇性,对于艺术的见解也同样应是新奇的,惟一切合艺术的体系便是不断地创新"①。那么《受活》就是一部天才之作——受活庄既是人世又是幻境,而真相在边界处。阎连科有意将耙耧山区的受活庄放置在生理、时空和文化的"域外之境":它存在于河南境内某地却无法在政区图上确认,它封闭自足却世代残缺困顿,庄人渴望外面的世界却总在一次次与外界的接触中愈加悲苦。有如电影《黑客帝国》中作为数据链路层的火车站,它既与真实世界和矩阵世界发生关联,但又不在这二者的运行规则当中。受活人祖祖辈辈畸形残疾,受活庄世世代代无法太平,艰难过活的残酷命运死死扼住众人,"仿佛头被人摁进水里"②。受活庄、正人世界、纪念堂构成了《受活》奇异的叙事空间。应该说,迥异于传统的人道主义传统,阎连科在幻境和真实的边界之地,着力展示世界的错位、不连贯、偶然和不可能性,以荒诞不经营造主体意识的惨淡悲歌,不慌不忙、冷峻肃穆地呈现着个体理性的无奈回撤。

首先,《受活》的情节模式建诸人性本能愿望的自我解构。作品讲述耙耧山区腹地有一个由存在不同缺陷的残疾人组成的受活庄,他们长期与世隔绝,自给自足。叙事主线围绕着荒诞的集体致富梦想展开:为了捞得政绩,县长柳鹰雀决意带领一批残疾人以自我摧残的方式外出卖艺,以便筹钱购买列宁遗体安置在本地进行展览。他想以此推动该县旅游业的发展,快速实现乡村的天堂梦。与之相对应,作品还有另一条线索:受活庄中的长辈伤残红军茅枝婆为了摆脱孤岛身份,成为县志版图上"被管理"的一部分,一度千方百计地带领庄人积极"入社"。然而"入社"成功后受活人却屡遭外面世界的圆全人的打劫迫害,满怀愧疚的茅枝婆执意要在有生之年带领受活庄人完成"退社"。两条线索的合拢完成于贪欲造成的悲剧:受

---

① 瓦迪斯卡夫·塔塔尔凯维奇:《西方六大美学观念史》,刘文潭译,上海:上海译文出版社,2013年版,第270页。
② 杨光祖:《读阎连科小说 仿佛头被人摁进水里》,载《文学自由谈》,2020年版,第6期。

活人抛弃茅枝婆而追随柳县长，在集体化的疯狂中受活人再次陷入被欺凌打压的境地，走进死命与终结。可见，作家在脱离现实真实的虚幻写作中，复制了人类社会现代化进程中的悲剧性：一味追求进步观念和依赖主体性就意味着臣服于人造意义，甚至服从于人道主义旗帜下的概念神话和虚假逻辑。

其次，《受活》以价值颠倒来展现世界本相的荒诞感，消解人类自主行动的价值前提。作品中写到受活人独辟蹊径，通过以残疾身体所练就的令人咋舌的"绝术"般的生存技能挣钱，断腿人单腿飞跑、聋子耳上放炮、单眼儿独眼穿针、瘫媳妇树叶刺绣，如此等等，绝术团被看做通往美好生活的康庄大道——"在那团里，残人是人的主角了，圆全人才是配角呢。"① 然而，面对圆全人的蓄意戕害，万般巧妙的神奇技能也无力应对，只能自我反省一味退让，他们被洗劫也只能自嘲："钱算他娘的啥儿哩，回庄上过受活日子比啥都重要。"② 由此可见，无论是茅枝婆领导的以取得存在身份为目的的"入社""退社"，还是柳县长为"求发展"组织的商演卖艺，这些貌似理性、正确、能够造福一方的重大选择实质上都是自设藩篱作茧自缚，只会加剧个人同世界本相之间的陌生与隔阂，都是对自然人性的戕害。

显然，荒诞而惨烈的文学叙事驱逐了人道主义的浪漫热情。作者自始至终缄默不语，在构建艺术世界的道路上，作家不信任模仿和再现，而将对观念的主体化阐发让位于编织个性事件和记录异态世界的可能性。"天热了，下雪了，时光有病了"，这是《受活》第一章的标题。就像"四月是最残忍的月份"，以及"许多年以后，面对行刑队的时候，奥雷良诺·布恩迪亚上校一定会想起父亲带他去看冰块的那个遥远的下午"，相较于观点的推进，阎连科更关注语言自身的力量。他描写方言土语的耙耧世界，用奇情异景指涉人性世界的危机。"真的是，时光有病啦，神经错乱啦。"③ 柳县长居然偷偷在安置列宁遗体的水晶棺下面为自己私藏了一个一模一样的水晶棺，上刻"柳鹰雀同志永垂不朽"④。在一个个惊人的细碎之处，阎连科用

---

① 阎连科：《受活》，沈阳：春风文艺出版社，2006年版，第68页。
② 阎连科：《受活》，沈阳：春风文艺出版社，2006年版，第247页。
③ 阎连科：《受活》，沈阳：春风文艺出版社，2006年版，第2页。
④ 阎连科：《受活》，沈阳：春风文艺出版社，2006年版，第243页。

主体性的隐退打通了生活现实与艺术世界，在个人才能和世界本相的交接之处潜心耕犁。"它（神实主义）与现实的联系不是生活的直接因果，而更多的是仰仗人的灵魂、精神（现实的精神和实物内部关系与人的联系）和创作者在现实基础上的特殊臆思。"① 可以说，《受活》站在审美认识的边界跳舞，神实主义也就是在间性意义上对生命和世界的意味深远的回看。

二　荒诞幻觉图解真实

阎连科曾被称为"粘滞于乡土的农民"②，在获得卡夫卡文学奖接受媒体采访时，他也低调地表示"也就是自己的命好一点"③。细读作品，阎连科显然无意于控制（或显摆）作家在叙事活动中的权利和地位，相反，如同《受活》所采用的狂想式的写法，在某种程度上他往往将故事和人物的生动自然与作家的"人为设计"放置在对立位置。不存在作家主观立意与艺术表象的逻辑对位。是幻觉而不是认识，是可能性而不是因果联系，支撑着阎连科艺术世界的叙述秩序。

整体看来，《受活》模拟了人类在所谓文明进程中的特殊境遇：一方面迷信自我，在发展进步的旗号下实践着对现存秩序的拆解和破坏；另一方面又急需在理性的抚慰下建立一种同现实秩序的友好关系。这就无可避免地形成一种困境：尊崇现实原则就意味着自愿卑微，同一切外在暴力挟制妥协；而坚持挑战姿态却又必须直面世界的不测变化带来的诸多后果。据此，荒诞就源于人的绝对的主观性和世界的绝对的不确定性之间的固有矛盾。小说的荒诞主题便凸显出人的思想意识与现实秩序的复杂关系：既挑战现实，又无法挽救地进入同现实的"共谋"——"受活"由此形成；而强忍着活，就成为主体价值追求背后人类最为真实不堪也最为荒诞无趣的存在形态。一切都颠倒了，人们过着倒日子。"倒日子是和天堂紧密相连的

---

① 阎连科：《发现小说》，天津：南开大学出版社，2011年版，第181页。
② 朱向前：《农民之子与农民军人——阎连科军旅小说创作的定位》，载《当代作家评论》，1994年第6期。
③ https：//www.360kuai.com/pc/93e5d7e29c314abb2? cota＝4&kuai_ so＝1&tj_ url＝so_ rec&sign＝360_ 57c3bbd1&refer_ scene＝so_ 1。

一种对失去的岁月的怀念,只有受活人才明白、体验过的一种独特生存方式。其特点就是自由、散淡、殷实、无争而悠闲。受活人把这种流失的美好岁月称为倒日子,也叫丢日子、掉日子。"①

《受活》中,茅枝婆和柳鹰雀的荒诞举动和悲剧结局都展现出了严整有序的人类理性对现实本真面貌的幻觉。殊不知,"许多伟大的思想的作用,并不好于一只风箱:它们膨胀起来,却使自己更空虚些"②。在阎连科笔下,茅枝婆和柳鹰雀都是从各自主体意识出发,将自我对世界的理解看做世界的本相和绝对真理。这样一来,世界的真实面目被人性化的进步目的遮掩,而与之相辅相成的便形成了世界的不可控因素对人性化价值判断的逆袭。从这个角度来看,我们可以说《受活》本身就是主观意识统摄下的人类认识的迷误:每个人都理性地选择"活",而恰恰被自己处心积虑设定的"活"摧残、玩弄、折磨。而在这个过程中,由欲望所引发的无边的创造力和破坏力都同时迸发了出来,展现出一种畸形的混合形态。

茅枝婆曾是战争年代年纪最小的红军,她腿残后自愿留在受活村,她和受活人的生活关系一度非常紧密:"耙耧山因有了茅枝而光荣,受活庄因有了茅枝而生活有了方向,虽全庄人大多(或说全部)都是残人,但在新社会中生活得美满而安详,幸福而快活。"③ 她见多识广且意志力坚定,外来人的身份和英雄主义情结使得她执意为受活庄带来文明的声音。跟随茅枝婆的受活人追逐着"被给予"的天堂梦,在圆全人的文明秩序下组建互助组、成立合作社。但这种貌似瞬间便可春暖花开的"入社梦"很快被现实秩序中的弱肉强食原则粉碎。最终,无论茅枝婆如何牺牲自己一心为公,精神力量终究解救不了受活人,倔强的茅枝婆必须向代表现实权力的柳县长低下头来:退社就必须组建"绝术二团",甚至自己也必须以假造的身份登台"献艺"。茅枝婆要"退社"求活,就必须再次同她斗争的对象妥协。可见,高贵的革新精神在同现实原则的挑战当中,无法遏制地陷入对现实秩序全面彻底的维护。入社被证实是一次失败的经历,而退社则更像是一

---

① 阎连科:《受活》,沈阳:春风文艺出版社,2006年版,第74页。
② 尼采:《查拉图斯特拉如是说》,尹溟译,北京:文化艺术出版社,1996年版,第59页。
③ 阎连科:《受活》,沈阳:春风文艺出版社,2006年版,第158页。

场无稽的闹剧。

在这一点上，柳鹰雀成功地将组建绝术团和对付"退社"结合了起来。茅枝婆坚定反对受活人离乡挣钱，而柳鹰雀从一开始就熟谙实利对讨买人心的立竿见影的效果。他赈灾时发的是实实在在的"每个人头五十一块"的钞票，而诱惑受活人跟随他赚钱购买列宁遗体的现实动因也是"一个月两三千块的工资"。在柳鹰雀的引导下，受活人欢欣雀跃，主动积极。也由此，自然秩序和原有的生产方式变成了进步的障碍，人性中的善也因其急功近利而被极端自私和无限自恋的心态引入歧途。所以，当柳鹰雀以组建"绝术二团"和在魂魄山上表演三天作为筹码，来同茅枝婆"退社"的要求相交换时，我们看到了人本主义文化逻辑最为狂妄自大的面貌。在柳鹰雀脱贫致富的目的背后，个人意识展现出了奴性与权力欲变态混合的状态。在柳鹰雀言辞凿凿的申辩当中，一切行动都以功利性面貌出现，一切堂而皇之的政策都不过是县长专断的"一言堂"和自说自话的黄粱梦。由此也可以说，组建"绝术团"变成了柳县长权力话语中的一个符号，它的存在与否只与权力系统的自身存在有关联，而同现实世界完全隔离。

可见，艺术作品的幻觉来自对生存经验的多样化的加工，而并非简单的模式复制。因为"事实上，不多也不少，生存就是生存。这个肯定了生存就是经验：它不再是生产目的、计划、还是意愿这样的东西，而是外展到无法预估的事物，外展到它闻所未闻的特有事件"①，也即，在精神事件中，艺术的介入性指向的是幻觉场景而非主体自身。

三 人性作为被诱惑的主体

"一种新文学现象的发生绝非想当然的产物。真正的文学新现象就是一种创造。"② 学界曾先后以"超现实主义""狂想现实主义""荒诞现实主义""心灵现实主义"来界定阎连科的创作风格，也积极将其与拉美的魔幻

---

① 让-吕克·南希：《尼采：一颗心的经验》，转见让-吕克·南希、布朗肖：《变异的思想》，夏可君等译，长春：吉林人民出版社，2007年版，第121页。

② 路遥：《我们需要出色的现实主义作品》，载《中国文学批评》，2020年第1期。

现实主义文学展开对照分析。我们看到,阎连科与魔幻现实主义写作的显著差异在于,不同于拉美作家的感同身受①,阎连科对"自我/他者"的理解建诸人性的虚拟实验,他作品中总是聚焦于对被诱惑的人性的关切。

"人性只有通过失去人性的人们才能以动人和神秘的方式表现出来。……人性的思想只能来自他处而非自身——非人性是它唯一的见证。"②我们看到《受活》所勾画的种种怪诞图景中,非人性的思想和意识形态话语恰恰披上了逻辑化的外衣,在理想主义的大旗下直接变身为摧残人性的东西。

受活人本就肢体不全,而作家似乎有意以其"绝术"的精妙冲淡他们身体残缺的苦痛。通观作品,受活人传统的封闭生活是幸福的,不愁衣食乐天无忧。他们挥之不去的总是与圆全人社会对比之后所形成的精神痛苦,是在被愚弄、被压榨、被劫掠背后形成的自我否定。而这其中,真正的动因就指向他们内心深处的"进步"思想:他们在茅枝婆的带领下享受到了社会化的理想,在柳鹰雀的教导下全面彻底地完成了实利化,甚至在菊梅、槐花等人失身于圆全人却在生理上出现奇迹背后,受活人都对圆全人社会倍感羡慕。这样一来,守护人的缺陷就不仅仅在于身体了,他们是一群在精神上走火入魔的人,他们自我臆想了圆全人的社会规则,并以此作为自己行动的指导。这就形成了对世界本相的模拟(simulation)———一种无本源的模仿,一种没有生产的再生产。

表面上,受活人总被外力压迫打击,处于被欺凌的可怜境地。而实际上,受活人在精神上总把自己装扮成圆全人,期盼按照圆全人的规则行事就一定会同圆全人一样发号施令作威作福。在这个阶段,被幸福完满包装的文化成为否定性的概念,整个受活庄就以圆全人为模型进入了对超真实(hyper-reality)生活的体验。在虚幻的天堂幻境中,马聋子耳上放炮不惧次次血流满面;十一二岁的小儿麻痹的孩子就能忍痛将玻璃踩进自己的残脚;

---

① "实际上,在他者看起来充满魔幻性的书写在大多数情况下只是拉美作家对个人际遇魔幻性和现实遭际魔幻性的投射。"参见谢文兴、蒋承勇:《魔幻现实主义文学的"现实"究竟是什么》,载《浙江师范大学学报》,2019 年第 5 期。
② 让·波德里亚:《断片集:冷记忆 3》,张新木、陈旻乐、李露露译,南京:南京大学出版社,2009 年,第 152 页。

儒妮子毫无愧色辗转于圆全人的床笫之间来实现长高的梦想；断腿猴在县长官样的诱惑下，徜徉在做庄户管事的美梦当中。而最为可悲的，唯一一个对圆全人心存戒备的茅枝婆，也最终踏进了柳鹰雀的陷阱，在古稀之年重蹈覆辙——再次轻信县长的承诺，亲手葬送了终其一生所追求的"退社梦"的价值和意义。可以说，正因为始终沉浸在"退社便对得起受活人"的超现实幻象中，茅枝婆注定了只能以自我否定的形式解构自己的理想。同样，正因为无休止地强化"像圆全人一样好"的幻象，受活人便疯狂地在一次次的革新行动中更加深度地残害身体，辱没自己。

而在《受活》中，柳鹰雀是一个典型的权力意淫者，他代表着人性不断被诱惑变形直至消散的历程。"在这里，一个圆全人就是一位统帅，一个皇帝。""你以为你们残缺就能耍过我们圆全人？""圆全就是你们的王法哩。"而他的敬仰堂就是这种强人逻辑和权力意识的孵化器。柳鹰雀的养父在社校讲授马列主义的经济、政治和哲学等伟大思想理论，敬仰堂是放置理论书籍的仓库。面对这些超出自身理解力的宝典，柳鹰雀从中读到的是放大自我的虚幻信息，"伟人们原也都是普通人，只要有努力、有奋斗，他也会成为和伟人们一样的伟人呢"。这样，漫画式地，县长柳鹰雀一切为公为民的举措都显得夸张荒唐。做乡干部时，他让老百姓以集体磕头、长跪不起、百里红布迎送等形式来吸引投资，迫使南洋富商捐钱修路、通电、吃自来水。作为一县之长决意购买列宁遗体时，他琢磨的是事成之后"怕地委的书记也非他莫属哩"。他不但时时在敬仰堂研读学习，更以伟人自居，时刻关注老百姓的磕头行礼，甚至还授意将自己的画像与毛泽东等伟大领袖的画像同挂在墙上。他梦想着英名永存，竟提前在陈列列宁遗体的水晶棺下为自己设计了百年之后"永垂不朽"的棺椁。总之，在这一系列活生生的丑行中，被极端利己主义浸润的理想走向了真理的反面，扮演着解构自然人性和异化人的力量。

故而，我们清楚地看到，《受活》的题旨就是一个纯粹的反讽。"受活"本身就是对人类主体中心主义传统中的生存观的戏仿。"受活：北方方言，豫西人、耙耧人最常使用，意即享乐、享受、快活、痛快淋漓。在耙耧山脉，也暗含有苦中之乐、苦中作乐之意。"① 受活人对圆全人社会文化的向往，对自身存在与尊严的极度漠视，构成了这部作品的基本色调。忍受"活"、为了活而活，在这里成为人类被动、痛苦而无法躲避无法超越的特殊存在境遇。圆全人和受活人之间频繁出现的斗争和对立，是作者营造的人与人的本质相脱离，人与整个世界、与世界的真相完全背离的大寓言。

"本体论表现了某种有序的秩序——即连贯性——这种有序秩序不过是任一情势同存在的缝合，而对于那些展现自身的东西，不连贯性仅仅将之确定为任一呈现的连贯性中不可展现的东西。"② 所以在《受活》的阅读之后，我们很难用明晰简短的话语总结作品的主旨"是"什么，而我们却总会在"不是"什么这个路径中思考更多。恰如鲍德里亚所言，从表面看来，诱惑是人类探索真理和建构世界时所秉持的基本心理状态，实际上它也是人们所真正面对的现实。因而，《受活》是一个诱惑的文本，它挑战读者的阅读习惯，提供表象、言语以及由此引发的想象和幻觉。通过作家的个人努力，艺术不再是简单的模仿和对现实的顺从，它再次复位为迂回的、可逆的、巧妙的革命性力量。这样，作品之中的荒诞主题就在价值维度上同真理再次趋近，成为一种强烈影响主体不在场的有效力量。

结语　走向幻觉边界的神实主义

"阎连科不知不觉就成为中国当代文学的一个异数。"③ 我们看到，阎连科刻画了一个消除了视角限定的当代恐慌的世界。没有主体性的忧虑和桎梏，艺术家进入另一种自由当中——像波洛克将画布铺在地面，以巨大的俯视姿态作画一样，阎连科的写作既在讲述事件，又在回归大地。作为创作者的主体性不断回归物质现实，回归对个体意识之外的无意义的美学有限性的追问。"到底是生活还是存活？"这不是《受活》的主题，这是作为

---

① 阎连科：《受活》，沈阳：春风文艺出版社，2006年版，第3页。
② 阿兰·巴迪欧：《存在与事件》，蓝江译，南京：南京大学出版社，2018年版，第78页。
③ 陈晓明：《神实主义的"异托邦"——试论〈受活〉的残酷美学》，载《东吴学术》，2019年第3期。

行动的文学事件的内在驱动力。在阎连科的艺术世界里，面对真实，我们都是幸存者。

　　人类社会的主体性迷雾最鲜明的口号便是"进步势不可挡"，而阎连科所关注的是作为艺术品的人类活动所天然蕴含的悲剧性力量。从主流艺术价值论或者美学观出发，我们无法总结他的艺术成就，但必须承认，实验性的人类毁灭在《受活》中得到了高水平的展现。这是当代艺术不得不面对的意义真空与叙事困难：当代个人生活在高科技的挤压和媒体狂轰滥炸之后瞬间而痛苦的空寂。正如维利里奥所讲的冷恐慌："国民的恐慌性动乱与期待现象相连，与某种抑郁的焦虑相连，而这种焦虑常常被掩盖在日常生活的习惯之下。……在这种视野中，人们在一种神经质的状态下竭力等待意外，这种状态会约束任何的主体间活力，而且注定要走向一种平民威慑的状态，即国际军事威胁的可悲对称物。"①

　　的确，"没有任何人可以靠自己成为其精神的直接的中间人"②。有限世界与无限增长的并置，艺术形式与真实互换，共同产生了类似信仰的神秘力量。为艺术而艺术和无视艺术规则，都是无视角的知觉挑战，是对再现的责难和超越。我们在阎连科精细而荒诞的耙耧人的生活背后找不到羞怯、忏悔和顿悟的精神地图。所以，读者只能孤独地面对他者，被迫面对自我中心的整个"实时"存在。

---

①　保罗·维利里奥：《无边的艺术》，张新木、李露露译，南京：南京大学出版社，2014年版，第5页。
②　菲利普·拉库-拉巴尔特、让-吕克·南希：《文学的绝对：德国浪漫派文学理论》，张小鲁、李伯杰、李双志译，南京：译林出版社，2012年版，第148页。

论《小小小小的火》对美国华裔文学的革新与超越

张晓昀①

伍绮诗（Celeste Ng）是新生代的美国华裔作家，1980年出生的她目前出版了两部长篇小说。2014年出版的处女作《无声告白》（*Everything I Never Told You*）使得她在美国文坛声名鹊起。2017年，伍绮诗出版了第二部长篇小说《小小小小的火》（*Little Fires Everywhere*）；这部小说呈现出诸多与前作迥然不同的特征，表现出其创作的转向。

自美国华裔文学作为一种文学类型诞生以来，诸多研究者根据自己的研究需要对其进行了阐释与界定。随着学界对美国华裔文学研究的日渐推进，美国华裔文学研究领域的边界得以确立，只有符合其边界的作品才得以称为"美国华裔文学"。在此背景下，20世纪以来获誉颇多的华裔文学作品大都遵循此边界，形成了美国华裔文学的传统模式，涌现了如谭恩美（Amy Tan）、汤亭亭（Maxine Hong Kingston）等以这一传统模式创作为主流的知名作家。作为21世纪第二个十年才登上文坛的新锐作家，伍绮诗显然属于美国华裔作家这一群体，其处女作《无声告白》也是一部典型的传统华裔小说。《小小小小的火》仍然关涉美国华裔文学的传统模式，但同时对其进行了革新与超越。本文将以此为立足点对这一现象进行归纳与分析。

---

① 作者简介：张晓昀，首都师范大学文学院比较文学与世界文学专业硕士研究生。

一、美国华裔文学的传统与发展

总体说来,美国华裔文学依靠着华裔作家的创作实践与诸多学者的研究讨论而不断前进。一方面,将视野投向华裔文学的众论者通过对具体作品的批评与分析,总结归纳出华裔文学独有的特质。他们以编写合集、遴选作品、平行比较等方式,逐渐揭示了华裔文学发展道路上存在的传统模式,同时也在客观上促使了华裔文学群体的形成。另一方面,华裔作家的创作本身也有着颇为相似的路径。在厘清学界对华裔文学群体的定义的基础上,纵向观察不同时代华裔作家的创作,不仅是定位伍绮诗文学创作的前提,更是探讨当代华裔作家与传统华裔文学关系的基础。

(一)美国华裔文学范畴的界定

众所周知,美国学界没有单独成立华裔文学研究所,华裔文学研究通常都从属于亚洲学研究名下,学者大多以"美国亚裔文学"为研究对象。但是,"在美国,华裔、亚裔、亚太裔这三个定语常常可以交换使用,可以用于同一个客体"[1]。由此,国外学界对美国亚裔文学的界定在一定程度上可以用作界定美国华裔文学的标准。只有将其置入美国亚裔文学这一范畴中进行考察,才能确定美国华裔文学作家与作品的范畴。

1972年,著名汉学家许芥昱(Kai-yu Hsu)和海伦·帕鲁宾斯克斯(Helen Palubinskas)合编的《美国亚裔作家选》出版,"美国华裔文学"这一概念被首次提出。编者同时指出:"该选集旨在全力表现具有亚裔血统的作家的作品,这些作家具有广泛的美国生活经历。首先考虑的是那些出生在美国并在美国长大的作家,其次是那些在年轻时来美国并在此定居的作家。"[2] 换言之,这部选集的标准只有一条,即作家的身份。借用这一标准,美国华裔文学则可定义为:拥有华裔血统且具有美国生活经历的作家所创

---

[1] 张子清:《与亚裔美国文学共生共荣的华裔美国文学》,载《外国文学评论》,2000年第1期。

[2] Kai-yu Hsu, Helen Palubianskas, *Asian-American Authors*, Boston: Houghton Mifflin, 1972, p. 1.

作的作品。这一标准为赵健秀等人提出的"亚裔美国感"（Asian American Sensibility）奠定了基础，并成为之后学界界定亚裔作家和作品时的重要依据。

同年，赵健秀（Frank Chin）和陈耀光（Jeffery Paul Chan）发表《种族主义之爱》（"Racist Love"）一文，既吸收了许芥昱的标准，又在其基础上缩小了美国亚裔文学的范围。相比起实际出生地，他们更看重的是"情感的出生地"。赵健秀等人的标准包含两个维度：第一，作家具有亚裔血统，且出生成长在美国，对于祖居国的了解和感知都源自间接经验而不是个人的直接感知；第二，具有亚裔血统的作家站在亚裔美国人的立场上在作品中反映出美国亚裔真实的生活经历。二者满足其一便可，而在两者发生冲突时，后者比前者更为重要。参证这一定义，美国华裔文学则为：拥有华裔血统，且出生或成长在美国的作家站在华裔美国人的立场上创作的反映美国华裔真实生活经历的作品。①

著名的美国亚裔研究专家金惠经（Elaine Kim）也为美国亚裔文学划定了边界。在《亚裔美国文学作品及其社会背景介绍》（Asian American Literature: An Introduction to the Writings and Their Social Context, 1982）一书中，她将"美国亚裔文学"定义为"华裔、日裔、韩裔以及菲裔美国人用英语创作、发表的作品"②。虽然金惠经将作家限定在四个族裔内，却仅将此定义视为一种研究策略，并表明实际的范围应当更大，亚裔美国人用亚洲各国方言书写的在美经历的作品及用英语创作的有关亚洲的作品都可以包括在美国亚裔文学的范围之中。这一举措实际上扩张了华裔文学的范围。

1988年，著名亚裔美国学者张敬珏（King Kok Cheung）和斯丹·尤根（Stan Yogi）合编的《亚裔美国文学：注释书目》（Asian American Literature: an Annotated bibliography）出版，进一步拓展了"亚裔美国文学"的版图。他们对美国华裔文学的界定依然包含作家身份与作品内容两个限制，但对

---

① 参见 Frank Chin, Jeffery Paul Chan, Lawson Fusao Inada, and Shawn Wong, *Aiiieeeee! An Anthology of Asian-American Writers*, Columbia: Howard University Press, 1974, "preface".

② Kim, E. H., *Asian American Literature: An Introduction to the Writings and Their Social Context*, 北京：外语教学与研究出版社, 2006年版, "preface iii".

语言更为宽容。张敬珏对亚裔文学的界定依然从作家的族裔身份与作品的内容两个方面出发，与此前的标准并无太大出入。

2000年尹晓煌撰写的《美国华裔文学史》对亚裔文学的界定有所不同。他明确地将19世纪早期移民知识分子如梁诚、李恩富、容闳、林语堂等人的作品纳入美国华裔文学领域，且将美国华裔中文作品也列入研究范围。尹晓煌在其研究中默认美国华裔文学作品具有再现美国华裔群体生活经历这一内涵。虽然尹晓煌将具有华裔血统的作家和移民作家的作品都纳入他对美国华裔文学的考察范围，但也具有一个前提条件，即这些作品都反映出了华裔作家和移民作家的在美生活经历，因此尹晓煌对于华裔美国文学的定义其实也遵循着两个核心标准：作家的身份和作品的内容。①

可见，针对"美国华裔文学"的讨论基本上存在三个维度，即作家的族群身份、作品的语言和作品的内容。其中，围绕着是否应该放开语言限制，将华裔作家用中文写的作品纳入"美国华裔文学"研究范畴这一问题存在着较多争论，双方观点各有可取之处。本文的研究对象《小小小小的火》由英语写成，不牵涉这一争论，在此不再赘述。据此，本文将美国华裔文学界定为美国华裔作家创作的书写华裔主人公在美生存体验的文学作品。

以此观之，伍绮诗显然属于美国华裔作家这一文学群体。她出生于一个二代移民的华裔知识分子家庭，父母皆是20世纪60年代来到美国的移民。意即，在作家的族裔身份上，伍绮诗的华裔作家身份是不言而喻的事实。就作品而言，伍绮诗的首部长篇小说《无声告白》仍然符合"书写华裔主人公在美生存体验"的要求。虽然伍绮诗在《小小小小的火》中已然做出了改变，但该书并非完全剔除了这一内容。尽管贝比·周并非主角，但伍绮诗仍然通过这一华裔角色触及了华裔文学的传统命题。可见，无论是伍绮诗本人还是其作品，都属于"美国华裔文学"这一范畴。故而，以历史的眼光去看待华裔文学创作在美国的发展历程，成为讨论《小小小小的火》对传统革新的前提。

---

① 参见尹晓煌：《精编美国华裔文学史》，徐颖果主译，天津：南开大学出版社，2016年版，第3-4页。

（二）美国华裔作家的阶段划分

尽管有官方记载的华人抵美记录最早可溯至 1785 年①，但直至 1887 年才出现第一部由华人创作且发表的作品，即李恩富（Yan Phou Lee）的《我在中国的童年时代》（*When I Was a Boy in China*）。这一自传性质的文学作品成为美国华裔文学的先声，至此已有百年之久。一个多世纪以来，美国华裔文学在众多作家的创作下不断嬗变，经历了从被忽视的边缘文学到逐步进入主流文学的发展过程。

总体说来，截至 21 世纪第一个十年，美国华裔文学的发展大致划分为三个阶段。② 19 世纪末至 20 世纪 60 年代为开创期，这一阶段的文学多以故事、歌谣等口头文学形式呈现，留存下来的作品数量较少。这一时期的代表作家除李恩富外，还有水仙花（Sui Sin Far）、刘裔昌（Pardee Lowe）、黄玉雪（Jade Snow Wong）、张粲芳（Diana Chang）、雷霆超（Louis Chu）等。③

1873 年，年仅 12 岁的李恩富被清政府选派至美国留学并于 1887 年从耶鲁大学毕业。同年，李恩富应波士顿洛斯罗普（Lorthrop）出版社之邀，创作且出版了一部介绍中国的作品——《我在中国的童年时代》，被视为"第一本重要的美国华裔文学作品"④。作品以李恩富在中国的童年生活为线索，从教育、娱乐、饮食等方面描绘了一个理想化的中国，塑造了众多具有正面意义的华人形象，以此对抗 19 世纪中后期美国白人作家对华人形象的刻意歪曲与抹黑。李恩富的自传虽被视为第一部美国华裔文学作品，但出版后并未产生显著影响，真正被公认为美国华裔文学先驱的作家是水仙花。其代表作《春香太太》（*Mrs. Spring Fragrance*，1912）是一部短篇小说

---

① 详见陈依范：《美国华人》，郁苓、郁怡民译，北京：工人出版社，1985 年版。

② 该划分方式参考程爱民：《论美国华裔文学的发展阶段和主题内容》，载《外国语（上海外国语大学学报）》，2003 年第 6 期。

③ 与诗歌和戏剧相比，小说这一体裁占据了美国华裔文学的主流地位，且本论文的研究对象《小小小小的火》是一部长篇小说，故介绍时以小说体裁这一领域内具有代表性的作家作品为主。

④ 程爱民、邵怡、卢俊：《20 世纪美国华裔小说研究》，南京：南京大学出版社，2010 年版，第 2 页。

故事集，其间作品大多以华人女性的视角从恋爱、家庭和婚姻等方面真实再现了在美华人的生活与遭遇，批判了美国社会中的种族歧视思想，并通过对正面华人形象的塑造来表达作者"解构和扭转白人社会对华人刻板印象"①的政治诉求。

  此后 30 年，美国华裔文学的创作进入了低潮期，总的来说没有极具影响力的作品问世。直至 1943 年，刘裔昌的作品《父亲及其光荣年代》(*Father and Glorious Descendant*, 1943) 出版，被视为"第一部由在美出生的华裔作家以英文撰写的自传"②。作品通过描绘父子二人的生活经历及其对美国文化的强烈认同，展现了早期华裔移民对融入美国主流社会的渴望与追求。黄玉雪《华女阿五》(*Fifth Chinese Daughter*, 1950) 的出版掀起了美国华裔文学开创时期的高潮，被称作"所有对美国华裔生活感兴趣的人必读之书"③，黄玉雪也因此被汤亭亭尊为"华裔美国文学之母"。《华女阿五》以自传的形式讲述了黄玉雪作为少数族裔女性通过努力在美国社会获得成功的故事，故事的情节设置十分符合当时美国社会对"美国梦"的宣传，得到了美国主流社会的认可，产生了极大的影响。1956 年，张粲芳创作并发表了长篇小说《爱的疆界》(*The Frontiers of Love*)，被看成是"第一部由在美国出生的华裔作家写的小说"④。小说讲述了一个欧亚混血儿希尔维亚 (Sylvia) 身处两种文化之中的困惑与痛苦及其寻求身份认同的过程。雷霆超的《吃碗茶》(*Eat a Bowl of Tea*, 1961) 出版后并未在社会上引起重视及反响，作者直至去世都默默无闻，经赵健秀等人的重新发现与解读，小说才逐渐受到批评界的关注，被看成是"第一部以唐人街为背景的美国

---

  ① 石平萍：《"我是中国人"——美国华裔文学先驱水仙花》，载《外国文学》，2007 年第 5 期。

  ② 程爱民、邵怡、卢俊：《20 世纪美国华裔小说研究》，南京：南京大学出版社，2010 年版，第 2 页。

  ③ 陈勇：《从美国华裔文学发展史看美国华人形象的变迁》，载《苏州科技学院学报（社会科学版）》，2014 年第 31 卷第 1 期。

  ④ 程爱民、邵怡、卢俊：《20 世纪美国华裔小说研究》，南京：南京大学出版社，2010 年版，第 12 页。

华裔小说"①。小说通过对男女主人公王炳来（Wang Ben Loy）和李美爱（Lee Mei Oi）之间故事的描写，对当时唐人街的"单身汉社会"图景进行了生动的再现与刻画。

这一时期留存下来的作品多为自传形式，作家多以自身经历为题材来折射美国华裔在美国社会中的生活境遇与生存体验。

20世纪60年代，美国民权运动的兴起和多元文化主义的产生激起了少数族裔群体对种族平等的渴望，唤醒了他们对身份和种族等问题的思考意识，催发了他们对文学创作的关注与兴趣。他们逐渐开始打破失声沉寂的状态，通过文学创作来表现在美华裔的心声，促使美国华裔文学的创作进入了20世纪七八十年代的转折期。这一阶段的代表作家有汤亭亭、徐忠雄（Shawn Hsu）、赵健秀等。

汤亭亭于1976年发表的《女勇士》（*The Woman Warrior: Memoirs of a Girlhood Among Ghosts*）是美国华裔文学创作史上一部具有里程碑意义的作品。小说出版后获评同年的"美国国家图书评论家"（National Book Critics Circle Award），给汤亭亭带来了巨大的文学声誉。小说以讲故事的方式从华裔女性的视角再现了她们被压迫、被歧视的辛酸经历。如果说《女勇士》是汤亭亭对母亲和其他女性家庭成员的故事所进行的改编，那于1980年出版的《中国佬》（*China Men*）则是她对父辈移民美国后生存史的想象与重构。该书在美国学界引起了极大反响，于1981年获评"美国国家图书奖"（National Book Award）和"美国国家图书评论家"，自此，汤亭亭正式步入美国文学主流作家行列。在这一阶段，汤亭亭继续创作并于1989年发表了《孙行者》（*Tripmaster Monkey: His Fake Book*），小说出版后荣获同年的"美国笔会小说奖"（PEN Fiction Award）。徐忠雄是这一转折时期同具代表性的一位华裔作家，他的《家乡》（Homebase，1979）从华裔男性视角出发，通过书信、梦境以及说故事等文学手法描写了男主人公及其先祖在美国的生存经历，再现了华人在美国修建铁路、开发西部等历史事实，具有

---

① Jeffrey Paul Chan, et al, "An Introduction to Chinese-American and Japanese-American Literatures", Baker, Houston A. Jr, ed., *Three American Literatures*, New York: The Modern Language Association of America, 1982, p. 198.

重要意义。赵健秀虽然主要以批评家的身份活跃于美国文坛，但他同时也是一个作家。他在这一时期创作了五部短篇小说，分别是《献祭》（*Food for All His Dead*, 1962）、《恭喜发财》（*Goong Hai Fot Choi*, 1970）、《一个中国女人死了》（*A Chinese Lady Dies*, 1970）、《是的，年轻爸爸》（*Yes, Young Daddy*, 1971）和《唐人街小孩》（*The Chinatown Kid*, 1973）。这些小说都以唐人街为背景展开叙事，赵健秀在其中对唐人街进行了极其负面的呈现，表现了新一代华裔群体对逃离唐人街的渴望。

20世纪80年代末90年代初至21世纪第一个十年，美国华裔文学进入了繁荣期。除了汤亭亭和赵健秀等继续创作的作家，还出现了众多后起之秀，如谭恩美、任璧莲（Jish Jen）、李健孙（Gus Lee）、雷祖威（David Wong Louie），这四人曾被称为当时美国华裔文学界的"四人帮"。此外这一时期的代表作家还有伍慧明（Fae Myenne Ng）和哈金（Ha Jin）等。

谭恩美的第一部作品《喜福会》（*The Joy Luck Club*）发表于1989年，小说发表后连续九个月占据《纽约时报》畅销书榜首，荣获"美国国家图书奖"等诸多重量级大奖，使得谭恩美一夜成名。作品通过对四对中国母亲和美国女儿之间的冲突与和解的描写，表现了身处两种不同文化之间的华裔寻求身份认同的过程，"是当代美国华裔作家对中美文化之间的关系进行探索的一个范本"①。此后出版的《灶神之妻》（*The Kitchen God's Wife*, 1991）、《百种神秘感觉》（*The Hundred Secret Senses*, 1995）、《接骨师之女》（*The Bonesetter's Daughter*, 2001）都承袭了《喜福会》的主题和表现模式，通过对母女、姐妹关系的描写来探讨文化身份认同的主题。2005年，谭恩美出版了《拯救溺水鱼》（*Saving Fish From Drowning*），在这部小说中，谭恩美开始寻求突破与创新，不再将主角设置成华裔母女探讨文化冲突等问题，而是通过对美国中产阶级白人的描写，探讨人权、生态与跨文化误解等更具普遍性的主题。

1991年，任璧莲的代表作《典型的美国佬》（*Typical American*）出版，小说以华裔家庭张家的日常生活为立足点探讨身份认同的主题，指出族裔

---

① 程爱民、邵怡、卢俊：《20世纪美国华裔小说研究》，南京：南京大学出版社，2010年版，第14页。

身份并不具有本质性，当华裔处于东西方文化夹缝之间时应该寻求两者的融合与共存，从而建构属于自己的新的文化身份。《梦娜在希望之乡》（*Mona in The Promised Land*，1996）、《谁是爱尔兰人？》（*Who's Irish？*，1999）和《爱妾》（*The Love Wife*，2004）同样是从美国华裔的视角出发探讨族裔身份与文化融合主题的作品。身份的重构与文化融合不仅是任璧莲着力刻画的主题，也是李健孙作品的重点表现对象。他的《支那崽》（*China Boy*，1991）和《荣耀与责任》（*Honorand Duty*，1994）通过对华裔主人公丁凯成长历程的描写表现了他不断重构自己的文化身份的过程。1996年出版的《老虎尾巴》（*Tiger's Tail*）通过华裔青年康虎金（Jackson Hu-Chin Kan）的故事折射出李健孙对种族主义和帝国主义的批判和对多元文化观的推崇。正如研究者所指出的："纵观李健孙的作品，尽管其故事场景有所不同，但他关注的主题始终是一致的。李健孙的写作表达了他对于不同文化、不同社群之间和谐共处的观念。"① 随后出版的《无确凿证据》（*No Physical Evidence*，1998）和《追寻赫本》（*Chasing Hepburn：Shanghai，Hollywood and a Chinese Family's Fight for Freedom*，2002）也是对这一主题和关怀的继承与延续。

雷祖威的短篇故事集《爱的痛苦》（*Pangs of Love*）同样于1991年发表。与以往美国华裔作家的创作发展趋势相反，雷祖威的创作经历了族裔色彩从弱化至强化的转向。在代表作《爱的痛苦》中，雷祖威有意弱化其中的族裔色彩，十一篇短篇小说中只有七篇的主人公是华裔，与同时期的美国华裔小说相比族裔色彩并不突出。而在2000年发表的长篇小说《野蛮人来了》（*The Barbarians Are Coming*）中，小说以华裔家庭龙家为立足点，通过对华裔主人公史特林生活经历的描写探讨了身份认同与种族歧视等主题，小说的族裔色彩得到了强化。伍慧明的代表作是出版于1993年的《骨》（*Bone*），小说以主人公莱拉一家三代人在唐人街的生活经历为立足点探讨文化冲突与身份认同的主题。此后出版的《望岩》（*Steer Toward Rock*，2008）则以针对华人移民的美国"坦白运动"为题材，通过"契约儿子"

---

① 卫景宜、肖薇：《走向多元文化整合的当代美国华裔写作——以美国华裔作家李健孙小说〈老虎尾巴〉为例》，载《暨南学报（哲学社会科学版）》，2007年第1期。

杰克的故事探讨美国种族主义给华人群体带来的精神创伤以及身份认同等主题。哈金于1985年赴美留学，其后定居美国。尽管按照学界对"华裔美国人"的界定①，哈金属于美国华裔作家行列，但他于1999年出版的代表作《等待》（Waiting）遭到了学界的质疑。吴冰指出《等待》是哈金以一个中国人的视角用英文创作的一个中国故事，并不能算作美国华裔文学。②《自由生活》（A Free Life，2007）的出版奠定了他在美国华裔文学史上的位置，吴冰指出哈金的这部作品讲述了一个华裔家庭移民美国后的故事，属于美国华裔文学。③

由此可见，这一阶段的作品主要由20世纪90年代业已成名的作家继续创作而成。21世纪第一个十年的美国文坛鲜有新兴华裔作家的身影，这一空白状况直至2010年以后才有所改善。

进入21世纪第二个十年，上一阶段的作家仍在继续创作，如任璧莲于2010年出版小说《世界与小镇》（World and Town），谭恩美于2013年出版《奇异山谷》（The Valley of Amazement），哈金出版了《南京安魂曲》（Nanjing Requiem，2011）、《背叛指南》（A Map of Betrayal，2014）和《通天之路：李白传》（The Banished Immortal: A Life of Li Bai，2019）等。

此外，新兴华裔作家的出现给美国文坛注入了新鲜的血液。2010年，游朝凯创作的长篇科幻小说《科幻宇宙生存指南》（How to Live Safely in a Science Fictional Universe）出版，荣获坎贝尔纪念奖（The Campbell Memorial Award）的亚军。但让游朝凯真正进入研究者视野的是他的第二部长篇小说《唐人街内部》（Interior Chinatown，2020），小说一经出版就获得了2020年

---

① 郭英剑将"华裔美国人"界定为"加入了美国国籍的华人，或生长在美国本土的华人后裔"。参见郭英剑：《命名·主题·认同——论美国华裔文学研究中的几个问题》，载《郑州大学学报（哲学社会科学版）》，2003年第36卷第6期。吴冰肯定了这一定义，指出"华裔美国人"既包括生长在美国本土的华人后裔，也包括取得了美国国籍的华人。参见吴冰、王立礼：《华裔美国作家研究》，天津：南开大学出版社，2009年版，第5页。

② 参见吴冰、王立礼：《华裔美国作家研究》，天津：南开大学出版社，2009年版，第4页。

③ 参见吴冰、王立礼：《华裔美国作家研究》，天津：南开大学出版社，2009年版，第4页。

度"美国国家图书奖"。《唐人街内部》以剧本形式创作而成,小说通过亚裔主人公威力士·吴（Willis Wu）从群众演员到功夫巨星的成长经历对好莱坞电影界和亚裔的刻板印象进行了讽刺,对美国社会中的"种族歧视和娱乐界残酷的等级制度"① 进行了揭露和批判。2019 年,王轩（Xuan Juliana Wang）出版了处女作《家庭疗法》（Home Remedies）,这是一部短篇小说集,作品并没有选择表现美国华裔文学中传统的文化冲突和身份认同等主题,而是"将再现的焦点投向生活在当代中国的年轻人"②。

伍绮诗同样是这一阶段以来具有代表性的华裔作家,其处女作是出版于 2014 年的《无声告白》。小说以华裔家庭詹姆斯一家的故事为立足点探讨了身份危机、种族偏见和华裔主体性建构等主题,不管是从人物设置还是主题表现等方面来看,小说基本上遵循着已有的美国华裔文学创作传统,未能突破其框架。2017 年,她的第二部作品《小小小小的火》出版,小说仍然涉及华裔在美国的生存体验这一内容,根据学界对美国华裔文学的定义,伍绮诗这一作品毋庸置疑属于这一领域。但在此基础上,《小小小小的火》又表现出了对美国华裔文学已有传统的革新与超越,重点表现在以下三个方面。

二、人物设置与角色关系的革新

《小小小小的火》对美国华裔文学的革新首先表现在对小说人物的处理之上。如前文所述,以往的美国文学大多将主角设定为在美国生长或移民至美国的华裔。具体而言,则是以一个"华裔家庭"为核心铺设剧情,整部作品中围绕华裔主角的关系网中很少出现白人的身影。如雷霆超的《吃碗茶》以排华期间的唐人街单身汉社会为背景,以王氏家族为立足点展开叙事。汤亭亭的《女勇士》则是围绕着"我"、母亲、姑姑和姨妈的故事展开叙事,整体说来同样是以华裔家庭的故事为立足点。可以说,传统模式

---

① 闻雪:《海外文坛》,载《文学教育（上）》,2021 年第 2 期。
② 王凯:《王轩的〈家庭疗法〉——"华裔文学人"之二》,载《博览群书》,2020 年第 2 期。

下的华裔小说在人物设置与角色关系上都有着浓厚的华裔色彩。

值得注意的是,伍绮诗在小说中没有明确指出主要角色米娅的种族身份。其一,就故事情节而言,在米娅的成长过程中不存在任何具有种族指向的线索。她出生于宾夕法尼亚州的伯特利帕克,年满18岁后申请前往纽约美术学院的艺术学院就读,辍学后开始居无定所的生活。此番经历不关涉种族,而是纯粹的个人体验,故无法据此判断其身份。其二,从人物塑造而言,小说对米娅的外貌着墨较少,仅提及了米娅拥有"暗色的卷发""深绿玉色的眼珠"等外貌特征,既无明确表明肤色,也不具备某一种族独有的外貌特征。故而,仅从小说文本而言无法确证其角色的族裔。

但在伍绮诗针对自身创作的诸多访谈中,我们仍可以窥见有关米娅种族身份的蛛丝马迹。在2017年接受《连字符》(*Hyphen*)杂志的采访中,伍绮诗针对《小小小小的火》一书的创作提及了以下几点内容:其一,当采访者问到塑造白人角色与亚裔角色有何不一样的感受时,伍绮诗回答,与她的第一部小说《无声告白》不同的是,她很清楚地意识到《小小小小的火》所写的并不是亚裔角色生活。其二,伍绮诗提到,在《小小小小的火》这本书的前两页只有白人和一个黑人孩子出现,由此可知,在小说前两页就已经作为成年人登场的米娅是一名白人。其三,当采访者提及埃琳娜对待米娅的态度让她误以为米娅一家是有色人种这一问题时,伍绮诗对米娅一家的肤色进行了正面回答:"当我开始写《小小小小的火》时,我想:'书中的米娅·沃伦一家是有色人种吗?'很快,我决定他们不是。"因此,虽然我们仅从小说文本而言无法确证米娅的族裔,但从上述论述可以确定,在伍绮诗的创作构想中,米娅实际上是一名白人女性。如此,《小小小小的火》在人物设置方面便脱离了传统的华裔小说的枷锁。

在角色关系上,此前的美国华裔小说大多设置成华裔与白人群体二元对立的关系。但在《小小小小的火》中,核心事件的对立双方是下层阶级和精英阶层的白人,而不仅是华裔与白人群体。作者在其中插入了下层阶级白人的视角,打破了以往二元对立的角色关系设置。

小说中的白人女性米娅和埃琳娜是贯穿整部小说的两个中心人物,故事围绕着她们两个家庭展开。两个家庭原本相安无事的生活在埃琳娜一家参加麦卡洛夫妇女儿的生日宴后发生了变化。麦卡洛夫人无法生养却渴望拥有孩子，因此她们收养了被贝比遗弃的华裔婴儿，米娅将这一消息告知了想要寻回女儿的贝比，由此拉开了华裔婴儿案的序幕。婴儿独特的种族身份使得这一案件更具复杂性，镇子里的居民分为两派：支持麦卡洛夫妇的居民认为这一行为打破了种族藩篱，消除了种族隔阂；支持贝比的居民则认为这会割裂华裔儿童与其出身的文化之间的联系，并指出这起收养案引起的热烈讨论是种族主义带来的后果之一。他们反问道："假如这个孩子是白人，今天还会有这场白热化的辩论吗？"① 除小镇居民之外，因这起跨越种族的收养案而走向对立的还有米娅和埃琳娜。

米娅坚定地站在贝比这方，她不仅告知贝比其女儿的下落，还屡次帮助贝比争取抚养权，这显然意味着她跟埃琳娜走向了对立。埃琳娜是麦卡洛夫妇的支持者，麦卡洛夫人与埃琳娜一样，是西克尔高地的本地居民，两人从小学二年级开始就是朋友，长大后同时外出求学又同时回到西克尔高地定居。与埃琳娜不同的是，麦卡洛夫人很希望拥有一个孩子，却不具有生育能力。在抚养权争夺案打响后，埃琳娜借着帮助麦卡洛夫人的理由利用自己作为记者的职业之便开始调查米娅的过去，并最终在法院判决后将米娅赶离了西克尔高地。

在这一事件中，华裔母亲贝比与白人夫妇争夺抚养权，但事情实际上发酵成了两个群体的对立且不可避免地与种族主义发生关联，具体表现在以下三个方面：首先，声称没有种族歧视的麦卡洛夫妇尽管收养了华裔婴儿，却依然用金发碧眼的玩具等潜移默化的白人方式对其进行教育；其次，声称支持麦卡洛夫妇收养婴儿的群体表面上是在支持打破种族隔阂，实际上却是出于对白人的维护；最后，法院的判决结果客观上证明了白人依然拥有较高的话语权。因此这场收养案看似是华裔与白人的法庭对峙，实际上引爆了白人群体内部有关种族问题的矛盾。米娅和埃琳娜分处不同的阵营，并在这一案件结束后激化了矛盾，米娅最终被埃琳娜赶出了西克尔高地。在这一事件中，麦卡洛夫妇和贝比仅仅是事件的导火索，小说真正描写的是米娅和埃琳娜两个白人女性的不同观念和对立。

---

① 伍绮诗：《小小小小的火》，孙璐译，南京：江苏凤凰文艺出版社，2018年版，第180页。

可见，伍绮诗在小说中将故事的主要角色设定为白人且打破了此前华裔与白人群体二元对立的关系设定，在人物设置和角色关系上都做到了对传统美国华裔文学的革新与超越。

三、种族间关系表现形式的革新

作为一种由少数族裔创作的文学，种族关系问题历来是华裔小说所关注的重点。在传统的华裔文学创作模式下，种族间关系往往以一种显性的方式被表达。如程爱民所言，美国华裔小说善于表现"华人在两个世界的夹缝之间求生存""华裔在两种文化之间的困惑"和"华裔在两种文化之间寻求文化沟通、寻找自身价值"① 三大主题。在此三大命题的统摄下，通过华裔人物的视角，展现其在美国社会的沉默与失声，及其在美国社会中艰苦的生存条件，便成了传统华裔文学表现种族间关系的主流方式。例如，汤亭亭在《中国佬》（*China Men*）一书的《檀香山的曾祖父》（"The Great Grandfather of the Sandalwood Mountain"）中，通过一位早期华人即叙事者曾祖伯公的视角再现早期华裔群体在美国受到的压制与歧视。伯公被夏威夷皇家农业协会诱骗至夏威夷种植园，在这里他们受到各种规则的宰制，不仅如此，当华人生病无力工作时，那些白人监工一边把他们推进种植园一边骂道："啊！我抓到你装病了，你这个冒牌的、懒惰的、下贱的中国佬。"② 邝丽莎的《在金山上》（*On Gold Mountain*）通过华裔家庭邝家五代人的视角展现了各种针对华人和华裔群体的立法，比如华人洗衣工必须向政府缴纳赋税、华人不能购买土地、禁止华人与白人通婚等。此外，伍绮诗的处女作《无声告白》同样通过华裔詹姆斯·李的视角展现其在美国社会中受到的诸多歧视。

《小小小小的火》继承了这一主题，但在继承的基础上进行了革新。伍绮诗在处理种族间关系时不再采取以往传统的显性表现方式，而是转为隐

---

① 程爱民：《论美国华裔文学的发展阶段和主题内容》，载《外国语（上海外国语大学学报）》，2003年第6期。

② 汤亭亭：《中国佬》，肖锁章译，南京：译林出版社，2000年版，第115页。

性的象征，具体表现为白人精英阶层对白人优越论的隐性维护，而不是对少数族裔直接赤裸地排斥和孤立。小说开篇引用了1963年《大都会》杂志上一篇名为《西克尔高地美好生活》的文章，该文描述了西克尔高地居民的日常生活，并将西克尔高地视为乌托邦，隐喻生活在西克尔高地的居民人人平等；此外，小说描写了西克尔高地在发展过程中为促进种族融合采取的措施："向白人家庭提供贷款，鼓励他们搬进黑人邻居中间，向黑人家庭提供贷款，鼓励他们搬进白人邻居中间；制定规则，禁止白人家庭卖房子，以防白人居民搬离。"① 当西克尔高地之外的地区出现种族歧视事件时，居民会立刻表态这种事情不会在西克尔高地出现。因此，成长于此的莱克西认为："我们很幸运，这里没有种族歧视。"② 然而，正如穆迪所反驳的那样："这里人人都有种族歧视，唯一的区别是，我们假装没有。"③ 西克尔高地同样存在种族主义，但其表现形式从显性转为了隐性，具体表现在以下三个方面。

首先，当米娅母女到达西克尔高地的最初几周时，她们就意识到了西克尔高地众多需要遵守的规则，这些规则决定了她们能做什么和不能做什么。西克尔高地的座右铭是"经过规划的才是最好的"，作者将其解释为："任何事物都可以——也应该——被规划，从而避免出现不恰当、不愉快甚至灾难性的后果。"④ 换言之，西克尔高地居民的日常生活都应该经过规划，遵守规则，避免因随心所欲而带来的不愉快的后果。然而，这些规则所针对的群体仅仅是少数族裔群体。在西克尔高地需要遵守的规则中有一条停车限制规则——街道旁禁止停车，但在埃琳娜一家参加麦卡洛夫妇为米拉贝尔举行的生日宴会时，麦卡洛家门前的街道两旁停满了宾客们的汽车却未被惩罚，因为麦卡洛家提前同警察打了招呼，他们暂时无须遵守停车限

---

① 伍绮诗：《小小小小的火》，孙璐译，南京：江苏凤凰文艺出版社，2018年版，第188页。
② 伍绮诗：《小小小小的火》，孙璐译，南京：江苏凤凰文艺出版社，2018年版，第50页。
③ 伍绮诗：《小小小小的火》，孙璐译，南京：江苏凤凰文艺出版社，2018年版，第50页。
④ 伍绮诗：《小小小小的火》，孙璐译，南京：江苏凤凰文艺出版社，2018年版，第13页。

制规则。由此可知,西克尔高地中如埃琳娜和麦卡洛夫妇等精英阶层白人拥有特权,那些规则是精英阶层白人优越性的体现。正如研究者所指出的:"西克尔奉行的'秩序'和'规则'实则是伍绮诗对美国少数族裔3个多世纪以来被迫遵循的白人特权体制的隐喻。"① 这些规则和座右铭的背后隐藏着的是美国社会无处不在却又隐而不现的种族主义思想。

其次,西克尔高地精英阶层白人日常生活中的言行也体现出他们潜意识中的种族主义思想。从麦卡洛夫人这一视角来看,最能体现这一思想的是她在庭审过程中的表现。在庭审过程中,当艾德询问美玲玩具娃娃的模样时,麦卡洛夫人的回答是金发碧眼,并指出这其中并不存在种族歧视,她认为"设计师不过是想表现一个小女孩的形象,每个人都会喜欢的那种小女孩"②。她的这一回答暴露了其种族思想的存在,正如艾德所指出的,有许多人与这些玩具娃娃的形象不一样,就像美玲,却没有与她们长得相像的玩具娃娃存在,这一点暗示着在麦卡洛夫人眼中,美玲这样的华裔儿童并不是每个人都会喜欢的那种小女孩形象,金发碧眼的白人小女孩才是。

最后,庭审结束后公众对艾德的评价及反应证实了隐性种族主义的存在。艾德在庭审过程中就麦卡洛一家如何保持米拉贝尔与她出身的中国文化之间的联系这一问题进行了质疑,且以此为立足点替贝贝周争夺婴儿的抚养权,这一番激昂陈词却成了《实话报》的素材。《实话报》在第二天登出了一篇文章,指责艾德在庭审过程中采用"侵略"战术,在如何保持与出身文化的联系这一问题上对麦卡洛太太纠缠不放,将其逼得痛哭失声。文章暗示了像艾德这样的男人,即亚洲男人应该是谦逊有礼、不具备威胁性的,像艾德这样咄咄逼人的亚洲男人形象并不符合美国主流社会公众的预期。这篇文章带来的后果是:"不少原本态度中立的人转而支持麦卡洛,有些原本支持贝比的人的热情也冷却下来。"③ 艾德的愤怒打破了公众对少

---

① 李景媛:《星星之火,可以燎原——〈小小小小的火〉让白人性显形》,载《普洱学院学报》,2021年第37卷第1期。
② 伍绮诗:《小小小小的火》,孙璐译,南京:江苏凤凰文艺出版社,2018年版,第305页。
③ 伍绮诗:《小小小小的火》,孙璐译,南京:江苏凤凰文艺出版社,2018年版,第311页。

数族裔形象的预期,挑战了白人优越性思想,在这种情况下,西克尔高地的公众本能地维护白人同胞。可见,尽管西克尔高地居民声称这一社区不存在种族歧视,但这是一个巨大的谎言。正如伍绮诗所说:"相比《无声告白》,我在《小小小小的火》中从侧面视角切入更明确地提及了种族问题。"① 其中的种族主义隐而不见却又时刻体现在小说的细节之处。

四、母女关系主题的革新

美国华裔文学历来都表现出对母女关系的关注,从汤亭亭到谭恩美,再到伍慧明、任璧莲等作家,都对母女关系做出了自己的阐释,相继创作出了众多以女性的成长感悟为焦点的作品,由此形成了"美国华裔母系文学传统"。处于这一传统中的华裔文学通常将母亲设定为中国人,女儿则是在美国出生长大的混血儿或移民二代,母女关系成了中国与美国两种文化关系的象征。在写作手法上,作家则多以母女之间的冲突与和解来表现华裔身处东西方两种文化之间的迷茫。谭恩美在《喜福会》中塑造了四对母女,其中的母亲无一例外都来自中国,女儿则都是在美国出生长大,故事的展开大多依靠处于两种文化交接处的母女冲突。她的另一部作品《灶神之妻》同样设置了一对中国母亲与美国女儿,两部作品最后均以母女和解结束。伍慧明的《骨》、任璧莲的《梦娜在希望之乡》也表现了坚持中国文化的母亲与接受美国文化的女儿们之间的冲突与和解这一问题。

传统模式中通过描写母女冲突影射文化冲突的方式实际上是一种伦理层面的讨论。华裔文学中的母与女有着不同的成长环境、生存经历与思维方式,故而时常产生冲突。将母与女分别设置为不同种族的人,本身就是伦理意义上的对抗,这种表现方式更侧重于家庭内部的伦理关系。在《小小小小的火》中,伍绮诗仍然继承了母女关系这一主题,但她不再使用传统的"中国母亲"与"美国女儿"的伦理对立结构,而是将伦理意义上的母女关系主题转入了哲学视角的阐释。她在小说中塑造了四组母女关系:

---

① Celeste Ng, "I Didn't Want There to be a Clear Hero or Villain Side", http://www.celesteng.com, 2021年6月30日访问。

米娅母女、埃琳娜母女、麦卡洛夫人与养女、贝贝周与美玲。这四组母女关系各有不同，但均不符合已有的传统。伍绮诗的这种举措目的是摆脱传统华裔文学对母爱的伦理刻画，转而去探讨哲学意义上母爱的本质问题。据此，她通过四组母女关系表现了两种母爱方式。

（一）精神支持的母爱

米娅是整部小说的中心人物，她与珀尔之间的母女关系是作者精心刻画的重点。米娅并没有给珀尔提供优渥的物质生活，却给予了她强大的精神支持。

珀尔从小跟着米娅过着四处漂泊、即停即走的生活，在来到西克尔高地之前，珀尔一直与母亲米娅共住一间房。在珀尔的回忆中，她们的租房条件并不好，如厄巴纳租房里的炉子必须用火柴才能点燃，米德尔伯里的租房要爬五层楼，奥卡拉住处的后院里杂草丛生，曼西租房的烟囱经常倒烟等。除了住处环境差，由于经常更换住处，她们的固定行李就是两套杯盘、几件餐具和一包换洗衣物，因此到达西克尔高地以后，珀尔能熟练地将捡来的木板组装成一张完整的床，这让出生于富裕家庭的穆迪惊叹不已。米娅母女过的是精打细算的日子，每天以省钱甚至不花钱为目标，在米娅为下一组作品做准备、进行艺术构思的时间段里，她会出门做兼职以负担两人的生活开销。

虽然米娅未能给珀尔提供优越的物质生活，却给予了她强大的精神爱护与支持。米娅的爱首先体现在珀尔的名字上。珀尔是米娅代孕得来的孩子，米娅给这个孩子取名"Pearl"，灵感来源于《红字》（*The Scarlet Letter*）。《红字》中的"Pearl"是女主人公与牧师通奸生下的孩子，但她的名字却是人性中善的象征："这个名字来自《圣经》，意思是'非常珍贵的东西'。"[①] 她是不容于世俗的，但对女主人公海斯特来说却是珍宝一样的存在，为了得到这一珍宝，海斯特付出了昂贵的代价——她的名誉和安稳的生活，此后"Pearl"成了她孤独生活中的精神支柱和唯一伴侣。米娅有意

[①] 田俊武：《霍桑〈红字〉中的人名寓意研究》，载《外国文学研究》，1999年第1期。

将《红字》中"Pearl"这一角色作为自己女儿的名字，以此影射自己对女儿的爱和女儿对自己的重要性。米娅与珀尔结伴之旅的第一晚，米娅看着在自己肚皮上酣睡的珀尔，感受着珀尔给自己带来的心灵上的归属感，终于承认："再没有人会比她更爱这个孩子。"①

其次体现在母女之间的相处模式上。米娅与珀尔之间的相处模式与其说是母女，更像是知心朋友，米娅从不将自己的想法强加给珀尔，而是将珀尔当做一个拥有自己思想的独立个体进行平等对话。到达西克尔高地后，米娅注意到埃琳娜一家对珀尔产生了超乎她想象的影响，当母女俩共用晚餐时，珀尔谈论的全都是她在埃琳娜家里的所见所闻，这种感觉就好像"他们是她最喜欢的电视明星"②。米娅开始担心和焦虑，但她并没有出言打断珀尔，也没有阻止她与他们继续交往，而是充分尊重珀尔的交友权利。同时，为了暗中保护珀尔不受伤害，她一反常态答应了埃琳娜的请求，来到埃琳娜家帮忙准备晚餐和打扫卫生。米娅虽然尊重珀尔的选择，但也不会选择放任不管，而是以她特有的方式默默保护着珀尔，给予她精神上的支持与帮助。

最后，米娅还十分擅长将她对珀尔的爱表达出来，满足珀尔对爱的需求。珀尔刚融入穆迪、莱克西和崔普的小团体时，他们曾经就珀尔的父亲是怎样的人进行过一番猜测，莱克西猜测珀尔是米娅不小心怀上并生下来的孩子。这一番言论刺痛了珀尔，回家后她小心翼翼地询问米娅是否曾后悔将她生下来。珀尔的身世对米娅来说是一个心结，当听到珀尔问出这一问题时，在一段漫长的沉默过后米娅眼含泪光地对着珀尔说："你有没有被嫌弃过？噢，绝对没有，我很愿意把你生下来。非常、非常愿意。"③ 米娅一直向珀尔隐瞒她的身世，当小珀尔询问自己父亲的消息时，她也只是漫不经心地回答珀尔说她是自己从垃圾箱捡来的，但当她听到自己女儿小心

---

① 伍绮诗：《小小小小的火》，孙璐译，南京：江苏凤凰文艺出版社，2018年版，第146页。

② 伍绮诗：《小小小小的火》，孙璐译，南京：江苏凤凰文艺出版社，2018年版，第45页。

③ 伍绮诗：《小小小小的火》，孙璐译，南京：江苏凤凰文艺出版社，2018年版，第53页。

翼翼地询问自己是否嫌弃她时,她却异常认真地回答,以此向珀尔明确表达自己对她的爱,给予她精神上的满足。

(二)物质支持的母爱

与米娅相反,埃琳娜给自己的女儿提供了优渥的物质生活,却忽略了她们的心理诉求,未能给予精神上的支持与爱护。

埃琳娜是西克尔高地的本地居民,她的祖辈在1927年就来到当时被誉为"世界上最好的居住区"① 的西克尔小镇定居。埃琳娜的外祖父在克利夫兰市区的百万富翁角长大,"他们家的豪宅与洛克菲勒家、美国电报业巨头和美国国务卿家的房子同在一条街"②。由此可见埃琳娜外祖父一家非凡的地位与雄厚的经济实力。迁居西克尔高地后,埃琳娜的家族也是"正派人"的代表,在此出生长大的埃琳娜从来不用为经济问题发愁。在大学毕业后,埃琳娜带着男友比尔·理查德森回到西克尔,两人按部就班地结婚生子。在工作上,埃琳娜从小记者成长为资深记者,比尔也从辩护律师逐渐上升为律所合伙人;在经济上,两人现在也是"两座房子、四辆车、一艘小船(停靠在市中心的码头)的主人"③。因此,他们有足够的能力给自己的子女提供优渥的生活,对莱克西四姐弟来说,他们"从来不会为了生活的需要发愁"④。

然而,埃琳娜给自己的女儿提供了优渥的物质生活,却忽略了精神的爱护与支持。这一点首先体现在她与伊奇的相处上。伊奇是埃琳娜衷心期待到来的孩子,母女之间本应该互相关爱、和谐相处,实际上却互不理解、疏离隔阂。埃琳娜从来不在意伊奇心里真正的想法,不倾听她的内心世界。伊奇与乐队老师发生冲突,当校方通知埃琳娜到达学校时,她并没有询问

---

① 伍绮诗:《小小小小的火》,孙璐译,南京:江苏凤凰文艺出版社,2018年版,第186页。

② 伍绮诗:《小小小小的火》,孙璐译,南京:江苏凤凰文艺出版社,2018年版,第186页。

③ 伍绮诗:《小小小小的火》,孙璐译,南京:江苏凤凰文艺出版社,2018年版,第87页。

④ 伍绮诗:《小小小小的火》,孙璐译,南京:江苏凤凰文艺出版社,2018年版,第28页。

伊奇事情的始终和缘由，只是与校方跟老师一起质疑和指责伊奇，最后接受了校方对伊奇停课三天的处罚。华裔婴儿抚养权争夺案在西克尔高地引起轩然大波且将小镇居民分割成两派，伊奇认为麦卡洛夫妇并不适合抚养一个华裔婴儿，指出自己的父亲成为他们的律师是助纣为虐。面对伊奇的立场，埃琳娜并没有选择与伊奇敞开心扉进行交流，而是当着伊奇的面将她最喜欢的马丁靴扔进了垃圾堆，以此作为对她的惩罚。此外，她一直以家长权威强迫伊奇接受她的要求与决定。一家人出去游泳时，莱克西与崔普三人能进入浅水区玩耍，伊奇却被禁止入水；一起去玩雪橇时，埃琳娜为其他三人鼓掌叫好，却在伊奇失败之后禁止她进行第二次尝试；她觉得伊奇有点手脚不协调，于是强迫伊奇去上舞蹈培训班；她觉得伊奇的衣服全都是黑色，就强迫伊奇穿她不喜欢的颜色可爱的衣服。

如果说埃琳娜对伊奇情感上的漠视是因为她眼里的伊奇象征着人生的脱轨，她对莱克西的精神世界同样是忽视的。莱克西是埃琳娜的大女儿，不同于从小具有强烈反叛意识的伊奇，莱克西是典型的西克尔高地居民性格。她十分功利且野心勃勃，从小到大都具有自信，对自己周围的一切都非常确定，相信绝对的对与错是存在的，并且相信自己拥有判断对错的能力。总的来说，莱克西就是下一代的埃琳娜，埃琳娜对她寄予了十分高的期望。但埃琳娜与莱克西之间的母女关系并不如想象中和谐。在埃琳娜由于婴儿抚养权争夺案一案对米娅的过去进行调查时，莱克西发现自己怀孕了，惊慌失措的她在珀尔的陪同下来到医院，借用珀尔的名字打掉了这个孩子，她并没有将这件事情告诉自己的母亲。在她的眼中，埃琳娜并不是事情发生后她第一时间想求助的人，在她向埃琳娜试探性地询问"假如我怀孕了，你也会逼我放弃孩子吗？"① 时，她得到的回答是："莱克西，不会发生这种事的，你不会这么不理性。"② 埃琳娜并没有将莱克西的问题放在心上，当她最后看到医院登记表而误以为打胎的是珀尔时，她的第一反应

---

① 伍绮诗：《小小小小的火》，孙璐译，南京：江苏凤凰文艺出版社，2018年版，第312页。
② 伍绮诗：《小小小小的火》，孙璐译，南京：江苏凤凰文艺出版社，2018年版，第312页。

是:"看似纯洁的小珀尔竟然一点儿也不纯洁。"① 此外,莱克西在伤心时无意识的行为也证明了埃琳娜对她情感需求上的忽视。在莱克西因为流产事件与男友布莱恩分手后,她不知不觉地走回了温斯洛路的出租屋,她意识到潜意识里这是她现在唯一想去的地方。"莱克西明白,米娅总是知道该说什么,会给她空间想通这件事,消化刚刚发生的事,考虑下一步该怎么做。"② 换而言之,在莱克西的心里,米娅与自己母亲不同,米娅心里并不存在是非对错,她并不会替自己决定该怎么做,而是会给予自己足够的空间和尊重,在精神上引领自己。对莱克西来说,埃琳娜甚至不如只有短短相处时间的米娅值得依靠与信赖,由此可见埃琳娜对自己女儿精神世界的忽视。

伍绮诗在《小小小小的火》中描写了精神支持的母爱与物质支持的母爱两种表达母爱的方式,随着米娅母女与埃琳娜母女纠葛的逐渐加深,两种母爱方式在小说中不断发生冲突与对比,最终归结到一个问题:母爱的本质是什么?是给予孩子衣食无忧的物质生活还是给予孩子陪伴和精神的支持?小说的最后,伊奇一把大火烧掉了自己家的房子,抛下自己的母亲埃琳娜追寻米娅离开;埃琳娜幡然醒悟,意识到自己对女儿心灵需求的忽略,决定踏上找寻女儿的路途;贝比带着自己的孩子成功返回中国……诸多情节的设置都映射出伍绮诗自己对这一问题的回答:精神上的爱护和支持才是母爱的核心和本质。

五、结语

自美国华裔文学诞生以来,诸多华裔作家就凭借其创作为这一领域开疆拓土,同时几近无意识地形成了潜在的模式。在此基础上,众论者以颇为敏锐的视野捕捉到美国华裔文学臻于完善的态势,并通过学术研究将这一传统显性化。无论是创作者还是研究者的这一举措,皆有力地推动了美

---

① 伍绮诗:《小小小小的火》,孙璐译,南京:江苏凤凰文艺出版社,2018年版,第339页。
② 伍绮诗:《小小小小的火》,孙璐译,南京:江苏凤凰文艺出版社,2018年版,第325页。

国华裔文学作为一种文学类型的成熟。但同时，这一边界也犹如无形的藩篱，客观上阻碍了其破戒的脚步。随着时间的推移，美国华裔文学似乎形成了一套约定俗成的创作模式。正如前文所言，诸多研究者都根据自己的研究需要对其进行了不同的阐释与界定，但普遍意义上，书写华裔主人公在美生存体验的文学作品才可以获得这一文学谱系的"准入资格"。问题的严重性远未止步于此。在统一的创作模式下，具体的文学细节也发生了僵化。如女性华裔作家在作品中表现母女关系的传统范式，甚至已渗透至角色身份的设定。迄今为止，诸多研究者根据自己的研究需要对其进行了阐释与界定，诸多华裔作家以其文学性的手法与感悟创作出了如《喜福会》《女勇士》《华女阿五》等声誉斐然的作品，但传统模式一旦出现，即象征着其发展遭遇了"瓶颈"，并且客观上呼唤着与之不同的新型创作的挑战。

华裔作家们本身也或多或少意识到了这一问题。尽管上述模式在美国华裔文学发展历程中占据着不容撼动的主流地位，但仍有一些"打破传统"的尝试与努力。谭恩美在2005年发表的《拯救溺水鱼》抛弃了讲述华裔族群与文化冲突的主题。汤亭亭的《第五和平书》叙述越南战争退伍老兵的创伤经历，以表达反战思想。这些试图"去族裔化"的作品是美国华裔文学发展过程中流散的遗珠，尽管未能改变华裔文学发展的流势，仍然具有奠基性的作用。

在这一背景之下，《小小小小的火》的出版如同华裔文学在新时代突破自我的隐喻。作为伍绮诗的第二部长篇小说，《小小小小的火》呈现出与处女作《无声告白》截然相反的诸多特性，无一不是伍绮诗对自身创作的更新。《无声告白》是典型的遵守华裔文学传统模式的作品，它的成功让伍绮诗在美国文坛一跃成名，同时也引起了她对自身文学创作的思考。正如她本人所言，成为一名华裔作家从来不是她最终的目标。她追求着以文学探讨更多普遍性的主题。[①] 如在《小小小小的火》中，她所做的努力就是抛弃族裔特征，通过刻画两个白人母亲的不同理念，探讨母爱这种本质主义的哲学命题。这种努力，诚如她本人的期望，是出于自身的文学追求。

---

① Celeste Ng, "I Didn't Want There to be a Clear Hero or Villain Side", http://www.celesteng.com, 2021年6月30日访问。

在客观上，作为一名初登文坛的新锐华裔作家，伍绮诗的这一举措不仅是对华裔文学的多方位突破，更代表着新时期华裔作家的定位。他们大多在美国出生并长大，种族于他们而言或许只是肤色、姓名的不同。他们所拥有的文学诉求因其种族身份而受到制约，一些人投入其中，迎合了这一传统的模式。而更多的作家则试图摆脱"华裔作家"这一标签，书写并非某一种族的故事。我们更愿意将《小小小小的火》视为这种华裔作家去族裔化书写历程上的一次有效尝试。它的成功不仅代表着伍绮诗本人创作理念的变动，更映射出当代华裔文学发展道路上的转变。

域外新论

श्री गणेशाय नमः

多重现代性理论的未来：从新型现代化理论来看（节选）

埃尔斯杰·福里①撰

张云鹏②译

当然会有一些人质疑现代性观念的价值所在，但是，现代性这一词语在我们周围随处可见，而且即便现在就对其用处进行立法规定，可能也已为时晚矣。这一修辞本身可能会被认为是一种符号，尽管我们这个时代的知识分子并不会轻易地予以信任，但是历史以及现代性的历史主义，即阶段论（stageist）观念绝不会远离我们的思想。因此，我们必须以永远警惕的精神，对我们的现代性观念予以约束、再约束。

——迪佩什·查卡拉巴提③（Dipesh Chakrabarty, 2002: xx）

学术话语与通俗话语之间往往存在着不小的差距，但是就某些概念而言，这些差距可能会成为一条鸿沟。其中，一个如此令人感到遗憾的术语就是现代性（modernity）：在社会科学中，它并不时髦——尤其是在其母学科社会学之中——有一段时间，曾经被遗弃与解构掉，甚至已经到了如果没有作者对主体的剥离，对其正式的探讨就似乎均未到达完整的地步。然

---

① 作者简介：埃尔斯杰·福里（Elsje Fourie），获得英格兰布拉德福德大学文学硕士和哲学硕士学位；现为意大利特伦托大学国际研究学院博士研究生，研究方向为比较文化、现代性理论等，新近研究集中于东亚发展模式对埃塞俄比亚和肯尼亚现代化发展及策略的影响。

② 译者简介：张云鹏，河南大学文学院教授、博士生导师，研究方向为中国文学理论与美学、中外比较诗学等。

③ Chakrabarty D, *Habitations of Modernity*. New Delhi: Permanent Black, 2002.

而，如果一个人打开电视、阅读一份报纸，甚或漫步于任何一座城市之中，他都有可能会遇到这一词语，或者其变异；显然，"现代性比以前任何时候都更弥漫于大街小巷"①，而且，又是如此地继续影响着我们对周围世界的理解。

在刚刚过去的十年，人们目睹了几个学术替代词的出现，尝试着调和对现代性的批评和对其持久性的使用，从而在分歧之间架起一座桥梁。其中最具影响力的，就是多重现代性理论。该理论认为现代性继续拥有不可否认的全球性影响，不过，这种影响从根本上受到其所遭遇的每一种社会历史与文化背景的调解，以至于只有用复数形式的现代性（modernities）才能更加合理地表达这一概念。

本文的第一部分综述与多重现代性有关的文献，对其中的主要设想以及所存在的问题进行综合处理。此理论尽管会引起有价值的争论，同时还会带来对现代性研究的重要展望，但是迄今还不曾对其支持者所期待的学术或大众争鸣造成多大影响。本文的第二部分，会在评述这一思想学派的优势与不足的过程中，来探究情况为何如此？笔者发现，虽然此理论中的部分观点在某种程度上已经减弱了其自身的一些瑕疵，但是三个重要的羁绊仍然继续阻碍着多重现代性实现其潜能。本文在最后提出建议：与现代化理论中传说曾经受到多重现代性文献嘲笑的一个新型变体进行合作，由此则能够为战胜先前所凸显的三种不足提供有价值的洞见。

多重现代性：假设与中心议题

起点（Starting points）

多重现代性理论最近刚刚出现，它强调多样性，在形式上其发展还不够成熟，在内容上也不均衡。这一术语在20世纪90年代晚期由社会学家艾森施塔特（Schmuel Eisenstadt）杜撰，从很多方面看，艾森施塔特均可谓是

---

① Kaya I, Modernity, "Openness, Interpretation: A Perspective on Multiple Modernities". *Social Science Information* 43 (1), 2004, p. 47.

这一理论的缔造者。另外两位早期的重要学者是约翰·阿纳森（Johann Arnason）和比约恩·威特洛克（Bjorn Wittrock）。现在，又有一系列理论家加盟到阿纳森和威特洛克的行列中，并带来种种阐释，其中很多是从社会的角度出发。在社会上，现代性被称为与传统"规范"背道而驰。

的确，尽管在多重现代性的提倡者们之间存在着差异，但是，他们有一个共同的汇聚点，即他们皆抛弃现代化的传统理论。由于技术的两种基本假设，即现代性是一种单一的、统一标准的均质化过程，同时西方世界是评判其成功与否的尺码，现代化的传统理论受到了批评①。塔尔科特·帕森斯（Talcott Parsons）等人的趋同性理论（convergence theories），在20世纪五六十年代是有影响的，也受到特别的攻击，原因就是假设诸如自由、民主、资本主义和官僚制国家之类在体系上的结构性变异与发展，在全世界范围内，在使社会走向现代化的过程中，是不可避免的，自然还会伴随有个人主义、世俗观念，同时还会波及其他文化之维（cultural dimensions）。帕森斯（1966）认为，社会没有什么是可以选择的，只能沿着从原始到现代一条直线向前发展，也即这一现代性观点："在发展过程中，作为一种统一的单一结构模式，向着和谐的综合方向发展。"② 对此，多重现代性理论学家提出了具体的质疑。

大部分多重现代性理论学家对韦伯、黑格尔、马克思和哈贝马斯等人提出的经典的现代化理论深表质疑，而且把他们的观点解读为是狭隘的，只聚焦于单一文化或制度等因素的影响③。另外，有一些描述④还需要进行

---

① Eisenstadt S N, "Multiple Modernities", In Eisenstadt S N (ed.) *Multiple Modernities*. New Brunswick, N J: Transaction, 2005, pp. 1-30. Kaviraj S, "Modernity and Politics in India". In: Eisenstadt S N (ed.) *Multiple Modernities*. New Brunswick, N J: Transaction, 2005, pp. 137-161.

② Kaya I, "Modernity, Openness, Interpretation: A Perspective on Multiple Modernities". *Social Science Information* 43 (1), 2004, p. 36.

③ Tu W, "Implications of the Rise of 'Confucian' East Asia". In Eisenstadt S N (ed.) *Multiple Modernities*. New Brunswick, N J: Transaction, 2005, p. 198.

④ Eisenstadt S N, et al., "The Context of the Multiple Modernities Paradigm". In Sachsenmaier D, Riedel J, & Eisenstadt S N (eds) *Reflections on Multiple Modernities: European, Chinese and Other Interpretations*. Leiden: Brill, 2002, pp. 1-26.

细致的阅读，而且在更早期的文献中，可以感受到对现代性的解放性和毁灭性元素所具有的意识；但是，大部分人则反对他们认为是决定论和例外主义（exceptionalism）的描述，因为这些描述不能提供一个总体过程的精确画面。同样地，虽然自20世纪七八十年代以来，在某种程度上，人们已意识到这些传统性的描述受到质疑，但是多重现代性理论学家则证明：自冷战结束以来，几套新的整体性理论已经出现。许多理论学家写道：在福山[①]的"历史终结"论（均质化的逻辑性终结点）与亨廷顿[②]的"文明冲突"论（此论点把现代性视为独特的西方理论）之间，需要有第三种方法[③]。

取代这些理论的，是多重现代性理论。该理论认为，所有的现代化都应当根据其历史语境进行解读。由于现代性在全世界的影响是而且一直是高度取决于各自社会的文化背景，其意识形态上和制度上的表现就一定会千差万别。按照艾森施塔特[④]的理论，现代性是"各式各样文化序列持续建构与再建构"的一个过程，然而，卡维拉吉[⑤]则把现代化比拟为学习一种新语言却保留其原来口音和思维模式的一个过程。

对于现代性理论来说，一个更深层次的核心观念和出发点是这样一个事实，即现代性从一开始就具有"多重性"，而且直到最近，欧洲大部分地区本身几乎都不可以被称为是现代的。在近来的整整两个世纪中，伴随着欧洲国家所起的作用，西方的经济、政治体系与社会一直是以截然不同的

---

① Fukuyama F, *The End of History and the Last Man*. New York：The Free Press, 1992.

② Huntington S P , *The Clash of Civilizations and the Remaking of World Order*. New York：Simon & Schuster, 1996.

③ Eisenstadt S N, et al., "The Context of the Multiple Modernities Paradigm". In Sachsenmaier D, Riedel J, & Eisenstadt SN（eds）*Reflections on Multiple Modernities：European, Chinese and Other Interpretations*. Leiden：Brill, 2002, p. 2.

④ Eisenstadt S N, "Multiple Modernities". In Eisenstadt SN（ed.）*Multiple Modernities*. New Brunswick, NJ：Transaction, 2005, p. 2.

⑤ Kaviraj S, "Modernity and Politics in India". In Eisenstadt S N（ed.）*Multiple Modernities*. New Brunswick, N J：Transaction, 2005, p. 138.

方式组织的，而美国则是唯一一个趋异的例子。① 如果这些概念被认为与自由市场经济和单一民族国家/共和立宪制分别是同义的，那么，从整体上看，欧洲经济从来都不是现代的，而且仅仅是在最近，政治上才变得现代一些。即便这样，在现代性的整个扩展过程中，欧洲已经受到猛烈的质疑——如果没有"保持欧洲传统安全"的广泛尝试，维也纳公约（Vienna Congress）和神圣同盟（Holy Alliance）则会什么都不是。② 在其他时候，现代性在欧洲的竞争性场面破坏性地开始互殴，第二次世界大战就是一个例子。当现代性改变（现代性同时也被欧洲改变）欧洲时，其种种不同的阶段，均会出现在每一个"现代"国家的影响范围之内，其结果就是印度开始接触一整套完全不同的价值和制度体系，南美则除外③。这样的结果非常复杂而又多维，但多重现代性的支持者则认为，应该将其简单地描述为"西方化"。

多重现代性在为现代性的空间起点定位时，赋予欧洲经验一个重要位置，尽管这一位置不是均质的或者说不是支配性的。至于现代性的时间演化，人们一般认为 18 世纪晚期出现了认知的深层次转变，以及文化上的相互关联性的变化，于是，研究者们认为有必要将其称为新时代。④ 其根源则可能要追溯到更深层次，特别是要追溯到 12 世纪和 13 世纪出现的城市的、封建制度的、知识阶层的以及教皇制度的革命或者启蒙运动，但是，支持者则主张：实际上仅仅是因为有了美国独立战争、产业革命和法国大革命，

---

① Wittrock B, "Modernity: One, None or Many? European Origins and Modernity as a Global Condition". In Eisenstadt S N (ed.) *Multiple Modernities*. New Brunswick, N J: Transaction, 2005, p. 33.

② Wittrock B, "Modernity: One, None or Many? European Origins and Modernity as a Global Condition". In Eisenstadt S N (ed.) *Multiple Modernities*. New Brunswick, N J: Transaction, 2005, p. 47.

③ Mazlish B, "Globalization: The Most Recent Form of Modernity?" In Sachsenmaier D, Riedel H, & Eisenstadt S N (eds) *Reflections on Multiple Modernities: European, Chinese and other interpretations*. Leiden: Brill, 2002, p. 71.

④ Wittrock B, "Modernity: One, None or Many? European Origins and Modernity as a Global Condition". In Eisenstadt S N (ed.) *Multiple Modernities*. New Brunswick, N J: Transaction, 2005, p. 41.

现代性才开始作为一种文化和政治的规划出现。尽管这一规划的主要特征只会得到人们简短的探讨,但是,在此重要的是:要注意这些激烈的变化并非仅仅被认为是对之前已出现之趋势的加强,而是对普遍的启蒙运动价值观和话语的一种抛弃,"在以语言和历史为基础形成的居住社区中,提倡基于地域性或成员资格的种种形式的权利表达与赋予"①。

多重现代性的问题

由此可见,刚刚过去的两个世纪,在某些方面从根本上就是不一样的,但是,到底如何不一样呢?为了回答这一问题,需要知道,多重现代性理论包含着另外几种密切关联的问题,也可以说是主题。其中,首先涉及的是差异与综合的自相矛盾问题。在现代性的中心,一直存在着一种张力,其一边是个体利益的合法性,而另一边则是总体性意识形态(totalizing ideologies)②。因为现代性孕育了对公益事业的相互矛盾的视域,在此视域中,既有其自身持续不断毁灭的根源,也有其再建的种子。因此,多重现代性理论家们认为,今天政治与社会形势的多重性仅仅是这一过程的延续,且是出现于现代性自身内部,而不是外部。

由此,引出一个更深层次的问题:试问现代性是一套实质性的过程和现象,还是仅仅是暂时的?我们可以谈及现代社会(由此必然要谈及非现代社会)吗?甚或,我们有充分的理由说,我们生活在一个现代性已成为一种普遍的全球状态的时代吗?现代性理论学家们在整体上还是倾向于后一种结论:维特罗克③认为,我们的时代具有这样的特征,即如今现代性形成了一个参照点,在其周围,甚至其自诩的对手也必须构建起他们自身的对手和身份,由此,这些理论学家们并不把对自由主义挑战的支配地位视

---

① Wittrock B, "Modernity: One, None or Many? European Origins and Modernity as a Global Condition". In Eisenstadt S N (ed.) *Multiple Modernities*. New Brunswick, NJ: Transaction, 2005, p. 45.

② Eisenstadt S N, "Multiple Modernities". In Eisenstadt S N (ed.) *Multiple Modernities*. New Brunswick, NJ: Transaction, 2005, p. 8.

③ Wittrock B, "Modernity: One, None or Many? European Origins and Modernity as a Global Condition". In Eisenstadt S N (ed.) *Multiple Modernities*. New Brunswick, NJ: Transaction, 2005, p. 38.

为——正如一些人所做的——后现代状况的开始，而是将其视为对一个概念持续不断的阐释和争论，但是这些阐释和争论的终结，很多都来去匆匆，以至于征兆尚未出现就已经结束了。

一些文献努力采用现代性的这种开放式概念，认为这种概念"是一种结构宽松的系统排列，随时可以修改与再修改"①。一些支持者认为，给现代性下一个定义，会使其成为一个封闭的庞然大物，如此"也就没有必要也不可能在现代性之外进行研究了"②。在人们看来，某些社会是"现代"还是"不现代"的程度，与完全废除此二元对立相比，也就不怎么重要了。

然而，这一理论的另外几位支持者对意义的这种潜在削弱与丧失做出了评论，他们说，这样的一种无组织途径可能蕴含着③，也试图给现代性的核心——由此，还有范围——下一个定义，不过该核心绝不是制度的，也不是组织的，而是居于比本体论和文化取向还要抽象得多的层面。这在观念上允许多重现代性围绕许多固定性的原则解释政治与经济形式所发生的演变。

这些原则的最重要之处是人类能动性（human agency）概念，它于两个世纪以前就已提出，当时是全新的——是一个把人类定义为自主的，而且能够通过理性掌控和有意识活动对其环境实施控制的概念。④ 至今仍然被上帝命定之世界观浸泡的社会获得了自由，得以重新评价社会运行的基础，从而建构起新的制度体系。

对自我、社会和大自然的这些自治和理性掌控的评论性概念，已经产生了诸多后果。种种新的大众参与形式已经诞生，同时中心与外围的关系也不可逆转地得到重新定义。个体身份认同超越了固定的、地方的和狭隘

---

① Arnason J P, "The Multiplication of Modernity". In Ben-Rafaeil E & Sterberg Y (eds) *Identity, Culture and Globalization*. Leiden: Brill, 2002, p. 132.

② Kaya I, "Modernity, Openness, Interpretation: A Perspective on Multiple Modernities". *Social Science Information* 43 (1), 2004, p. 45.

③ Göle N, "Snapshots of Islamic Modernity". In Eisenstadt S N (ed.) *Multiple Modernities*. New Brunswick, NJ: Transaction, 2005, p. 91.

④ Eisenstadt S N, "Multiple Modernities". In Eisenstadt S N (ed.) *Multiple Modernities*. New Brunswick, NJ: Transaction, pp. 1–30.

的范围,开始呈现出普遍意义。① 人们对政治与公共空间的设想改变了,政体、社会与民间团体之间的关系也随之发生了改变。

政治领域这一新观念已经证明是非常不稳定的。对于维特罗克②而言,现代性提供,还将继续提供一组特定的、他所称谓的"期票"(promissory notes),即至少原则上提供支撑起整个宏大社会机构的标准。每一个社会都清晰地表达期票,这些期票被公开表达为是可以实现的,而且作为提案和反提案的出发点,构成该社会"普遍的参照点"。那个使现代性期票变得独特的,似乎既是他们集中的争议和大变革之剧变,同时又是他们所提倡的政治组织新形式。③

大变革之剧变的这种潜能是至关重要的。许多作家强调乌托邦的甚至末世论的或者雅各宾派的观点,这些观点似乎已在现代政治文化编程中发挥着如此重要的作用④(例如 Eisenstadt,2002)。由于现代性在某种意义上是如此地具有完整性(totalizing)和不可逆性,以至于社会的抗拒和完全再造之主题处于重要的地位。无论在多重文化的种种定位之间⑤,还是在同一政体内部对集体财产之种种抵触性看法之间,冲突与竞争在现代性中都是与生俱来的。这使得现代性和正在走向现代化的社会变得高度地凝神、反省和自觉。从某种意义上说,现代性使媒介走出了其时间和地点的束缚,从而带来一种史无前例的历史意识。

---

① Eisenstadt S N, "Multiple Modernities". In Eisenstadt S N (ed.) *Multiple Modernities*. New Brunswick, N J: Transaction, 2005, p. 4.

② Wittrock B, "Modernity: One, None or Many? European Origins and Modernity as a Global Condition". In Eisenstadt S N (ed.) *Multiple Modernities*. New Brunswick, N J: Transaction, 2005, p. 37.

③ Wittrock B, "Modernity: One, None or Many? European Origins and Modernity as a Global Condition". In Eisenstadt S N (ed.) *Multiple Modernities*. New Brunswick, N J: Transaction, 2005, p. 42.

④ Eisenstadt S N, "Some Observations on Multiple Modernities". In Sachsenmaier D, Riedel J, & Eisenstadt SN (eds) *Reflections on Multiple Modernities: European, Chinese and other interpretations*. Leiden: Brill, 2002, pp. 27-41.

⑤ Arnason J P, "The Multiplication of Modernity". In Ben-Rafaeil E & Sterberg Y (eds) *Identity, Culture and Globalization*. Leiden: Brill, 2002, p. 133.

贡献与挑战

多重现代性理论与其他有关现代性的当代学术研究，在上述定义上非常相似。现代性对自治与中介（agency）① 的强调，以及其所具有的大变革潜能与反思性［尤其是要参看 Kolakowski（1990）② 他是以把现代性描述为"无尽头的实验"而著名的］，对于该理论而言，并非完全是独一无二的。多重现代性，并非把时代本身描述为其天性就是现代的唯一理论，对时代内部一切事物的描述来说也是一样。许多学者在对现代性的分析中支持把表面上"不现代的"行为包括进去，他们认为：现代性解放的终极目标通过不大可能的社会组群导致现代性"创造性的改编"与重塑。③ 高恩卡（Gaonkar）的另类现代性（alternative modernities）理论在这点上曾经是非常著名的，高恩卡认为创造性改编允许人们"使"自己变得现代，而且积极地建构自己的现代性概念④。

不过，多重现代性理论的贡献在于其提出了这样一个论点，即文化与历史背景引导不同文明对这些核心特征进行完全不同的诠释，其结果是引出各种各样独特的"现代性"。因此，多重现代性在现代性的诸种理论中是值得关注的，但是，也是有争议的，因为多重现代性依赖的是比较文明分析。对艾森施塔特⑤来说，诸如中国、日本以及西方欧洲国家之类的"文化实体"（cultural entities），是以某些"核心认同"（core identities）为特征的，此"核心认同"起源于早期的"文化聚合"（cultural crystallization）。

---

① Chakrabarty D, *Habitations of Modernity*. New Delhi: Permanent Black, 2002. p. 46. Wagner P, *Modernity as Experience and Interpretation: A new sociology of modernity*. Cambridge: Polity Press, 2008.

② Kolakowski L, *Modernity on Endless Trial*. Chicago: University of Chicago Press, 1990.

③ Domingues J M, "Global Modernization, 'Coloniality' and a Critical Sociology for Contemporary Latin America". *Theory, Culture & Society* 26, 2009, p. 128.

④ Gaonkar D P, "On Alternative Modernities". In Gaonkar D P (ed.) *Alternative Modernities*. Durham, N C: Duke University Press, 2001, p. 17.

⑤ Eisenstadt S N, "Multiple Modernities". In Eisenstadt S N (ed.) *Multiple Modernities*. New Brunswick, N J: Transaction, 2005, p. 4.

这种向文明发展的倾向（是以复数形式）部分起源于反对文明发展观（是大写的，而且是以单数形式）的需要，这在有关发展的讨论中曾经是很突出的，而且部分是来自把现代性视为一种有意识的政治与文化工程之观点——该工程在人们对现代的共同理解与共同反应中将人们捆绑在一起。

多重现代性，尤其是在其早期阶段中，也强调现代性的文化元素。伴随着20世纪90年代社会科学领域中出现的所谓"文化转向"，现代性的支持者们强烈反驳对跨文化和比较历史分析的潜在忽视（perceived neglect）。显然，某种基础的东西把我们与我们的前现代祖先隔离开来，然而制度的扩展曾经是如此地参差不齐，以至于一定是在别处发生了变化。文化取向体现于制度，但是并非仅限于制度。①

不管跨文明和跨文化研究方法的薄弱环节是什么（本文随后将对其进行探讨），该研究方法为两种更深层次的贡献开辟了一条道路。首先，此方法由于是以方位为基础，因此允许考察几个高度局部化的情况，于是，对中国，更一般地说还有东亚，进行了特别严格的审视，有时是把其作为"儒家现代性"的例子加以审视的②。关于现代性，精英们一个多世纪以来一直在努力做出反应，并试图建构起对其自身的认同，在这样一个区域中，诸如技术之类价值中立的现代输入与精英们一直寻求要保存的文化心理之间的张力（tensions），曾经是意义深远的③。同时，共产主义的、美国的和印度的（或者说是印度教的）现代性，也得到了类似的分析。

此外，由于对文化的重视，在建构全球性共同文化认同的过程中，人们允许对"现代"与"传统"之间复杂的相互作用进行考察。精英阶层和

---

① Arnason J P, "Communism and Modernity". In Eisenstadt S N (ed.) *Multiple Modernities*. New Brunswick, N J: Transaction, 2005, p. 65.

② Tu W, "Implications of the Rise of 'Confucian' East Asia". In Eisenstadt S N (ed.) *Multiple Modernities*. New Brunswick, N J: Transaction, 2005, pp. 195-218. Wakeman F, Jr, Chinese modernity. In Sachsenmaier D, Riedel H, & Eisenstadt SN (eds) *Reflections on Multiple Modernities: European, Chinese and other interpretations*. Leiden: Brill, 2002, pp. 153-166.

③ Wakeman F, Jr, "Chinese Modernity". In Sachsenmaier D, Riedel H, & Eisenstadt S N (eds) *Reflections on Multiple Modernities: European, Chinese and other interpretations*. Leiden: Brill, 2002, pp. 153-166.

知识分子阶层一直能够积极地参与一些现代性实践，同时他们也能积极地拒绝其他实践。正如艾森施塔特①所指出的，"这些群体，在建构他们自己新型集体认同的过程中，可能会吸收现代性的一些西方的普遍元素，但是他们没有必要放弃其传统认同的具体构成要素"。不过，对于世界各地的许多群体来说，现代性一直是一把双刃剑，其中既包含有获得自由和物质利益的希望，同时也有身份认同的丧失。这种"普遍化视域中的矛盾心理"②，这种破坏性的威胁与解放的承诺，仅仅能够通过一种现代性和文化观念进行推理，这一概念把二者视为相互交织的，而不是处于持续不断的对抗之中。

在最近的数十年中，对传统现代性理论的批评一直不绝于耳。然而，这些批评常常采用起源于西方对幻灭的后现代描述，或者，正如一位作家所指出的③，在具体的国家语境中进行清晰表达（诸如土耳其的表达），把自身描绘为在一个现代化、均质化的世界与民族中唯一的坚守者。因此，我们必须赋予多重现代性以极大的信任，相信其在为现代性理论建构综合性的文化-历史批评的征途上迈出了第一步，同时，还要承认此概念本身所具有的持续的重要性。有人谴责说，与制度上更加明确的共变模式相比，文化变异是次要的④（例如 Schmidt, 2006），但这一谴责似乎是相当武断的，因为虽然制度比文化更具有可延展性和可测量性，而且诸如都市化或民主化之类的现象比诸如自治或理性之类价值观更具有可触摸性，但是，这并非会使其内在地变得更有意义。施密特（Schmidt）怀疑当今的日本比

---

① Eisenstadt S N, "Multiple Modernities". In Eisenstadt S N (ed.) *Multiple Modernities*. New Brunswick, NJ: Transaction, 2005, p. 14.

② Sachsenmaier D, "Multiple Modernities: The Concept and its Potential". In Sachsenmaier D, Riedel H, & Eisenstadt S N (eds) *Reflections on Multiple Modernities: European, Chinese and Other Interpretations*. Leiden: Brill, 2002, p. 45.

③ Sachsenmaier D, "Multiple Modernities: The Concept and Its Potential". In Sachsenmaier D, Riedel H, & Eisenstadt S N (eds) *Reflections on Multiple Modernities: European, Chinese and Other Interpretations*. Leiden: Brill, 2002, p. 60.

④ Schmidt V H, Multiple Modernities or Varieties of Modernity? *Current Sociology* 54 (1), 2006, p. 88.

传统的日本更像同时期的加拿大或者德国①，但是这无疑取决于趋同性（convergence）的实施方式。正如对制度变化的研究能够满足我们理解诞生于18世纪欧洲的社会组织模式传播的需要那样，多重现代性也填补了我们理解上的一个类似的重要空白，即为我们理解变化之前的社会和传统是如何看待其自身在传播过程中的作用和未来这一问题填补了空白。

不管怎样，许多批评都可能依次等同于反对多重现代性理论本身，其中有三个是非常重要的。其一，**总是歪曲——或者说至少是接触不够——其前期和同时期的理论**。尤其是那些把先前所有现代化理论谴责为过于乐观的作者们，他们忽略了韦伯的"铁笼"，即官僚政治的控制和经济的胁迫②，或不满足（wistfulness）韦伯以此描述"这个世界的祛魅"（disenchantment）③。现代化理论的提倡者也都没能把这一过程视为是直线发展的，甚至帕森斯（Parsons）等人的趋同理论也没有表明所有文化之间（或者内部）的差异均会消失，国家会成为美国的精准复制品。④

同样，对后现代主义有意义的评论或者反驳是很少的，然而，任何一位声称学者们只是在最近才"开始提出对现代性'以欧洲为中心'理论的严肃质疑"的理论学家，必须首先解释为何对后现代主义（或者，就此而言的伊斯兰教激进主义）的质疑不被认为至少是有了一个开始。

除去所有先前把现代性从本质上归属于西方的讨论，多重现代性，在如从属者研究（subaltern studies）之类的诸多领域中，确实伤害了在发展中

---

① Schmidt V H, Multiple Modernities or Varieties of Modernity? *Current Sociology* 54 (1), 2006, p. 81.

② Weber M, *The Protestant Ethic and the Spirit of Capitalism*, trans. Talcott Parsons. London: G Allen & Unwin, 1976 [1920], p. 181.

③ Weber M., *From Max Weber: Essays in Sociology*, ed. by Gerth HH & Wright Mills C. London: Routledge, 2004 [1948].

④ Schmidt V H, "What's Wrong with the Concept of Multiple Modernities?" Working paper series of the Research Network 1989, Research paper 6/2008. Available at: www.cee-socialscience.net/1989/papers/Pusanr_WP6.pdf (last accessed 20/12/2008), p. 4.

世界已经存在几十年之丰富多变的传统。①（例如：Chakrabarty, 2002）② 的确，多重现代性，在其超越这些批评成为一个更加连贯的全球性整体理论的规划中，仍然是独一无二的，但是，如果多重现代性能够更多地考虑这些批评，便会做得更好。

其二，此理论有时呈现出一种严重的本体混乱（ontological confusion），尤其是在**涉及其分析单元的变化不定时**，情况更是如此。有时，每一种文明都被认为拥有其自身的现代性变体，但是在别处，人们认为宗教或者领土所属国家提供了"现代性"之间主要的分界线。然而，此种具体化（crystallization）是如何发生的？在其最具影响力的解释中，艾森施塔特在雅斯贝尔斯（Jaspers）关于"轴心时代"（Axial Age）概念的基础之上，建立了开创性的时间跨度，公元前 800 至前 200 年这段时期出现了世界上主要的宗教形式，有了这些宗教形式，如何调和先验性与现实性的种种猜想也就随之出现。③ 艾森施塔特认为，由此出现的文明是以独特和连贯的方式对现代世界所造成的变化做出回应。

如果欧洲现代性如多重现代性理论学家所声称的那样，从其诞生之日起就是多样性的，那么我们能如此谈及单一的儒家现代性吗？我们至今仍然不清楚为何现代性本身能够开放地面对持续不断的更新与分裂，但是现代性所接触的社会却不能。文明的具体化是需要解释的，但是已经延续上千年之久的文明持续性则更难阐释，艾森施塔特对产生这一切的机制保持沉默，就是该理论的一个弱点。④ 社会与文明究其本质都不是封闭的静态实体。毕竟，如果现代性首先是一种动态和中介力量，那么想象现代性可以很容易地被文化塑造和具体化则是矛盾的。⑤ 经验主义研究能够对这类问题

---

① Chakrabarty D, *Habitations of Modernity*. New Delhi: Permanent Black, 2002.

② Ashis Nandy 的"批评传统"在 2002 年终于在 Chakrabarty 得到探讨，这仅仅是一个多重现代性主张直到最近还一直缺失的理论建设例子而已。

③ Eisenstadt S N, *Comparative Civilizations and Multiple Modernities*. Leiden: Brill, 2003, p. 197.

④ Knöbl W, Path Dependency and Civilizational Analysis: Methodological Challenges and Theoretical Tasks. *European Journal of Social Theory* 13, 2010, p. 91.

⑤ Wagner P, *Modernity as Experience and Interpretation: A New Sociology of Modernity*. Cambridge: Polity Press, 2008, p. 3.

做出一些阐释，但是，多重现代性则往往坚定地驻于理论之域。

有几位作者为解决这一难题做出了意义重大（但是仍主要停留于理论层面）的贡献，表明其对问题在整个理论框架内的重要性有了更加普遍的认知。这最早开始于阿纳森（1997）对日本遭遇现代性的考察。阿纳森避开取决于宗教和仪式的解释——因为这些解释赞同对帝国计划（imperial projects）在创造独特现代性中之作用的强调，从而聚焦于日本国家建设计划（具有讽刺意义的是，这取自中国的国家统一模式）所发挥的作用，即在历史上建构"日本文明"，并常常将其臆断为不变模式之下所发挥的决定性作用[1]。在研究中，阿纳森再一次把政治权利和精英主导的流动问题引入文明分析和多重现代性领域。基于这些深刻见解，克内布尔[2]赞成对权利、政治，以及其他机制采用一种更新的聚焦，由此文明可以进行超越时代的自我复制——以及进化。

现代性主要是由政治精英或者其他某些本土的现代化活动者建构的，这一概念越来越多地出现在多重现代性文献中，例如：杜赞奇[3]就认为究其本质，当代文明就是使形式具体化，这起因于 20 世纪早期的现代性工程，而不是真实的历史轨迹。他们借助建构几套假设的、呈现与西方形成二元对立之价值观的文明，从而能够为政治领导提供权威，并被单一民族国家体系挪用。[4] 准确地说，由于有了现代性以及来自现代性之独特的政治与意识形态结构，这一视角能够很有效地把文明描绘成一个适当的分析单元（a suitable unit）。

---

[1] Arnason J P, *Social Theory and Japanese Experience: The Dual Civilization*. London: Kegan Paul, 1997.

[2] Knöbl W, "Path Dependency and Civilizational Analysis: Methodological Challenges and Theoretical Tasks". *European Journal of Social Theory* 13, 2010, p. 91.

[3] Duara P, "Civilizations and Nations in a Globalizing World". In Sachsenmaier D, Riedel J, & Eisenstadt S N (eds) *Reflections on Multiple Modernities: European, Chinese and other interpretations*. Leiden: Brill, 2002, pp. 79-99.

[4] Duara P, "Civilizations and Nations in a Globalizing World". In Sachsenmaier D, Riedel J, & Eisenstadt S N (eds) *Reflections on Multiple Modernities: European, Chinese and other interpretations*. Leiden: Brill, 2002, pp. 79-99.

解决这一困惑的另一种有运用前景的方法是瓦格纳①提出的。瓦格纳与上述作者不同，上述作者在很大程度上赞成把文明概念（虽然在理论上得到极大的加强）保留为主要的分析单元，瓦格纳则认为文明是"社会自我理解"的唯一独特形式。通过把"社会自我理解"看做种种现代化化身（incarnations）所存在的一种更具有包容性的基础，多重现代性可以更好地解释无数种被质疑的、有活力的方法，处于诸如巴西或南非之类异质政治单元的人们，可以利用这些方法阐释他们的现代轨迹。②。

最后的也是最值得关注的一个困惑，涉及现代性的"核心"，即其定义问题。正如以前所提到的，理性的把握与自治是两个主题，是作为现代性的中心时常出现于文献中的两个主题。然而，即便在此多重现代性理论家同意对这些原则的表达构成现代性（况且他们并非都表示同意），这种把握与自治也常常仍被理解为过于宽泛，以至于有失去一致性的危险。另外，在极力做到包容的同时，可操作性则通常被回避了，同时，当代所有的主要发展被认为是"现代的"。只有当某些分析客体被认为超出其极限时，才很有可能对一个概念进行描述。在此，对建构类型学和相似的比较框架之经验主义探究，在理解此多样性方面可能是有用的。杰普森③把欧洲"多重政治现代性"划分为"社会-企业的"（social-corporate）、"国家-企业的"（state-corporate）、"民族-国家"（state-nation）和"自由主义的"变体，瓦格纳④对西方现代性突变的考察，就是在这方面所进行的特定场域研究的例子，但是所有这些仅涉及欧洲大陆，而且从整体来看，也不是典型的多重现代性文献。

马克思主义思想影响着现代国家建构与整个社会的流动，从而创造一个将限制自由的传统镣铐永远切断的未来视域（vision），鉴于此，共产主义

---

① Wagner P, "Multiple Trajectories of Modernity: Why Social Theory Needs Historical Sociology". *Thesis Eleven* 100 (February), 2010, pp. 53-60.

② Wagner P, "Multiple Trajectories of Modernity: Why Social Theory Needs Historical Sociology". *Thesis Eleven* 100 (February), 2010, pp. 53-60.

③ Jepperson RL, Political Modernities: "Disentangling two Underlying Dimensions of Institutional Differentiation". *Sociological Theory* 20 (1), 2002, pp. 61-85.

④ Wagner P, *A Sociology of Modernity: Liberty and discipline*. London: Routledge, 1994.

不是一种抛弃，而是一种与众不同的现代性模式，而且其证据是令人信服的。无论如何，自治与理性控制之概念，从一个社会到另一个社会，可以进行不同的阐释，但是不能进行无限定的演绎。

同时，分析单位与定义困境表明知识分子绷紧的绳索，即理论如果要想拥有持久性的解释能力与预测能力，就必须行走般地前行。一方面，多重现代性为了解释全世界社会-政治形式的多重性，极力将"现代"已经确定的概念解构掉。但是另一方面，多重现代性意识到仅仅简单地设想出无数的无意义变异是不够的，因此它又常常恰好回归到偶发性文化的普遍化上来，而这却是它想避免的。这样一来，一个极端是多重现代性自身容易受到本质主义、文化决定和历史相对论的指责（例如 Des Forges，和 Wagner 所明确表达的[1]），而另一端，多重现代性还有可能受到这样的指责，即指责其把现代性的边界拉得太远，以致其开始倒塌。因此，多重现代性理论必须小心翼翼，以避免受到指责，指责其一方面远离自身认为现代化理论最令人反感的观点，但是另一方面又不曾提供一个具有替代性的定义[2]。

像瓦格纳、克内布尔尤其是阿纳森之类理论家的研究，在一定程度上调和了这种紧张。他们利用一些有目的的政治与社会活动者，聚焦于现代性种种离散结构的建构。他们对理论的改进，使得多重现代性要加以分析的单元周围的边界，变得清晰而又富于灵活性——否则将总是缠绕于现代性本身的定义。如果多重现代性理论把比较文明和社会分析用作工具箱（而且这正是其独特贡献之所在），那么，多重现代性理论就会很好地聚焦于实体诞生的过程和机制。这是一个产生于理论的、有前途的分支。

不过，其他潜在分支也是存在的。多重现代性没有必要抛弃其在跨文化理论建立中的根源。这一富有可能性的领域，最初是由艾森施塔特开启的，能够继续引导现代性学者，并考虑到更清晰地理解全世界受现代性影响之人的集体价值观和文化实践既有分歧又相互缠绕的方式。然而，对这

---

[1] Des Forges A, "Review: Alternative Modernities by Dilip Parameshwar Gaonkar". *Journal of Asian Studies* 61 (2), 2002, p. 672. Wagner P, *Modernity as Experience and Interpretation: A new sociology of modernity*. Cambridge: Polity Press, 2008, p. 3.

[2] Schmidt V H, Multiple modernities or varieties of modernity? *Current Sociology* 54 (1), 2006, p. 78.

些人来说,要以一种有鉴赏力的方式做到这一点,他们需要找到克服上述三个困难的方法。在下一部分我将引介大量的文献,这些文献通过集中研究在现代性面前社会价值观的路径相关性(path-dependency),会在这一点上对多重现代性的潜能有所助益。

多重现代性与现代化理论:最终是可调和的吗?

正如我们已经阐明的,多重现代性理论在目前面对三重障碍:多重现代性错误地表征和理解现代化理论;其如果不屈服于文化本质主义,就很难为其分析的组成单元下定义;而且,现代性的定义常常是过于包罗万象以至于失去了它的连贯性。

在多重现代性理论一直发展的同时,其"对手"——现代化理论本身,也在向着几个诱人的新方向运动与复活。其中发展最好的、最突出的,而且——为了我们的目标——是最有希望的,就是由朗奴·英高赫(Ronald Inglehart)和克里斯蒂·韦尔泽(Christian Welzel)所阐发的路径相关性变体。他们的理论是采用实证主义的政治-科学方法,同时借鉴对一些国家永久性扩张的实例所进行的长达20年的漫长调查,来衡量诸如男女平等、民主、信任和宗教信仰等问题的文化价值。可以用两个轴线把这些内容绘制在图表上,其中一条轴线从"生存价值"(survival values)到"自我表达价值"(self-expression values),而另一条轴线则是从"传统价值"(traditional values)到"世俗理性价值"(secular-rational values)。英高赫和韦尔泽[1]发现,具有相似文化、语言和/或历史背景的国家易于群聚在一起(如图1)。

---

[1] Inglehart R, Welzel C, *Modernization, Cultural Change and Democracy: The Human Development Sequence*. Cambridge: Cambridge University Press, 2005. Inglehart R, Welzel C, The Inglehart-Welzel cultural map of the world. *World Values Survey*. Available at: www.worldvaluessurvey.org/wvs/articles/folder_published/article_base_54 (accessed 3/1/2011).

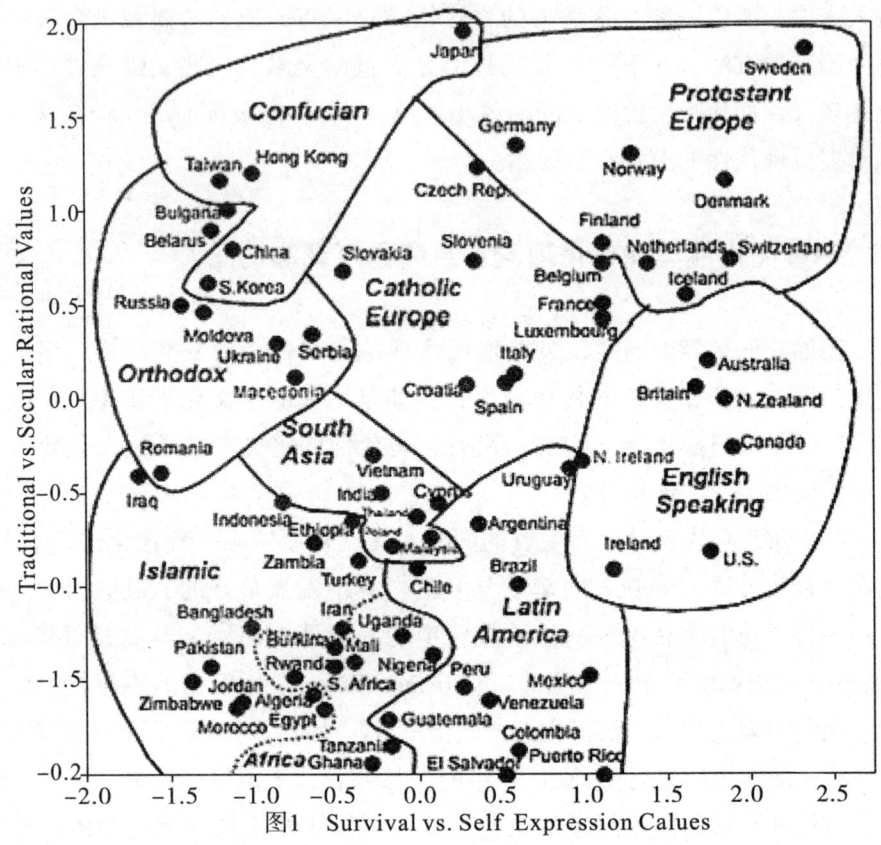

图1　Survival vs. Self Expression Calues

此外，工业化社会往往重视世俗的理性价值，富裕国家通常也坚守着自我表达的价值。这种相关性（correlation）绝非恰切或完美的，可是却导致作者们得出这样的结论，即一个国家的价值观，正如由那些通常与现代化关联的因素——诸如技术创新和经济发展——塑造一样，同样也是由历史路径依赖塑造的。① 劳动的工业化和机械化往往把社会推向理性主义，远离超脱尘世的诠释；随着时间的推移，日益积累的经济发展，以及此发展在历史上所产生的，即随之而来的物质安全问题，便会促使社会与其现在认为理所当然的生存价值观相比较，更加重视个体的自我表达。然而，在这些变化发生之前，每一个国家——或许还有其文化成分——所拥有的价

---

① Inglehart R, Welzel C, *Modernization, Cultural Change and Democracy: The Human Development Sequence*. Cambridge: Cambridge University Press, 2005.

值观，继续主导着现代化对其居民价值观的影响。"社会经济的发展，的确是推动着各式各样的社会向着大致上可以预测的方向发展"，但是"不同的社会是沿着不同的轨迹前行的，即便是受到相同的现代化驱动"。①

虽然，我们可以肯定地说，现代化理论这一更新的升级版本，比现代性理论具有更多的评论者和赞赏者，但并不是说它没有瑕疵，只是本文在此不对其做详细的考察。不过，选择性地探讨英高赫和韦尔策尔的研究著作，可以在一定程度上协调多重现代性研究中的一些内在缺陷与张力。

迄今为止，两种理论在很大程度上是沿着两条并行的轨道前行的，只是被一条重要的方法分割线隔离开来。多重现代性为了与其批评性定向和解释性方法保持一致，在很大程度上避开了实证主义的定量方法。不过，比较文明（Comparative civilizational）的分析方法，在本质上与这些方法并不矛盾。正如一位文明分析提倡者所提出的恰当批评："文明的轮廓必须得到实证性的审验，决不能以一种**演绎性**的决定为其定位。"② 如此一种实证方法可以使用问卷调查。那些愿意使用混合研究方法的多重现代性学者，在使用定性和解释性分析对在区域或个体社会内部文化定位中的异常现象、趋同性和移位进行探索之前，可以把世界价值观调查（the World Values Survey）所提供的数据作为其研究的起点。

如果能在一侧是分析**现代性**的当代理论，而另一侧则是分析**现代化**的当代理论之间架起一座桥梁，多重现代性与路径相关性变异则会分别显示为最有希望的学科。为了兼顾对全世界大型现代集体的综合比较，前者最近正试图考虑把政治因素融入一连串长期以来首先在本质上属于文化的分析，后者也在试图做类似的事情，即把文化带回到先前在本质上被看做主要属于经济和政治的理论。英高赫和韦尔策尔已经寻求减少传统现代化理论中存在的、受到多重现代性理论家责难的诸多缺陷。他们的分析考虑到了面对严峻经济困难时，社会也许会恢复为生存价值的可能性，例如：由

---

① Inglehart R, Welzcl C, *Modernization, Cultural Change and Democracy: The Human Development Sequence*. Cambridge: Cambridge University Press, 2005, p. 19、p. 21.

② Knöbl W, "Path Dependency and Civilizational Analysis: Methodological Challenges and Theoretical Tasks". *European Journal of Social Theory* 13, 2010, p. 87.

此拒绝现代化是必然的、是单向的目的论概念①。另外，历史驱动力与现代化驱动力之间的相互作用，避免理论陷入由趋同的理论家（convergence theorists）设想的、过分简单化的经济决定论。如果理论依然保持乐观，并且专注于人类"进步"的普遍主义思想，这正是多重现代性可以提供有价值的进行矫正的区域。因此，正如本文前面所提到的，与现代化最新理论的接触，能够促使多重现代性文献克服不情愿以其多变的、具有细微差别的方式与现代化理论结合的弊端。

这种结合也有可能减少通过这项研究确定的第二种弊病，即分析单元（the unit-of-analysis）问题。路径相关性理论核对国家的调查数据，在英高赫-韦尔策尔世界文化图谱（Inglehart-Welzel cultural map of the world）上，给每一个被调查的国家提供了一个独特的位置。同时，国家群聚成许多"文化区域"②。其中一些区域起源于文化或宗教（儒家的、伊斯兰教的、东正教的），一些在实质上是地理位置的划分（非洲、南亚和拉丁美洲），另有一些则是两种因素的结合（欧洲天主教区、欧洲新教区），还有一些基于共同遭遇殖民主义（说英语的区域）。这种不一致性折射出研究的归纳性，而且顾及关于世界上一些地域宗教发展进程的相对重要性（如艾森施塔特分析的区域），以及其他地区政治进程意义（正如阿纳森所强调的）的有趣研究结论。这甚至是对上述指责文明边界之演绎性素描的一种抛弃。这种双层次（two-level）分析与毛斯（Mauss）非常有影响力的文明定义是一致的，他把文明定义为：由历史的、语言的、考古的和人类学的"事实"（facts）联合起来的"社会大家庭"③，允许多重现代性把现已确立的政治实体用作建筑模块，建构起更大的、轮廓更加模糊的文明（虽然英高赫和韦尔策尔并没有使用后一个术语）。这些文明的边界任何时候都可以粗略地进

---

① Inglehart R, Welzel C, "How Development Leads to Democracy". *Foreign Affairs* (March/April). Available at: www.foreignaffairs.com/articles/64821/ronald-inglehart-and-christian-welzel/how-development-leads-to-democracy (accessed 2/1/2011).

② Inglehart R, Welzel C, *Modernization, Cultural Change and Democracy: The human development sequence*. Cambridge: Cambridge University Press, 2005, p. 6.

③ Mauss M, *Techniques, Technology and Civilisation*, ed. by Schlanger N. Oxford: Berghahn Books, 2006 [1929], p. 62.

行描绘,却处于恒定的不稳定状态,伴随着时间的推移经历着微妙的变化。因此,这种方法作为现代性的一个中心制度,与威斯特伐利亚民族国家(Westphalian nation-state)的情形是一致的,而且与认识对制度的聚焦是重要的,但还不够充分之观点也是一致的。

当然,这种区域划分造成几种异常现象、几种例外和几种模糊的边界——波兰的价值观使其置于南亚区域,埃塞俄比亚的价值观显示,与撒哈拉以南非洲其他大多数基督教国家相比,它与伊斯兰教世界具有更多的共同之处。不过,如此困惑不会削弱理论,而且可能会有助于拓展多重现代性探究的引人入胜的新领域,这更适合于周密的社会学分析——该分析对于更深切地理解国家如何一步步被置于他们所处的区域,还有可能如何地进行演变,以及这一演变过程可能会怎样重塑他们所属的文化边界等等是必需的。

最后,路径相关性方法的方方面面,终将有可能使多重现代性成为更接近于解决现代性定义中所包含困惑的一种更令人满意的解决方案。首先,从外表上,即两种方法所使用的定义方面,他们有着惊人的相似,英高赫和韦尔策尔的"世俗理性主义"(secular rationalism)和"自我表现"(self-expression)价值观,与多重现代性的"理性掌握"(rational mastery)和"自治"(autonomy)十分匹配。在其群体坚守的价值观的基础上,差异在于前一种理论愿意把某些文化或社会称之为比其他文化或社会"更加现代"或"不那么现代"①(例如:Inglehart & Welzel)。

当然,许多人会忧虑地关注着这般争议:查卡拉巴提②就曾这样质疑道:"把某种东西或某个群体称为非-或前-现代,难道绝对不是一种权贵的姿态吗?"不管怎样,在现代性的两面性被真实地认识之前,而且当现代性仍然被视为能够治愈所有社会疾病的一只圣杯时,这将是一种更大的危险。英高赫和韦尔策尔的方法,由于其毫无节制的乐观主义,可能会受到其应受的批评——作者们以一种多重现代性不需要接受的方法把现代化等同于

---

① Inglehart R, Welzel C, *Modernization, Cultural Change and Democracy: The human development sequence*. Cambridge: Cambridge University Press, 2005, p. 275.

② Chakrabarty D, *Habitations of Modernity*. New Delhi: Permanent Black, 2002, p. xix.

人类发展。多重现代性通过继续探索社会上那些现代性令人迷惑、失望和不安的方方面面，对于现代价值观在社会上永恒地象征着人类幸福更高层次的信念，可以充当一种有价值的矫正方法。但是，多重现代性最终必须面对这样一个事实，即现代性要保持作为一种概念的效用，我们就必须也能够论及"非现代"。

难道我们是生活在一个——正如多重现代性所表明的——所有的构想与反构想均采用某些关键性的现代原则作为参照点的现代性时代吗？难道我们都是现代的，只是有足够独特的形式，以至于现代性要采用复数形式吗？本文要给出的答案是：所有的社会都是现代的，只是一些社会比另一些社会更现代。正如路径相关性和多重现代性文献所显示的，所有的社会都卷入了复杂和矛盾力量之间的相互作用，而此种力量是现代时代的标志。没有哪一个国家的价值观会直接将其断然置于英高赫和韦尔策尔图谱的左下角，来阐明甚至发生于最"传统"社会内部的动态辩论。现代性是多重的，因为像"合理性"和"自治"之类的用语，在世界上的解释方式是不同的。尽管这样，所有社会里的所有人，正如现代性还没有完全按照自己的想象重塑世界一样，对合理性和自治的评价也是不一样的。

尽管有了上述考察，但与理解是什么构成现代性的定义特征，以及世界上存在的这些定义特征的变异到底发展到了什么程度相比，确定现代性到底是复数还是单数显得并非十分重要。多重现代性文献中"非洲现代性"（单数——译者注）研究的缺乏，甚或各种"非洲现代性"（复数——译者注）研究的缺乏，表明人们或许模糊地意识到了这种令人不安的可能性，即在这一现代的时代之中，甚至可以存在着现代性的不同层次。

结论之思

多重现代性是政治社会学中一个有前景但至今尚未得到开掘的理论。近些年，此理论必须应对广泛而快速的全球化大转变。引人注目的是多重现代性的文明与文化的对比性研究途径，其强调现代性在全世界呈现出的多变形式，填补了一些研究者留下的空白，其中一些人对把现代性作为一种当代的研究议题予以否定,另一些人——尤其是在过去——把趋同性(convergence)视为现代化威力唯一可能出现的结果。多重现代性理论对现代性暂时的、空间的和实质性等诸方面常常显得敏锐的探究,给人以重要的启发,从而使研究从社会学进入数十年来一直由人类学和政治科学控制的领域。尽管如此,这一研究方法本身如果要超越批评层面,并利用实证研究成果加强其理论分析,就仍然需要得到进一步的拓展。但是,作为一种有细微差别的理论,多重现代性通常不能使现代化理论的许多变异融入足够的复杂性与敏感性。理论存在两个更深层次的问题。准确地说,由于多重现代性探索集体化(借助分析独特的社会和政治实体)和解构(通过废除单一现代性概念),遂使其面对两个几乎敌对阵营的攻击。一方面,多重现代性被指责为以一种武断和本质主义的方式把文化、宗教和文明用作分析单元;另一方面,它又被人指责为在"现代性"的标签之下归入太多的内容,以至于其概念显得缺乏意义。

为了强调文明建构背后的政治与权力,艾森施塔特最初把宗教和仪式作为约束文明的黏合剂,但是避开艾森施塔特对宗教和仪式的此种关注之日益增长的趋势,已成为对分析单元问题的一种合理纠正。另一种纠正——而且是本文提出的——则是对英高赫和韦尔策尔改进的现代化理论中存在的经验主义的甚至是定量的数据进行选择性利用。这样,多重现代性或许可以利用现代化理论中最近平行(但是至今尚未得到确认)展开的探讨,同时对后者的某些缺陷予以改进。以价值为取向的研究途径,是以经验实证来考虑文明的边界,并且也考虑到异常现象彰显文明变化的复杂性和灵活性。我们可以沿着与多重现代性理论对现代性之现存理解密切对应的两条线索,即理性主义和自治,并用一种具体但属于文化的(而并非主要是制度的或经济的)方式,来衡量现代性。

多重现代性没有必要为了守住个体社会或多或少均存在有相同现代价值观这一要点,从而接受在英高赫和韦尔策尔的研究途径中所具有的因果推论或乐观主义。共同价值观是一个尺度,借助这一尺度,可以区分当今现代性路径相关性的多方面的表征——现代性既源于文化传播实践、有意识的政治规划,也源于技术驱动的经济增长。多重现代性始于对战后现代化理论的批判——事实确实如此。只有认识到其传统对手一直是在一种成熟的状态中发展、提高的，多重现代性才能以同样的方式得到发展、提高。

[致谢：感谢彼得·瓦格纳（Peter Wagner）、文森特·黛拉·萨拉（Vincent Della Sala）和几位匿名同仁评阅人，感谢他们对本文给予有价值的评价]

关于政治审美化有答案吗?[1]

彼得·芬维斯[2] 撰

李建为[3] 译

我有保留地提出以下意见：在某种程度上，这是一种感觉，这种关于瓦尔特·本雅明（Walter Benjamin）的《机械复制时代的艺术作品》一文中的一个段落的思考，正如本雅明所理解的，屈服于一种在评论或批评中都没有立足之地的诱惑——这是一种学术诱惑，它在德语中对应一个相当傲慢的术语：刚愎自用（Rechthaberei），也就是说，渴望通过挑出别人的失误来证明自己的正确。就像最近几卷主要致力于揭露其错误的文章所足够清晰地展示的那样，再也找不出评论家们像在"艺术作品"一文中那样更加完全地沉浸在这种诱惑之中的文章了。对于我在标题中提出的问题，我给出的答案似乎屈服于同样的诱惑。因为对于"政治审美化有答案吗？"这个问题，我给出的回应是"没有"。回答"没有"在多大程度上是一种刚愎自用的表达，这交由他人来评定。无论如何，这似乎与本雅明"艺术作品"一文末尾的名言相矛盾，我在此引之作为开场白：

---

[1] Peter Fenves, "Is There An Answer to the Aestheticizing of the Political?", in Benjamin, Andrew (ed.), *Walter Benjamin and Art*, London & New York: Bloomsbury Publishing, 2005, pp. 60-72.

[2] 作者简介：彼得·芬维斯（Peter Fenves），美国西北大学 Joan and Sarepta Harrison 文学教授，美国西北大学德语系、比较文学系和犹太研究系教授，哲学系、政治系和英语系的兼职教授。

[3] 译者简介：李建为，中国社会科学院大学文艺学博士。

人类，曾是奥林匹亚诸神的奇观，如今已经成了自身的奇观。它的自我异化达到了这样一种程度，以至于可以将自我湮灭体验为最高级别的审美享受。因此，它支持法西斯主义妄图使政治审美化得以永久化的图谋。共产主义则回应以艺术的政治化。（GS 7.1：384）①

（一）

本雅明文章的结语，一如其开篇，暗指一个著名的断言："人类只为自己提出它能够解决的任务。"② 马克思在其著名的《政治经济学批判》导言的关键段落中如是写道：他在这个段落中总结了他对历史唯物主义最明确的表述。根据马克思在其批判计划的这些起始章节中提出的构架，在某些充满革命潜力的历史时刻，社会中的生产关系开始"束缚"它们迄今为止一直促进的生产力；这些退步的生产关系只能通过阶级冲突的进一步加剧来维持——无论如何（这至少是假设或希望），不会维续太久。"艺术作品"一文从《政治经济学批判》导言及蕴含于其中的历史唯物主义中找到了它的出发点。马克思的论文主要关注人类事务的基础，而本雅明的文章则将注意力转向"更高"的，因此也是派生的领域。从德国古典美学的角度来看，这首先意味着艺术作品的领域。因此，本雅明文章的关键段落处理的是以下问题：艺术作品究竟建立在什么基础之上？这个问题的答案与之前的问题密切相关：在什么条件下——如果有的话——人类可以解决其自我分配的任务？

马克思的自信断言——"人类只为自己提出它能够解决的任务"——同样是一个暗示，因为这一断言自觉收回并撤销了先前仅有的重要计划——这个重要计划就其广度和范围而言可以与马克思自己的相媲美——的开场白：

人类理性有其特殊的命运，在其众多知识种类的一种之中，它为

---

① 除非另作说明，我引用的是《全集》（*Gesammelte Schriften*）第七卷中发表的"艺术作品"一文的第二个版本。所有的翻译内容都出自我本人。

② Karl Marx, *Zur Kritik der politischen Ökonomie* (1859), in Karl Marx and Friedrich Engels, *Werke* (13). Dietz: Berlin, 1971, p. 9.

自身无法回避的问题所困扰,因为这些问题是作为任务被理性自身的本质赋予的,然而,它们却无法被回答,因为它们超越了人类理性的所有力量。①

康德在第一《批判》② 第一版序言的开头如是写道。其中被提到的"知识种类"指的是形而上学的知识,人类理性在完成它不可避免地为自己设定的某些任务上的无能,产生了康德所说的"先验表象"(transzendentaler Schein)。这种表象不能被简单地去神秘化,因为它属于有限理性的特定结构,因此与去神秘化的手段和目的密不可分。然而,被恰当地理解为③**无法解决的、无法回答**的问题却呈现出**无限任务**的形式——这正是马克思所否认的。以本雅明的文章为例,这样的思考意味着:任何关于政治审美化的确切答案都弄错了一个可以得到明确解决的问题;这两个答案——这里称为"政治审美化"(aestheticizing of polities)和"艺术政治化"(politicizing of art)——遵循同一种论证,将构成一个悖论,这个悖论源于普遍的误解:世界可以独立于它被感知的方式和模式而被把握——或者,使用本雅明的词汇,独立于"人类知觉器官"(*GS* 7.1: 381)。理解这种误解产生了那种无限任务,即逐渐适应并因而进入以下情况:世界的缺席,在一个它在其中可被感知的器官之上和之外。④

(二)

本雅明的文章朝着类似的方向发展,这表明之前的评论并未完全脱离

---

① Immanuel Kant, *Gesammelte Schriften*, ed. Koniglich Preufiische [later Deutsche] Akademie der Wissenschaften, Berlin: Reimer; later, De Gruyter, 1900—, A, vii; 本卷中所有对康德的进一步引用都加了括号("Ak"),除了《纯粹理性批判》,在这种情况下,它指的是1781年版("A")或1787年版("B")。有关本雅明文章的康德方向的分析——与本文方向不同——参见 Rodolphe Gasche, "Objective Diversions: On Some Kantian Themes in Benjamin's 'The Work of Art in the Age of Mechanical Reproduction'", in *Walter Benjamin's Philosophy: Destruction and Experience*, ed. Andrew Benjamin and Peter Osborne, London: Routledge, 1994, pp. 183-204.

② 康德的第一批判指《纯粹理性批判》,后文的第三批判指其《审美判断力批判》——译者注。

③ 文中黑体为作者原文中用斜体强调的部分——译者注。

④ 上述评论所指的《纯粹理性批判》中的段落特别见于 A293-309;B249-366。

其论证领域,尽管这些评论与文章写作时的绝望境况相距甚远。从这些境况的角度来看,"政治审美化"一词通过以下方式较为易于理解:某些政权将自己视为艺术作品,其主要材料——即组成**社区**(Volksgemeinschaft)的人类——只不过是任由塑形政治艺术家摆布的惰性物质而已,在制作自己的**总体艺术作品**(Gesamtkunstwerke)时,他们无需担心其材料的命运,就像瓦格纳无需关心他的歌手的情绪一样。毫无疑问,有些人以这种方式准确地使用了"政治美学化"这个词:作为对那些或多或少明确提供美学标准净化政治的法律标准和道德标准的政权之描述。

然而,本雅明**没有**以这种方式提出问题;鉴于他的出发点,他也不能这样做,因为——没有比马克思的《政治经济学批判》导言更简明扼要地提出这一点的文本了——政治范畴并不与法律或道德范畴相符合。这是历史唯物主义的一个前提,它通常被表述为:特定社会形态的法律功能与其道德准则和神话生物一样,都是上层建筑的一部分。尽管本雅明文章的最后一部分顺便提出,政治审美化对应于"大众"被剥夺权利而被给予"表达"机会的时代,相关权利既不能被特定政权保障的实在法权利(positive rights)确定,也不能被自然权利确定,根据一些法律理论家的说法,这些自然权利要么是这些相关权利合法性的来源,要么是其反抗的理由。确切而言,本雅明所指的权利完全不合法,更准确地说,那是改变"所有权关系"的权利(GS 7.1:382),也就是说,是对某物的权利。这种权利在实在法权利或其假定的自然基础之外。通过在这种情况下使用"权利"这个成问题的术语,本雅明让自己与那些提出"政治审美化"一词的人保持一致——同时巧妙地将他的论点与那些人的论点拉开距离——以便回答一个挥之不去的问题:某些社会关系,特别是发达资本主义的社会关系,在它们应该束缚生产力进一步发展的时候,如何维持自身?"改变所有权关系的权利"在本雅明的文章中作为一种**政治权利**发挥作用,然而,"政治权利"只是命名同一问题的别样方式:这种"权利"位于实在法(positive law)的秩序之外,同时也被移出了自然领域。政治的范畴和标准——不管它们是什么,本雅明在此对它们保持沉默有充分的理由——相对于实在法的(positive)合法性或自然的合法性而言,享有一种相对独立性。这种在特殊情况下会背叛自己的独立性,使由其审美化提出的问题更为困难,使其在采纳令人放心的答案方面更为保守：根据法律规范塑造政治事务。

此外，政治独立于法律标准之外是其贴近美学的根源，被理解为一个特定哲学学科的美学首先在古典德语语境中被创建和发展起来，即莱布尼茨形而上学。不管怎样，这有点**刚愎自用**（Rechthaberei）：本雅明文章（除最终版本之外的所有其他版本）倒数第二部分的最后一句话是错误的——它未必是关于电影的，却必定是关于它所断言的美学的。它写道："因此，[电影]从现在开始，到目前为止，显示自身为在希腊人中被称为美学的知觉理论的最重要的对象"（GS 7.1：381）。许多评论家或多或少严厉地反对本雅明对电影的描述。我拒绝在这场辩论中偏袒任何一方。然而，我确实反对他对美学（aesthetics）一词的解释。当然，根据已经产生大量技术术语——包括"技术"一词本身——的构词模型，该术语最终源自希腊语动词"aesthesnesthai"。然而，这个术语并不是在古希腊人中以这种方式发展起来的，而是，准确来讲，在18世纪的某些德国人中，尤其是在亚历山大·鲍姆加登（Alexander Baumgarten）那里，他将美学作为形而上学的一个特定分支的技术术语发明出来。① "优秀的分析师鲍姆加登"（A21；B35）引用康德先验美学中的第一个脚注，并没有出现在那十几个左右的**德意志人**（Deutsche Menschen）之中，本雅明在撰写和修改"艺术作品"一文时曾编辑和简要讨论了他们的信件。本雅明也没有结合他对卡尔·古斯塔夫·乔赫曼（Carl Gustav Jochmann）的重新发现而提到鲍姆加登，正如本雅明回顾性地意识到的那样，乔赫曼在很大程度上被遗忘的论文《论诗歌的退隐》（"On the Retreat of Poetry"）充当了他自己对艺术命运进行哲学-历史探究的一个预言。然而，尽管有这个奇怪的疏漏，我们还是可以确定鲍姆加登和本雅明对以"美学"之名行事的"人类知觉器官"的探究之间存在某些亲缘关系。从接受他们各自的探究这一角度来看，"**亲缘关系**"一词也不能恰当地处理这种关系；"**一致**"（identity）一词更好些，因为在这两种情况下，他们提出的"美学"（aesthetica）通常以相同的姿态既被广泛认可，又

---

① 技术术语"**美学**"的第一个实例可以在亚历山大·鲍姆加登（Alexander Baumgarten）论文的倒数第二段中找到，*Meditationes philosophicae de non-nullis ad poema pertinentibus*（Halle，1735），§116；*Reflections on Poetry*，trans. Karl Achenbrenner and William Holther，Berkeley：University of California Press，1954，p. 78.

在很大程度上被否定。

　　这里不是对鲍姆加登庞大的**美学**体系与本雅明的微型美学体系之间的关系进行广泛探索的地方——这不仅在于本雅明没有提到他的前辈。可以这样说：鲍姆加登关于技术术语"**美学**"的发明中的某些东西对应于本雅明为艺术作品和一般人类感官的研究开发全新术语的尝试，这种对应关系在本雅明忽视鲍姆加登的创新之处时最为明显。从此，对于本雅明而言，被称为"美学"的感知理论必须承认**分心**（distraction）之不可或缺的功能，而对于鲍姆加登来说，则是**混乱**（confusion）的功能。事实上，本雅明提出的"**分心**"（德文词 Zerstreuung，即英文词 distraction）甚至可以被视为鲍姆加登所理解的"**混乱**"的一种翻译和强化。本雅明在 1935 年对"分心"进行了个案研究，而鲍姆加登则在 200 年前就"混乱"做了同样的事情——从而将美学创造为一门学科，一方面致力于品味批判，另一方面致力于分析人类知觉器官。根据鲍姆加登开创性的《关于诗的哲学默想录》（1735年），诗歌——作为在新的美学科学中占有主要地位的研究——在于对清晰（distinct）而混乱的（confused）知觉的完善：它是清晰的，因为知觉的对象与所有其他的对象有区别；它是混乱的，因为这个对象所归属的概念使诗人和读者都望而却步。然而，由于感知对象可以与其他事物区别开来，却不能被分析成它们的构成要素，因此清晰而混乱的感知特别适合作为时空个体的表征。引用莱布尼茨的话，无论对"审美"对象的分析多么有说服力，总还是存在"我所不知"（je ne sais quoi）的元素。从这个意义上说，美学为理性形而上学的"高等"科学所蔑视的事物腾出了空间：**奇异性**（singularities），尽管没有人可以说出如何不同或为何不同，但它似乎与其他一切别的事物都不相同。通过给予自己享受混乱的乐趣，同时不丧失区分能力——恰恰相反——那些鲍姆加登称之为"美学家"的人进入了一个相对独立的知识领域：一个与理性认知相比"低级"的领域。然而，无可否认，这却是一个享有自身尊严的领域。这个领域也可以用本雅明发明的术语来描述，来回避随着鲍姆加登的创新而发展起来的美学术语，即伴随着光晕的"衰退"，美学的"低级"领域出现了。

(三)

无需对具体术语——本雅明用它们阐明了光韵之"衰退"的想法——进行冗长的讨论,可以这么说:光晕在于与我们自身相关的另一种时空联系的出现。"严格来讲[eigentlich],何谓光晕?"本雅明罕见地用反问句问道。答案是"由空间和时间组成的一张特殊的网[ein sonderbares Gespinst aus Raum und Zeit]:一段距离的一次性出现,无论它可能有多近"(*GS* 7.1:355)①。这个幽灵似的网的特殊性——丝网(Gespinst)近乎幽灵(Gespenst)②——在于它对康德在其重要计划的开头所给出规范表达的那些时空原则的违背。根据超验美学,"贴近"(closeness)永远不能被断定为"一段距离"——一次都不能。然而,这并不是说奇异性总是一个完全不合法的谓语,完全没有"客观有效性";它只有在涉及可能知识的对象时才是非法的。第一《批判》中的先验美学可以被称为对光晕衰退的形而上学认可,而"审美判断力批判"则朝着相反的方向发展:朝向一个领域的揭示,在这个领域中,奇异性的范畴可被巧妙地应用于看似要出现的事物。以一座宫殿为例,或者更准确地说,"我眼前所见的宫殿"(*Ak*, 5:204):就宫殿独自作为我的判断力对象而言,不考虑我可能会怀有的关于其功能和目的的任何想法,我的反思判断力唯一可能的参考点就是我自己的心境,也就是说,我高兴或不高兴的感觉。不管它离我的——或者实际上离康德的——经验范围有多远,宫殿的例子并不是随意选择的;相反,它来自康德在《判断力批判》中提到的关于"美"的第一个例子,以及康德首次阐明了审美判断模式的范畴"性"的那个例子,即无兴趣,也就是说,无视客体的实际时空存在,这客体呈现在作为我们"判断力"对象的单一呈现中。鉴于倾洒在宫殿上的巨大劳动浪费,或者,正如康德讽刺卢梭所写的那样,鉴于"将人民的汗水浪费在这些多余的东西上的伟大人物的虚荣心"

---

① 细读此段,可参见 Samuel Weber, "Art, Aura and Media in the Work of Walter Benjamin", in *Mass Mediauras*: *Form*, *Technics*, *Media*, ed. Alan Cholodenko, Stanford: Stanford University Press, 1996, pp. 76-107.

② 此处作者将两个词形相近的德文词进行对观以发现其中隐秘的关联——译者注。

(*Ak*, 5：204)，这种无视是不小的成就。

不言而喻，这座宫殿是一个充满了政治色彩的例子，尤其是在1790年秋天，当第三《批判》首次出版而某些宫殿遭到围攻之时。正如康德的著名提议，如果美的决定性特征之一是"无目的的合目的性"（*Ak*，5：236），那么宫殿也可以被视为完全颠倒的例证：具有明确无误的政治目的的社会无目的性，即证明谁说了算。贵族可能无用——这是康德随着年龄的增长而日益强调的一点①，但其成员安居其内的作品仍然可被认为是美的；事实上，正是因为这个原因，它们的美才堪称典范。然而康德从来没有超越这些建议。对他而言，政治无权要求独立的标准，必须成为纯粹的法律规范问题。这就是《永久和平论》的重点，也是他与"务实的政治家"进行越来越激烈的论战的根源。因此，康德不做他所建议的事情：美学政治化。在审美判断的第一个例子中可以看出他所放弃的政治化形式：美将是没有权力的宫殿的承诺。

然而，康德的后继者们并非如此，他们中的许多人提出、推翻、颠覆了以下论点：审美经验的领域是非支配的领域。作为从服从"更高"的认知能力的感知之中解放的开端，依据"人文科学"的循环且自植根的自由性而发展起来的美学，可谓人类普遍解放计划的序幕。事实上，对于每个想要追随这个计划——不设立比他们推翻的政权更为霸道的政权——的人而言，这是不可或缺的预备教育。这种美学的政治化，将美转变成自由的清晰外观，可以通过颠倒它的术语得到回答：美学领域是统治的征兆和代理——也许并非对王子和宫殿的立即沉迷，却是对那些在本质上隐藏了控制模式的经济和行政权力的间接服从。这种支配的中介性质使其更加阴险：不仅缺乏自由，也缺乏认识到自由之缺失的机会。然后，新的艺术形式可以通过颠覆它们自身的审美冲动承担起让人们认识到自由之缺失的任务，一种审美理论可以继而发展为解放计划的二阶预备教育——一种消极的"审美教育"（aesthetic education），它从那些不安地保留着"美术"（fine art）标题的自觉的自主表象之中找到了出发点。这个提议仍然为美维持着

---

① 例如，参见在《道德形而上学》一书中，康德对贵族的完全拒斥（Ak，6：329）。

一个令人不安的位置，因此可以转而被否定：没有自由，也没有从自由的表象中解放出来的有效主张——这是美学的荒凉之地，如果这个词仍然有效的话。仿佛第三《批判》中堪称典范的宫殿不再是"美"的一个例子，转而成为对崇高的挑衅，它低声说道"不，不，不"："你不能掌控；你无法弥补你的无能；你不能用一种无情的否定辩证法来默默地挽救这种双重否定。"从席勒到阿多诺再到利奥塔，美学的政治化大体遵循着这条路径。

（四）

然而，这一切都假设人们掌握了"政治化"一词。根据本雅明的"艺术作品"一文，它的对应物可以用相当简洁的方式定义："审美化"在于将某物转化为从两个互不相容却又相互强化的视角来把握和评估的对象：自私自利的表达和自我异化的享受。这两种视角都与艺术作品本身无关，只与观众的兴趣和情感有关。从这个意义上说，正如海德格尔在同时代的一系列讲座中所暗示的那样，审美化的第一个受害者乃是艺术本身。① 本雅明提出了类似的东西，然而，他并没有假设这篇论文是一种"宏大政治"的开篇，而这种政治将会复兴伟大艺术的时代，重塑伟大艺术的光晕。正是由于回应了这个问题——艺术作品在没有光晕的情况下会怎样？——相应的问题，即"政治化"，可被有效地提出。本雅明在这个语境中提供的是以下段落，其中包含他对审美自主性的明确放弃（我为翻译的笨拙而致歉，这加剧了原著原本并不典型的尴尬）：

> 在真实性标准不再适用于艺术生产的那一刻，艺术的整个社会功能就翻转过来。进入它在仪式中创立时的位置，它在另一种实践中的创立必须迈出一步 [hat zu tritt]，即它在政治中的创立。（GS 7.1：357）

伴随这段加以强调但未做说明的段落，本雅明转向了其他主题：转向了这篇文章的某些版本中的膜拜价值和展示价值的区别，摄影的早期阶段以及其他。仍然尚未解释且没有改变的是这个段落本身的尴尬，特别是在

---

① See, for example, Heidegger, Nietzsche, Pfullingen: Neske, 1961（1），pp. 91-109.

它的第二个版本中：在政治中被建立"必须取代"在仪式中被建立。毫无疑问，本雅明纠结于时态问题，他要在时态中阐明这个不确定的步骤：在文章的第一个版本中，有问题的句子是过去时态（GS 1.2：442），而在第三个版本中，它是现在时态（GS 1.2：482）；在第二个版本中，是祈使语气。在这篇文章的任何其他地方——据我所知，在本雅明的整本文集中没有其他地方——他从未如此不确定应该使用哪种动词形式："ist getreten"（"已经涉足"）表示一个事件已经完成；"tritt"（"涉足"）表示现在或永远都在发生的事情；"hat zu treten"（"必须取代"）表示一种因果关系，一种形而上学的公理或一种实践理性原则。美学可以宣称它的自主性——对阿多诺来说，美学之所以如此乃是缘于本雅明的启迪——但艺术作品不能独立存在：它必须建立在某些其他实践的基础上。这个"必须"必须以某种方式成为作为"艺术作品"的那些作品不可或缺的一部分，以至于无论任何人通过"艺术作品"这个词想要表达什么，它都意味着："建基于一种创立实践"，或者换句话说，"派生于一种创立实践"。本雅明借以开始其探究的公理，"艺术作品原则上始终是可复制的"（GS 7.1：351），甚至可能源自其不可还原的派生性。这就是说：艺术作品看似将自己与其他事物区分开来的谓语——"奇异性"，准确来讲，并不属于它们；根据本雅明的说法，它也不属于所有艺术作品最初奠基于其上的实践，即仪式实践。就本雅明的文章而言，只剩下一个术语：政治，其性质在它登场之前无法确定。然而，如果政治——不同于任何时代的艺术作品——确实可以被称为奇异的，正是由于这个原因，严格说来，就不能毫不含糊地说它**出现**了。

只要每个主题化要么预设一个规则，要么反身性地暗示一个规则，由不神圣的奇异性构成的实践就不能被主题化——本雅明避免这样做。然而，与其使用现象学术语"主题化"（thematization），最好还是停留在文章的词汇中："政治化"（politicization），依照规则或依照反身性地暗示的规则来构想实践。从这个角度来看，做进一步的断言是合理的：艺术作品是审美化的第一个牺牲品，而政治实践是政治化最早的受害者。

（五）

本雅明从不这么说——这是有充分理由的：没有政治化，政治似乎是不可想象的。对其对应物则不能这样说:一种没有审美化的美学至少是可以想象的,本雅明提供了他关于"弗里德里希·荷尔德林的两首诗"的早期研究,作为对他所谓"纯粹美学"的贡献(GS 2.1:105)。相比之下,没有政治化的政治的不可想象性——人们可能会说,纯粹政治的不可想象性,或者,从本雅明已经完成但显然遗失了的一篇早期文章的标题中得到提示,"真正的政治"[die wahre Politik]① 的不可想象性——将政治与美学拉入一种特殊的紧张关系之中,作为光晕衰退时代奇异性的占位符(placeholder)。在美学的标题下,奇异性作为纯粹表象出现——正如18世纪的柯尼斯堡这座宫殿的表象那样,尽管拥有皇室名称,却没有奇异性。在同样的标题下,一个对象可以获得"自主"的标签,只要它的评判标准只来自其判断力自身而非统治权力。然而,正如历史唯物主义学说所主张的,如果政治的标准确实不能简化为法律秩序的标准;恰如本雅明所指出的,如果政治是一种**新的**创立实践,不能简化为并且独立于仪式的构成性递归实践;那么对于政治也可以说一些类似的东西:它的标准除了纯粹的新颖性,或者甚而除了创立实践本身的全部话题性,没有其他来源。政治实践的每个案例甚至不能被视为一个政治案例,相反,就实践是政治的而言,它是另一个基础,无法还原为以前与该术语相关的任何事物。顶多,政治和美学之间的选择性亲和力在于:两者都不是完全摆脱法律的,但也都不受法律约束。最不济,政治作为创立实践的危险在于:它可以用法律术语代表其基本特征,因而将自身呈现为唯一的最高秩序,生活的每个领域都直接并最终从属于它。简而言之,无论最好还是最坏,被称为"政治"的实践类似于在光晕衰退条件下被称为"美学"的感知理论。

本雅明所做努力的所有技巧——从通过对模仿行为的反思对技术重复性的关注,到关于紧密大众的密度理论——都旨在表明这种相似性不过是表象而已,然而,这种表象却不能通过明确的划界而被简单地取消:这是政治,这是美学。因此,本雅明对布莱希特艺术政治化方案的赞同无论如何都会发生;他对这个方案之起源的任务的追求因而也是如此:取消政治

---

① See in particular Benjamin's letter to Gershom Scholem of January 1920, reprinted in *GB* 2: 109.

形似美学以及美学形似政治的条件。换言之，只有去掉最后一丝光晕，表象才能被打破。这样的任务必定呈现出某种"虚无主义"的外观——而且它只能是无限的。

　　再一次，本雅明并不这样说。这两个词都没有进入他文章之中：既没有"虚无主义"——他用它神秘地总结了所谓的"神学政治片段"，也没有"无限任务"——这是康德的众多术语之一，本雅明结合其"未来哲学计划"分析和重置了这些术语。相反，本雅明对所讨论的任务提供了以下说明："在历史转折点上对人类知觉器官提出的任务无法仅靠视觉而得到解决，因此不能通过沉思来解决。在触觉接受的引导下，它们逐渐被习惯掌握。"（GS 7.1：381）本章开头引用的康德和马克思的引文也与此相关。马克思说："人类只为自己提出它能够解决的任务。"康德说："作为任务被理性自身的本质所给予的［某些问题］无法被回答。"对本雅明来说，这些问题可以得到解答，任务可以得到解决——**但不是被我们解答和解决**：不是被那些忙于沉思的人，更不是被"人类理性"，甚至不是被广义上的"人性"解决。在这个意义上，"不是我们"是思考的首要课题；就这篇文章而言，它的名字是"大众"（the masses），它在不知道自己在做什么的情况下解决了手头的任务，实际上它首先没有意识到存在任务，最重要的是，同样没有意识到自身：作为"大众"。因为大众本身，就其自身而言，是无法辨认的；没有任何概念可以使它们成为一个整体，这样的整体之中的元素是具有某些共同特征的。一种使大众的特征得以表达的方式形塑了本雅明文章的最后几段：大众是"分心的"（zerstreut）；换句话说，不存在意识的统一。然而，同样可以用另一种方式说——不是根据离散的数字而是根据康德的范畴表，大众是**无限的**；它们——或者它——"不是一个整体"（not one）。然而，这个"无人"（no one）可以在一个条件下获得统一的表象，即当它的元素在空间上彼此接近之时，尽管它们具有多样性。用本雅明的话来说，大众因此是"紧密的"（compact）。相比之下，不紧密的大众似乎并非如此：它们——或者它——似乎根本不是大众。严格来说，只有不紧密的大众才是分心的（zerstreut）。出于同样的原因，只有不紧密的、分散的或"离散的"大众才是"真正的"大众：在构成上不一致的多元体，其元素不能被理解为"一"。不紧密的大众的任务反而是无限的——再一次，不是因为它们需要花费无限的时间，而是因为只有一种分散的"无人"才能完成它们。

（六）

有一种任务只能被那些不再意识到自己在做什么的人解决，这种任务模式是人类被要求凭借自身来完成的最早任务之一：学习如何走路。只有当我能在分心的情况下走路，对我自己所走的路一无所知的时候，我才能说我绝对掌握了走路的艺术。就"艺术作品"一文来看，政治的基本实践正是以这种方式出现的：作为迈出一步的行为。再次引用我上面讨论过的一段话："在真实性标准不再适用于艺术生产的那一刻，艺术的整个社会功能就翻转过来了。进入它在仪式中创立时的位置，它在另一种实践中的创立必须迈出一步［hat zu tritt］，即它在政治中的创立。"除了作为一个"基础"——通过在一个单一而简短的句子中三次重复"创立"（Fundierung）一词来加以强调，根据这个值得注意的段落，政治实践迈出了一步：更准确地说，一步**到位**，与进步和退步都背道而驰。采取措施的行为通常被认为是基于某事；事实上，在所有实践中，也许没有实践更加依赖于它不能为自己提供的基础。然而，根据"艺术作品"一文中的这段话，一个基础迈出了一步，即艺术在"政治"中新的创立。在本雅明所暗示的传统中，当他错误地将"美学"一词归于希腊人，一个类似的想法出现在一个非常不同的名称下面：最高的存在，其自身的不动是所有运动的源泉。政治神学也许从未有过比这更微妙的表达。

难怪本雅明无法选择相关步骤的确切表达，也难怪他把视觉接受的作用降到了最低，因为这一步，也许和我们的第一步一样，是令人眩晕的。瞥见本雅明以异常尴尬的方式描述的尴尬境况，更何况对其深渊维度的沉思，无疑会让即使是最敏捷的行人三思而后行——或慎重思考一次：无路可走。［这种情况更像是在冰上行走而不是在水面上行走，在本雅明对冬季里的莫斯科的描述中，这是每个新手的首要任务，以至于这座城市每年都将其居民变成孩子："在这些街道厚而光滑的冰面上，人们需要重新学习走路。"（GS 4.1：318）可能是由于这个原因——而不是因为"政治"原因，正如这个词通常被理解的那样——本雅明对十月革命保持了一定的忠诚。］

那么，政治化可以被理解为一个过程，通过这个过程，关键步骤的尴尬局面被纠正，被给予保护，并变成一个可识别的方案，连接了起点和终点，前提和结论。本雅明对巴黎**拱廊街**的着迷紧随其后：这些精心设计的拱廊，将外部引入内部，将内部投射到外部，以一种特别有力的方式背叛了政治化的进程。一件艺术品——在这种情况下，是城市建筑的某种形式——为行人提供了由有计划的困惑构成的迷人景观，而非为一个不同于任何其他的**迈步**提供锻炼或训练。或者，用鲍姆加登的话来说：拱廊街提供了令人困惑但又截然不同的感知。换句话说：它们将原本可能是"政治"的东西审美化了。在这方面，政治化和审美化是息息相关的。

（七）

本雅明提出的尴尬步骤不是任何人都可以自己完成的步骤，这一点很清楚——这并不令人惊讶，因为如果一个人可以自己迈出这一步，这将不再是一个政治问题。相反，那将是另外一种担忧：一个美学的、伦理的或宗教的问题，我们可以说，这堪比一个折磨人却平凡无奇的"信仰飞跃"（如果允许我借鉴克尔凯郭尔对"领域"成问题的列举的话，阿多诺的《审美对象的建构》可能再次给本雅明的思想留下了深刻的印象）。这一步不能被阐释为共同行动的方案，这一点也很清楚——这同样不足为奇：作为基础的政治概念替代了另一概念，它与方案无关，正如它与进步无关。这个步骤存在于一个计划之中，在这个计划的背后是否有一组元素保持一致，这是最无关紧要的。或许这就是本雅明发出那个备受争议的声明的最终原因，这个声明指出，他引入艺术话语中的概念"完全不能用于法西斯主义的目的"（*GS* 7.1：350）。尽管如此，某些问题仍未得到解答，其中，以下这个问题可能是最迫切的，因为它指明了处理许多其他问题的方式：这一切何时发生？换句话说，艺术在政治实践中的创立何时起步？只有在回答这个问题的基础上，才能回复哈贝马斯那著名的异议，即他认为本雅明没有为"艺术的去仪式化"[①]提供历史依据。本雅明担心的是这个问题，并非

---

① See Jürgen Habermas, "Bewufitmachende oder rettende Kritik-Die Aktualitat Walter Benjamins", in *Kultur und Kritik*, Frankfurt am Main：Suhrkamp, 1977, esp. p. 316.

哈贝马斯的异议，这是很明显的，这从他考虑这段文字的措辞的时态变化可以见出：第一个版本表示"更早"，而第三个版本暗示"现在或永远"，第二个版本表示"也许永远不会——却必然如此"。然而，从本雅明文章的角度来看，这种引人注目的羞怯并不意味着这个问题没有明确的答案。相反，前面那个在所有现存的版本中保持不变的句子里面包含着一个答案：

> 在真实性标准不再适用于艺术生产的那一刻，艺术的整个社会功能就翻转过来。进入它在仪式中创立时的位置，它在另一种实践中的创立必须迈出一步［hat zu tritt］，即它在政治中的创立。

因此，"何时"的答案是：在那一刻（in dem Augenblick），更确切地说是"在眨眼的瞬间"——仔细想想，这是一个令人惊讶的词组转换，这尤其是因为文章的其他地方都强调了克尔凯郭尔的术语"时刻"（Augenblick）所反对的品质：渐进性、适应性、习惯性和触觉接受性。艺术的社会功能翻转过来了；艺术在政治中的创立已经起步、正在起步或不得不取代其在仪式中的创立。尽管这一事件在时间上存在不确定性，但有一件事是确定的：从一个"基础"到另一个"基础"的变化在眨眼之间发生了，没有任何过渡步骤。具有讽刺意味的是，这个时刻（Augenblick）吸引了那个为了艺术作品而在这一刻消失了的范畴，即奇异性。因为这一时刻与众不同：与其说它是历史"中"的时刻，不如说它是一个划时代的时刻。在那一刻的"之前"和"之后"，艺术作品诞生了；相比之下，在这一刻，情况却并非如此。然而，这个"非"不应该被理解为艺术作品在短暂的辉煌时刻是莫名自主的；相反，艺术作品作为一个整体在于其基础的就位运动（movement-in-place）。根据就位发生的时刻，"就目前而言，在希腊人中被称为美学的感知理论的最重要对象"（GS 7.1：381），即电影，可以被视为在黑暗中进行的一次大规模的摸索，这对应于一项同时既是触觉的又是战术性的任务：学习如何在没有任何位置提示的情况下移动。然而，不管是好是坏，不紧密的、分散的大众的无限性意味着政治的审美化没有答案，它们适应其行动空间的无提示状态——在严格意义上，这是一项没人能完成的任务。

学术动态

未可轻言放弃"他山之石"
——人民出版社"国际文论前沿谱系"丛书总序

金惠敏①

美国政治学家塞缪尔·亨廷顿在20世纪90年代曾经预言,东亚国家随着其在经济、政治和军事等各方面实力的提升,势必开始形成对自身文化的高度自信乃至对其普遍性的主张。没有疑问,硬实力的结果必然是软实力的跟进。全球化的第一次浪潮是西方化或美国化,是霸权国家向全球的单向扩张和对全球的全面控制,是世界的同质化和标准化。而目前我们正在经历着的历史虽一度有说是"逆全球化",似乎全球化倒退了,或终结了,但从长时段看,它实则是全球化的第二次浪潮,是后发国家的强势崛起,因而对西方霸权体系的挑战和冲击,国际间的矛盾和冲突不以人的善良意志为转移。这一时期的特征是国家之间、集团之间的摩擦与磨合,表现在意识形态上是各国民族主义的非理性暴涨。我们从川普"美国优先"的口号中,从拜登政府联合列强围堵中国的战略中,日日都在感受着这样的民族情绪及其表达或爆发。中国人同样也在重申和强化近代以来被殖民列强激发起来的民族自信和文化自信,爱国主义的激情"召之"即来,全球对话主义的底气时有迸现。但是,与西方霸权主义和民族主义不同,我们同时也在强调文明互鉴、文化交流,承认各国历史文化和社会制度自古便存在差异,是人类文明和文化的内在属性,它们尽管各有千秋,但绝无

---

① 作者简介:金惠敏,四川大学教授、博士生导师,近年来主要研究文化理论、间在理论。

高低优劣之分，这于是也就要求我们必须摒弃意识形态偏见，接受多元文化事实和理念，把意识形态和政治制度的不同视为历史文化的差异，坚持"差异即对话"精神，以更加开放、包容的心态构建人类文明、文化和命运共同体，携手应对全球性挑战，共同缔造世界美好未来。

因此，近年来被施以浓墨重彩的"文化自信"，可以说，绝非意味着不要"他山之石"，唯我独尊，而是要在与"他山之石"的相互砥砺中磨洗我们自己的文化自信，凸显我们的文化特色和标识，创造我们自己的文化满意度和幸福感。虽然目前西方世界有所衰落，经济提振有所乏力，制度缺陷有所暴露，种族矛盾有所恶化，文化冲突有所加剧，社会共识有所收缩，等等，这一切相形之下可能会潜移默化地增强我们的民族自信和文化自信，但绝不能成为一种理由让我们可以轻视西方，可以闭关锁国，满足于自体循环，相反，即便世界大势真的如此，我们也仍然要坚持走全球化道路。经济全球化既是经济发展的结果，也是其持续发展的推动力。同样，在文化上，借鉴全部人类遗产，"三人行，必有我师"，以滋养和茁壮我们自己的当代文化和现实文化，仍是一条必须坚持的基本原则。

可以争辩说，20世纪见证了人类历史上最丰富多彩的哲学、美学、文论和与时俱进的文化理论，且在其深度和创新度上堪与任何历史时期相媲美；进入21世纪，世界格局的新变，文化冲突的加剧，提出了一系列前所未有的思想难题。以文明互鉴和全球对话为宗旨，清点20世纪理论遗产，使之体系化、"知识"化，并回应新的理论挑战，提升文论乃至整个人文学术在解释和解决新问题方面的能力，将是一项既有益于学科、学术，也有利于强国新民的重大历史工程，值得我们为之努力，为之竭忠尽智，"为伊消得人憔悴"，若此方有可能"独上高楼，望尽天涯路"。我们深信，中国文论之欲成为"世界文学"，将有赖于与一直被作为"世界文学"范例的西方文论的协商和对话。虽然在多元文化浪潮冲击下，西方文论不再只是唯一的经典，文论读本有更多的从前被抑制的异质材料浮出水面，但毫无悬念的是，它依旧会作为一种不可取代的经典而与其他文化的经典不断地对话下去。在这种星丛对话中，各民族的文论作为人类智慧和文学经验的结晶大趋势是越来越丧失其民族性、陌异性而成为人类可以共享的精神财富。但这并非说坚硬的文化差异自此以后便烟消云散，我们只剩下一个同质化的透明世界,而是说差异进入对话,作为对话的基本构件。差异还在,但它已经是对话性差异了。

感谢陕西师范大学文学院领导的放手信任,感谢人民出版社的敞开接纳,感谢各位译者、作者的鼎力支持,"国际文论前沿谱系"丛书得以如愿展开。最后,唯愿读者能够喜欢这套丛书,开卷有所得。

是为序。

2021 年 4 月 5 日周日于北京

(此序文经李西建教授修改、定稿,特此致谢!)

书籍、媒介与世界
——"第三届长安国际文学与文化理论讲坛"会议综述

瞿 江①

"长安与丝路文化传播"学科创新引智基地是陕西师范大学首个以人文学科为主体，融合工科、艺术等学科的建设基地，是一个为海内外专家学者搭建的智库平台。为了加快基地建设，促进世界一流学科发展，陕西师范大学"长安与丝路文化传播"学科创新引智基地和陕西师范大学文学院于 2021 年 7 月 25 日至 31 日共同举办了"第三届长安国际文学与文化理论讲坛"活动。本次讲坛以"书籍、媒介与世界"为主题，分为六讲。来自美国、英国、澳大利亚及国内高校的近二十名专家学者参与了此次活动。国内外高校师生千余人在线聆听此次系列讲座，并与嘉宾们进行交流互动。

7 月 25 日，陕西师范大学文学院院长张新科教授出席线上开幕式并致辞。他回顾了自 2018 年以来"长安与丝路文化传播"学科创新引智基地举办的一系列高级研修班及工作坊活动，这些活动得到了海内外专家学者的大力支持。他认为，在全球化时代的今天，"书籍、媒介与世界"这个主题具有前沿性、世界性和现实性。本次讲坛提供了一场场富有激情的中西方学术对话，希望与会人员，尤其是青年学子，能够充分利用网络优势，积极参与，碰撞出思想火花，从而使文学实践和学科理论得到进一步深化和提升。

---

① 作者简介：瞿江，陕西师范大学文学院世界文学与比较文学博士生。

文化反思与观念变化

结合新冠肺炎疫情"大流行"的现状,有学者呼吁反思此前因全球化等原因所形成的文化与思想观念,应该重视"对理论的抵抗"这一话题,并对文化与人类进行重新定义。英国伦敦大学玛丽女王学院教授加林·提哈诺夫首先开讲,其讲座的题目是《流亡铭文:移民和对理论的抵抗》。"抵抗理论"是保罗·德·曼发表于1982年的一篇文章标题(后来收录在他的同名著作中),提哈诺夫借此来思考流亡、流动以及它们促使理论生产、铭刻或者被摒弃时,所运用的复杂而迥异的方式。讲座中,他首先区分了"大写"和"小写"两种不同的文艺理论概念,指出"大写"的理论强调其在人文社科领域的普遍应用和思想史功用,具体呈现为法国后结构主义及其方法的泛化和对黑格尔辩证法的应用这两个方面,与欧陆哲学有明显的亲缘关系,而"小写"的理论常应用于文学、电影、绘画等具体的文艺门类,一般不涉及普遍性原则,这两种理论常常相互影响。接着,在"两种理论"的意义及其区分的基础上,他考察了流亡思想家们创建理论的背景,分析了在流亡过程中理论与各种意识形态因素相互交错影响的事实,指出流亡常常使思想家跳出特定的地缘甚至学科限制而获得更为广阔的视野。他以卢卡奇和特鲁别茨科伊为例,展现了文艺理论是以何种方式与世界主义挂钩并对其进行反思和再创造的。他剖析了"对理论的抵抗"的两大根源:一是文艺理论不再满足于自我指涉,而是渴望参与社会事业;二是一部分思想家在流亡过程中跨文化的症候式思考,揭示了文艺理论在此前与普遍性的挂钩最终被证明是一种西方中心主义的幻象,由此揭示了"对理论的抵抗"的必要性。

本场讲座由陕西师范大学文学院副教授郭雪妮主持。杭州师范大学外国语学院院长周敏教授对讲座内容进行评议与探讨。周敏认为,提哈诺夫讲座中的观点与爱德华·萨义德"理论的旅行"中所指的理论的跨地域、跨文化流变有异曲同工之妙,两者遥相呼应,展现了一种"后理论"的视野,具有强烈的现实关怀。

世界文学话语的多样性

同样从"流动"角度考察"世界""文学"及"理论"的还有美国加利福尼亚大学欧文分校欧洲语言系教授潘则健。潘则健讲座的题目为《世界文学的矛盾》,包括"经济全球化""世界文学话语""文明的冲突""译者的使命"和"世界文学的终结"五个部分。他提出:世界文学的观念是作为全球化进程的一种文化对应物而兴起的。全球各经济体之间的差异性导致了全球公共领域问题,并为世界文学话语的多样性存在提供了现实基础。世界文学问题与翻译问题密不可分。根据本雅明的翻译理论,潘则健表示,将文本从一种语言翻译成另一种语言并不能使文本跨传统传播。相反,每一种传统都保持在自己的轨道内,并将外来文本融入自己的轨道,两个传统之间没有文本的同一性,这个过程也没有创造出单一性的世界文学。翻译文本本身没有内在意义,而是在融入传统的过程中发展意义。每个融入的过程都基于一个情境化的当下,世界文学的定义也会随着情境的改变而改变,其结果就是世界文学的多样性。在这种多样性中,每个文化空间都会产生自己对文学世界的看法,从而建立自身独立的世界文学经典。

本场讲座由陕西师范大学文学院讲师李雅琪主持,陕西师范大学文学院教授裴亚莉评议。裴亚莉从我国比较文学与世界文学专业名称的转变谈起,认为中国文学已经得到了世界学者关注。另外,她还谈到"翻译"问题,指出"翻译"应该是一种态度,它看上去是技术性的,实际上是一种文化立场的选择,我们应该坚持中国语言的独特性。

对人文学科的新理解

当前,人文学科正在走向全球化。在新的历史条件下,我们应该有新思考,只有这样,才不会将人文学科概念化或历史化,而是始终保持在动态中对其进行描绘。澳大利亚墨尔本大学传播与文化学院教授西蒙·杜林从对人文学科理念的再理解进入"世界"这个主题概念。对于人文学科的重新理解与界定,杜林给出了三个基本前提:一是大学中的人文学科不断被削弱，它正在成为学院内部的"元学科"；二是人文学科史因其研究与表现方法的差异而显示出明显的复杂性和多样性；三是在考察人文学科时，研究者们不仅应该关注其学术性质，还应该注重"人文学科"一词在专业的与业余的、学术的与大众的等多种表现形式之间的互动关系。杜林认为，作为一种广阔的知识形式，人文学科无法依据所涉及的研究对象或专题来进行定义，它是一门跨越时空的内涵丰富的学科。在谈到人文学科正在被弱化的问题时，他表示，大学人文学科被弱化是显而易见的，但我们也无需太过悲观，因为一个拥有人文精神的"世界"正在成长。

本场讲座由陕西师范大学文学院副教授张颖主持，陕西师范大学文学院教授苏仲乐评议。苏仲乐表示，当今的世界结构和知识形态都已经发生了巨大变化，"人文"概念也已经溢出了我们原来理解的范围，因此，定义人文学科是困难的，但也是重要且必要的。期待能在杜林的新作中阅读到一个更加清晰的"人文学科"的知识图景。

数字革命对出版业的影响

技术革命对图书出版行业这一古老媒介产生了深刻影响。英国剑桥大学社会学系教授约翰·汤普森在其名为《图书战争：数字革命对出版业的影响》的讲座中，以亚马逊的电子图书出版为例，演绎了数字革命究竟如何使媒体行业发生巨变，进而向我们展示了一派数字时代的图书景观。他认为，当今世界数字革命已经席卷了整个媒体行业，很多传统的东西被颠覆。目前，无论是欧美还是中国，所有媒体行业如图书、报纸、杂志、音乐、电影和电视剧等，无一例外地暴露出数字革命带来的破坏痕迹。和音乐一样，图书非常容易数字化，而图书的数字化传播很可能导致传统出版行业收益大幅下降，这是一个令人担忧的结果。同时，电子书的销售还受到了诸如"Kindle""iPad"等阅读设备和有声读物的挑战。紧接着，汤普森的话题又回到了传统图书出版业上来，他认为便捷性、信息资本化和组织性是出版行业获得成功的至关重要的三点原因，并进一步指出印刷文化和数字文化实际上是一种混合文化。最后，汤普森谈及了数字图书出版的有益之处——"自由出版人""自出版（self-publishing）"等现象的出现，在很大程度上改变了文学生产的方式,使作者获得了更多的选择权与主动权。同时,他还再次强调了出版商的地位以及出版商和作者、读者等出版业相关主体进行交流的重要性。在他看来,这些才是数字革命时代真正需要重视的因素。

本场讲座由陕西师范大学文学院讲师谢欣然主持,陕西师范大学文学院教授赵文评议。赵文认为数字革命给图书出版业带来四点显著的变化。第一,数字革命不仅导致时间、空间及物质层面的重大变化,还引发了政治、经济、思想体系等领域的改变。第二,数字资本主义建立在由数字劳动创造的数字商品与数字共享的对立之上,它会加剧萌发于资本主义内部的新型生产关系的剥削性。第三,开放存取的电子书给电子出版行业带来了高利润回报并逐渐呈现出垄断趋势,电子书销售商对用户个人数据进行持续监视,并基于大数据向用户定向投放广告,从而获利。第四,数字图书出版可以使作者通过自我出版,得到真正的"选择",作者的主动权得到某种程度上的提升。最后,赵文引用汤普森《数字时代的图书》结论中的话结束点评,认为我们应该对数字化的贡献持更加谨慎的态度。

审美文化:全球化时代的文化转向

消费时代人类的审美观念已经从传统的自律性转向感知领域,以感性生存为核心,追求日常生活的幸福与满足,已成为消费时代的"生活美学"。陕西师范大学文学院教授李西建在线分享了题为《作为社会感性表征的审美文化:全球化时代的文化转向》的讲座。讲座围绕"消费意识形态的形成""人类审美的变化与转向"和"审美文化作为社会感性表征的结构"三个角度展开。李西建首先梳理了迈克·费瑟斯通、鲍德里亚、杰姆逊和莱斯理·斯克莱尔四位思想家关于"消费与文化"的观点,清晰展示了消费意识形态的形成脉络,并指出随着全球化趋势的到来与经济的高速发展,消费主义的扩张不仅发生在发达资本主义国家,同时也在中国社会蔓延。接着,他解读了包括韦尔施和加尔布霍斯在内的众多思想家关于"消费时代审美"的观点,认为胡塞尔、海德格尔、卢卡奇、维特根斯坦、列斐伏尔等人都不约而同地从各自研究领域转向日常生活世界。最后,李西建从概念史与现代性社会文化背景等两方面进一步思考了审美文化何以体现为社会感性表征的生成与构建问题,点明审美文化的核心价值取向在于对人性的完整性和生存的本真性的守护。同时指出,消费社会和消费文化中有许多虚假的东西,滋生出大量泛审美意识和伪审美精神,我们需要对此保持警惕。李西建将其观点与结论总结为三个方面。第一,感性化生存已构成当代人生存的基本面向和重要方式,而感性文化也已成为人类文化的主导形态与类型。第二,审美文化是美学当代转型与新的审美形态生成的一个重要标志。第三,审美文化已经引起文化结构与人的生存方式的巨大变革。

陕西师范大学文学院讲师李雪担任本场讲座的主持人,深圳大学特聘教授、人文学院院长高建平对讲座进行评议。高建平首先表达了对消费意识形态的看法,指出消费时代的形成是生产过剩、竞争加剧的结果。其次,对于日常生活审美化的概念溯源,他建议可以关联到美国学者约翰·杜威的连续性思想。最后,高建平提及了"新感性"问题,他认为"感觉"能够帮我们直观真理,倡导"新感性"并不意味着感性的放纵,而是通过感性的建构、调整与批判回归到感性的本真。他表示,这可能成为中国当代美学的生长点。

如何讲好中国故事

当今时代,中国学者应当如何研究中国?应当如何讲好中国故事?四川大学文学与新闻学院教授金惠敏的讲座《作为理论的中国:现今我们应该怎样研究中国?》,从"特殊性"问题谈到"普遍性"规律,提倡发掘中国智慧的世界意义。他认为,要讲好中国故事,就必须处理好中国文化中"特殊性"与"普遍性"的关系问题。开掘出中国问题、中国文化的普遍性及其全球意义,使之成为能够跨越时空、跨越国界的精神资源。在他看来,当代的汉学研究应该直接作用于现实生活,发觉其普遍价值,从而使作为地方知识的汉学具有全球意义。在此基础上,金惠敏阐述了自己"间在对话"的理论构想,该构想借鉴于法国学者朱利安提出的"间距"和"之间"等概念。他认为,中国研究的未来应该警惕解构主义和后结构主义,朝着一种"间在性"的方向前进，使之在观看与接受的过程中进入全球理论的"统一场"。

　　陕西师范大学文学院讲师田延担任本场讲座的主持人，新加坡南洋理工大学人文学院哲学系教授李晨阳对讲座进行评议。李晨阳认为，金惠敏的讲座为研究中国问题提供了思路和方法。中国文化登上世界舞台应该采用混合而多元的文化交流模式，使中国文化成为现代世界文化构成的一部分。同时，他还鼓励青年学者打破历史成见，积极批判创新，充分发掘中国文化的多元性和丰富性，使之成为一种活文化、活思想，为世界文化的再创造做出有益贡献。

　　本次"长安国际文学与文化理论讲坛"为中外学者搭建了一个自由、开放、包容的交流平台，为青年学子们提供了一个难能可贵的学习机会。在为期7天的时间里，学者们通过学科互渗与比照的方法，分别从"理论""书籍"和"媒介"等角度切入全球化背景下的"世界构型"视野，将文学、美学、科技等都纳入"世界"框架之下，加深了新语境下对"人文、中国与世界"问题的理解。

编后记

本辑所发篇目显然是丰富多彩、繁花迷眼的。这一结果主要是出自笔者的一个编辑思想：有人说，编辑的首要任务是把当代学术的进展客观地呈现出来，但也有不少人主张应该加强编辑的主体性，以肩负起引领学术发展的重任。前者是等米下锅，后者是命题作文，各有其利弊。异乎此二者，我想把编辑的主要任务表述为去发现、寻找、猎取最新的学术动态。

这样做当然有编辑的主体性在其中，但这种主体性因为是指向客体的，所以它也就是一个不断清除自身主体性的过程，一个"无我"的过程。我们诚然无法抛弃前见，但认识的过程总是一再地修正和更新前见。唯有不固执于自我的前见，他者才能进入我们的世界，才能创造出巴赫金意义上的学术"事件"。应当时刻牢记，即便我们的编辑思想和选题方向是正确的，但也绝非占有了全部真理，我们看到的真理永远是部分的，因此真理便永远是分享性的，是共有的。与西方人在绝对中求取真理不同，中国人认为关系即真理，而对关系的重视便意味着对人类局限性的意识和警觉，从而对交往、对"仁"的向往和践行。

关于本辑论文，我们就不逐篇介绍了，也不做通常的重点推介了，但想表示一下，在组稿和编读过程中，小到措辞，大到创意，我们真的是时时有惊喜，移步有新景，最低限度说各篇均是言之有物，凡读入者当不会空手而归。

最后，真诚感谢各位作者贡献新篇佳什！

金惠敏

2021 年 10 月 7 日，成都